Markus Brauer, Christian Altenhofen
Übungen im Kapitalgesellschaftsrecht
De Gruyter Studium

JURA
Juristische Ausbildung

Übungen

Markus Brauer, Christian Altenhofen

Übungen im Kapitalgesellschaftsrecht

Mit Bezügen zum Kapitalmarktrecht

2., neu bearbeitete Auflage

DE GRUYTER

Dr. Markus Brauer, Richter am Landgericht Hamburg.
Dr. Christian Altenhofen, Universität Passau.

ISBN 978-3-11-052527-4
e-ISBN (PDF) 978-3-11-052632-5

Library of Congress Control Number: 2018938682

Bibliografische Information der Deutschen Nationalbibliothek
Die Deutsche Nationalbibliothek verzeichnet diese Publikation in der Deutschen Nationalbibliografie; detaillierte bibliografische Daten sind im Internet über http://dnb.dnb.de abrufbar.

Einbandabbildung: Jack Hollingsworth/Photodisc/thinkstock
Satz: 3w+p GmbH, Rimpar
Druck und Bindung: CPI books GmbH, Leck

MIX
Papier aus verantwortungsvollen Quellen
FSC® C083411

www.degruyter.com

Vorwort

Wir legen die „Übungen im Kapitalgesellschaftsrecht mit Bezügen zum Kapitalmarktrecht" in 2. Auflage als Gemeinschaftswerk aus Wissenschaft und Praxis vor. Unser Fallbuch wendet sich primär an Studierende des Schwerpunktbereichs, eignet sich aber auch gut zur Vorbereitung auf ein wirtschaftsrechtliches Praktikum oder die Anwaltsstation in einer Wirtschaftskanzlei.

In erster Linie verarbeiten die Übungsfälle weiterhin die Klassikerprobleme des Kapitalgesellschaftsrechts unter Berücksichtigung der neuesten Gesetzgebung und Rechtsprechung. Angesichts der stark gestiegenen praktischen Bedeutung räumen wir darüber hinaus den prominentesten kapitalmarktrechtlichen Fragestellungen Raum ein.

Unser Ziel ist es zu zeigen, wie sich die anspruchsvollen, im späteren Verlauf des Studiums vor allem durch Vorlesungen und Lehrbücher vermittelten abstrakten Inhalte im Fall wiederfinden und in der gutachtlichen Falllösung aufbereiten lassen. Dabei sind Kapitalgesellschaftsrecht und Kapitalmarktrecht – wie andere „Spezialmaterien" auch – kein isoliertes Sonderrecht. Immer wieder sind Verbindungen zu allgemeinen bürgerlich-rechtlichen Vorschriften herzustellen. Weiterführende Hinweise in den Falllösungen runden das Wissen ab und erleichtern punktuelles Nachlesen. Es sollte nicht Ihr Anspruch sein, auf alle in den Lösungsvorschlägen angesprochenen Gesichtspunkte zu kommen. Im Fokus steht: Erkennen und Behandeln der Schwerpunktprobleme.

Die Fälle zum Kapitalgesellschaftsrecht und Kapitalmarktrecht sind anspruchsvoll, unsere Vorschläge zur Falllösung so vollständig wie möglich. Dazu beigetragen haben wertvolle Hinweise von Freunden, Kollegen und Studenten. Ausdrücklich bedanken möchten wir uns bei Herrn *Thomas Weierer* (Wiss. Mitarb. der Universität Passau) und den studentischen Mitarbeitern *Maximilian Hirschfeld* und *Theresa Preis*, die uns mit besonderem Engagement und ihrem Spezialwissen unterstützt haben.

Wir wünschen Ihnen viel Erfolg und Freude bei der Anwendung und Vertiefung des erworbenen Wissens!

Hamburg, im Januar 2018
Dr. Markus Brauer

Passau, im Januar 2018
Dr. Christan Altenhofen

https://doi.org/10.1515/9783110526325-001

Inhalt

Abkürzungen

aaO	am angegebenen Ort
AG	Aktiengesellschaft
aE	am Ende
aF	alter Fassung
AktG	Aktiengesetz
AnfG	Anfechtungsgesetz
AnSVG	Anlegerschutzverbesserungsgesetz
Aufl	Auflage
AcP	Archiv für civilistische Praxis
BaFin	Bundesamt für Finanzdienstleistungsaufsicht
BB	Betriebsberater
BGB	Bürgerliches Gesetzbuch
BGH	Bundesgerichtshof
BGHZ	Entscheidungen des Bundesgerichtshofes in Zivilsachen
BKR	Zeitschrift für Bank- und Kapitalmarktrecht
BörsG	Börsengesetz
BörsZulV	Börsenzulassungsverordnung
Buchst	Buchstabe
Bzw	beziehungsweise
c.i.c.	culpa in contrahendo
DAV	Deutscher Anwaltsverein
DB	Der Betrieb
dh	das heißt
EuGH	Europäischer Gerichtshof
EuZW	Europäische Zeitschrift für Wirtschaftsrecht
f	folgende/folgender
ff	fortfolgende
GbR	Gesellschaft bürgerlichen Rechts
GmbH	Gesellschaft mit beschränkter Haftung
GmbHG	Gesetz betreffend die Gesellschaften mit beschränkter Haftung
GmbH-R	GmbH-Rundschau
GVG	Gerichtsverfassungsgesetz
GWB	Gesetz gegen Wettbewerbsbeschränkungen
hM	herrschende Meinung
HRB	Handelsregister B
i.Gr.	in Gründung
iHv	in Höhe von
iRv	im Rahmen von
iE	im Ergebnis
InsO	Insolvenzordnung
iVm	in Verbindung mit
iS	im Sinne
iSd	im Sinne des (der)

iSe	im Sinne eines (einer)
iü	im Übrigen
KölnKomm	Kölner Kommentar
Ltd	Limited
LG	Landgericht
lit	Buchstabe
mbH	mit beschränkter Haftung
MüKo	Münchener Kommentar
mwN	mit weiteren Nachweisen
Nr	Nummer
NJW	Neue Juristische Wochenzeitschrift
NZG	Neue Zeitschrift für Gesellschaftsrecht
og	oben genannten (genannter)
oHG	offene Handelsgesellschaft
OLG	Oberlandesgericht
pVV	positive Vertragsverletzung
Rn	Randnummer
StGB	Strafgesetzbuch
s	siehe
S	Seite
Str	strittig
TOP	Tagesordnungspunkt
ua	unter anderem/und andere
UMAG	Gesetz zur Unternehmensintegrität und Modernisierung des Anfechtungsrechts
Var	Variante
WpAIV	Verordnung zur Konkretisierung von Anzeige-, Mitteilungs- und Veröffentlichungspflichten sowie der Pflicht zur Führung von Insiderverzeichnissen nach dem Wertpapierhandelsgesetz
WpHG	Wertpapierhandelsgesetz
WpPG	Wertpapierprospektgesetz
WM	Wertpapiermitteilungen
ZIP	Zeitschrift für Wirtschaftsrecht
ZPO	Zivilprozessordnung

Fall 1: Frühstart ins Gesellschaftsleben

Alf Anselm und Bert Bracht, die ihr BWL-Studium vor langer Zeit abgebrochen haben, planen, inspiriert von den Geschichten aus dem Silicon Valley, die Gründung eines eigenen Startups. Ihre Geschäftsidee: Exquisites Hundefutter. Das Angebot soll 32 unterschiedliche Sorten umfassen, die jeweils aus den erlesensten Zutaten bestehen. Dies ist zwar besonders teuer in der Produktion, jedoch vertrauen die beiden darauf, dass nach der Finanzkrise das Geld ihrer potentiellen Kunden wieder locker sitzt. Und schließlich sei ja auch der Hund der beste Freund des Menschen. Was sollte da schon schief gehen?

Anselm und Bracht verabreden zunächst mündlich, eine „Premium Dog Food GmbH" zu gründen. Das Stammkapital soll € 25.000,– betragen. Anselm soll eine Bareinlage von € 10.000,– leisten, Bracht soll ebenfalls € 10.000,– einzahlen und außerdem seinen VW Golf (Wert: € 5.000,–) in die Gesellschaft einlegen. Anselm und Bracht wollen die Geschäfte der Gesellschaft gemeinsam führen.

Um insbesondere Fleisch und Fisch lagern zu können, begeben sich Anselm und Bracht am 1.9.2017 zum Fachgeschäft von Heiner Hindel und erwerben dort einen Industriekühlschrank im Namen der „Premium Dog Food GmbH". Der Kaufpreis von € 6.000,– wird ihnen bis Ende Oktober 2017 gestundet.

Zwei Wochen später, am 15.9.2017, begeben sie sich zum Notar, der den Gesellschaftsvertrag (insbesondere mit den vorgesehenen Einlagen und der Einsetzung von Anselm und Bracht als Geschäftsführer) beurkundet. Nachdem Anselm € 5.000,– auf seine Stammeinlage auf ein Konto der Gesellschaft eingezahlt hat, Bracht ebenfalls € 5.000,– bezahlt und den VW Golf eingebracht hat, stellt der Notar den Eintragungsantrag zum Handelsregister.

Da Anselm und Bracht am 18.9.2017 ein günstiges Angebot über exquisites argentinisches Rindfleisch im Internet ausmachen, das sie zu Hundefutter verarbeiten wollen und mit dem sie den Kauf des Kühlschranks zu finanzieren gedenken, bestellen sie dieses im Namen der „Premium Dog Food GmbH i. Gr." bei Irmtraud Immel zum Preis von € 10.000,–. Das Rindfleisch wird umgehend geliefert.

Anselm und Bracht zerstreiten sich in der Folge, weil sich die Geschäfte wider Erwarten schlecht entwickeln. Das eingezahlte Barkapital ist bald ersatzlos aufgrund von Personal- und Mietkosten verbraucht. Anselm und Bracht nehmen daraufhin am 1.11.2017 den Antrag auf Eintragung ihrer GmbH in das Handelsregister zurück und beenden ihre Geschäftstätigkeit umgehend. Hindel und Immel, die davon erfahren, möchten wissen, an wen sie sich wegen ihrer Ansprüche halten können.

https://doi.org/10.1515/9783110526325-002

Variante 1

Sachverhalt, wie im Grundfall geschildert, mit folgender Änderung: Wie ist die Rechtslage hinsichtlich der Ansprüche von Hindel und Immel, wenn Anselm und Bracht den Eintragungsantrag nicht zurückziehen und die GmbH doch noch in das Handelsregister eingetragen wird? Welche weiteren Ansprüche bestehen gegen Anselm und Bracht?

Variante 2

Anselm und Bracht haben die Anfangsschwierigkeiten überwunden, das Geschäft kommt langsam ins Rollen. Die Gesellschaft wird in das Handelsregister eingetragen. Bald mangelt es jedoch an Liquidität. Man beschließt, die noch ausstehenden Einlagen möglichst bald einzuzahlen. Anselm und Bracht zahlen auch wirklich am 1.11.2017 je weitere € 5.000,– auf das Geschäftskonto der GmbH ein.

Wenig später erweist sich, dass der VW Golf von vornherein einen selbst für fachkundige Personen nicht erkennbaren irreparablen Motorschaden hatte, dem das Auto schließlich erliegt (Restwert: € 500,–).

Am 1.12.2017 liefert Anselm der Gesellschaft mehrere Laptops und Smartphones und erhält dafür den (angemessenen) Preis von insgesamt € 7.000,– ausgezahlt.

Als die Gesellschaft ein Jahr später insolvent ist, fragt sich der zuständige Insolvenzverwalter Ingo Itzig, ob der GmbH noch Ansprüche gegen Anselm und Bracht mit Blick auf die beschriebenen Vorgänge zustehen und ob sie Gegenansprüchen ausgesetzt sein wird.

Gliederung

Lösung des Ausgangsfalls

Schwerpunkte: Haftung in den Gründungsstadien; Kapitalaufbringung: mangelhafte Sacheinlage, verdeckte Sacheinlage

Hinweis: Bei der Gründung einer GmbH lassen sich drei Stadien unterscheiden: In der Phase bis zur Errichtung der GmbH liegt eine Vorgründungsgesellschaft vor, bei der es sich um eine GbR oder OHG handelt. Im Stadium zwischen Errichtung und Eintragung der Gesellschaft liegt eine Vor-GmbH vor. Für sie gelten die Regeln der GmbH entsprechend, mit Ausnahme der Regelungen, die die Eintragung erfordern. Erst nach der Eintragung ins Handelsregister existiert die GmbH als solche (vgl. § 11 Abs. 1 GmbHG).

A. Ansprüche des H

I. Anspruch des H gegen die „Premium Dog Food GmbH" auf Zahlung von € 6.000,– gem. § 433 Abs. 2 BGB

H könnte ein Anspruch auf Zahlung von € 6.000,– gegen die „Premium Dog Food GmbH" zustehen. Dazu müsste die GmbH als juristische Person existieren, d.h. wirksam gegründet worden sein. Voraussetzung hierfür sind Errichtung und Eintragung der GmbH (vgl. § 11 Abs. 1 GmbHG). Die **Errichtung** liegt vor, wenn ein notariell beurkundeter Gesellschaftsvertrag vorliegt (vgl. § 2 Abs. 1 S. 1, § 3 Abs. 1 GmbHG). Das war hier aber erst am 15.9.2017 der Fall. Somit bestand zum Zeitpunkt des Vertragsschlusses am 1.9.2017 noch keine GmbH. Im Stadium vor Errichtung der Gesellschaft handelt es sich vielmehr um eine **Vorgründungsgesellschaft.**

II. Anspruch des H gegen die A,B-GbR auf Zahlung von € 6.000,– gem. § 433 Abs. 2 BGB

H könnte gegen die A,B GbR (Vorgründungsgesellschaft) einen Anspruch auf Zahlung der € 6.000,– aus § 433 Abs. 2 BGB haben. Dazu müsste eine GbR bestehen und zwischen dieser und H ein wirksamer Kaufvertrag geschlossen worden sein.

1. Rechtsfähigkeit und Bestehen der GbR

a) Die **Rechtsfähigkeit der (Außen-)GbR** ist heute allgemein anerkannt.[1] Die GbR ist selbst Trägerin von Rechten und Pflichten und konnte folglich Vertragspartei sein.

b) Zudem müsste ein wirksamer Gesellschaftsvertrag geschlossen worden sein (vgl. § 705 BGB). A und B haben gemeinsam verabredet, eine GmbH zu gründen. Ein geeigneter Zweck der GbR liegt damit vor. Der Gesellschaftsvertrag einer GbR bedarf keiner besonderen Form und konnte somit mündlich geschlossen werden.

c) Zu überlegen ist aber, ob es sich bei der Gesellschaft nicht anstelle einer GbR um eine OHG handeln könnte. Nach §§ 105 Abs. 1 S. 1, Abs. 2 HGB spricht eine grundsätzliche Vermutung für die OHG, wenn – wie im Fall – ein Gewerbe, also ein äußerlich erkennbarer, planmäßig betriebener, auf Dauer ausgelegter und mit Gewinnabsicht geführter Geschäftsbetrieb betrieben wird. Doch ist diese Vermutung widerleglich, und nach den Angaben im Sachverhalt darf davon ausgegangen werden, dass das Gewerbe von A und B zum Zeitpunkt des Erwerbs des Kühlschranks keinen nach Art und Umfang in kaufmännischer Weise eingerichteten Geschäftsbetrieb erforderte (vgl. § 1 Abs. 2 HGB). Sie kauften lediglich den Kühlschrank. Eine weitere Betätigung der GbR lag nicht vor. Das spricht dafür, letztlich doch von einer A, B-GbR auszugehen.

2. Wirksamer Kaufvertrag

Zwischen der GbR und H müsste am 1.9.2017 ein wirksamer Kaufvertrag geschlossen worden sein.

a) H hat die seinerseits erforderliche Willenserklärung im Sinne der §§ 145 ff. BGB – ob Angebot oder Annahme lässt sich nach dem Sachverhalt nicht sagen – entweder selbst abgegeben oder er ist insoweit durch einen Angestellten vertreten worden (vgl. §§ 164 ff. BGB).

b) Beim Abschluss des Kaufvertrages müsste die GbR von A und B wirksam vertreten worden sein. Dies richtet sich nach den §§ 164 ff. BGB. A und B haben (konkludent) eine eigene Willenserklärung abgegeben, dies allerdings nicht im Namen der GbR, sondern im Namen der „Premium Dog Food GmbH“. Gleichwohl trafen die Rechtsfolgen der Erklärung von A und B die GbR. Denn die Auslegung der Erklärung nach §§ 133, 157 BGB ergibt, dass A und B für einen von ihnen betriebenen Unternehmensträger handeln wollten,

1 Seit dem Grundsatzurteil des BGH v. 29.01.2001 – II ZR 331/00, NJW 2001, 1056 (ARGE Weißes Roß) wird die Rechtsfähigkeit der (Außen-)GbR nicht mehr bestritten.

vgl. § 164 Abs. 1 S. 2 BGB (sog. **unternehmensbezogenes Geschäft**). Schließlich waren A und B auch die organschaftlichen Vertreter der GbR und handelten damit mit Vertretungsmacht.

3. Erlöschen der Haftung durch Entstehen der Vor-GmbH

Die Schuld der GbR ist auch nicht durch das spätere Entstehen einer Vor-GmbH auf diese Gesellschaft übergegangen. Vorgründungs- und Vorgesellschaft sind nicht identisch. Bei der Vorgesellschaft handelt es sich um eine bereits der späteren GmbH angenäherte Gesellschaft, während die Vorgründungsgesellschaft ausschließlich auf die Gründung ausgerichtet ist. Die Verbindlichkeiten der Vorgründungsgesellschaft bleiben auch in den weiteren Phasen der GmbH-Entstehung bestehen.

4. Einrede der Stundung

Die Einrede der Stundung besteht im November 2017 nicht mehr, da der Kaufpreis nur bis Oktober gestundet war.

5. Ergebnis

Die A,B-GbR schuldet H aus dem Kaufvertrag die Zahlung von € 6.000.

III. Ansprüche des H gegen A und B auf Zahlung von € 6.000,–

1. Anspruch aus § 433 Abs. 2 BGB i.V.m. § 128 HGB analog

H hat einen Anspruch gegen A und B gemäß § 433 Abs. 2 BGB i.V.m. § 128 HGB analog, wenn eine Verbindlichkeit der Gesellschaft vorliegt und A und B deren Gesellschafter sind. Wie oben dargelegt, entstand H ein Anspruch auf Kaufpreiszahlung gemäß § 433 Abs. 2 BGB gegenüber der GbR. A und B sind die Gesellschafter der A,B-GbR. Durch die Entstehung der Vorgesellschaft ändert sich hieran nichts. Der Anspruch auf Zahlung der € 6.000,– besteht auch gegenüber A und B persönlich.

2. Anspruch aus § 179 BGB

Darüber hinaus könnten A und B als Vertreter ohne Vertretungsmacht haften, weil sie im Namen der GmbH aufgetreten sind, in Wirklichkeit aber „nur“ eine GbR existierte.

Das führt aber nicht zur Haftung aus § 179 Abs. 1 BGB. Zwar ist das Auftreten für nicht existente Personen grundsätzlich ebenso von § 179 Abs. 1 BGB erfasst. Wie oben gezeigt, führen aber die Grundsätze über das unternehmensbezogene Geschäft gerade dazu, dass dem H sehr wohl ein Schuldner zur Verfügung stand. A und B sind damit nicht für eine nicht existente Person aufgetreten, sondern lediglich für eine „so nicht existente" Person. Eine Haftung aus § 179 Abs. 1 BGB käme nur dann in Betracht, wenn H dadurch eine Verschlechterung erlitten hätte. Dies ist hier gerade nicht der Fall: Dem H stehen hier sowohl die GbR, als auch die Gesellschafter A und B persönlich als Haftungsschuldner zur Verfügung.

A und B haften daher nicht nach § 179 Abs. 1 BGB.

Hinweis: H steht hier sogar besser, als er stünde, hätte er mit der GmbH kontrahiert. In diesem Fall stünden ihm nämlich keine Ansprüche gegen die Gesellschafter zu. Umstritten ist dagegen der entgegengesetzte Fall, nämlich bei Handeln für eine GmbH unter Weglassen des Rechtsformzusatzes (§ 4 AktG; § 4 GmbHG). Der BGH nimmt hier eine kumulative Haftung von GmbH und Vertreter an. Es handle sich dabei um eine verschuldensunabhängige Garantiehaftung, die auf einem Rechtsschein analog § 179 BGB basiere. [2] Dagegen spricht sich ein Teil der Literatur für eine Haftung aus c.i.c. aus, was dogmatisch überzeugt: Eine Parallele zu § 179 BGB kann schon deshalb nicht gezogen werden, weil dieser gerade nicht zu einer kumulativen Haftung, sondern vielmehr nur zur Haftung des Vertreters ohne Vertretungsmacht führt.[3]

3. Anspruch aus § 11 Abs. 2 GmbHG

Ein Anspruch des H gegen A und B gemäß § 11 Abs. 2 GmbHG besteht vor Errichtung der Gesellschaft nicht. Dies ergibt sich zwar nicht direkt aus dem Gesetzeswortlaut, jedoch aus dem Sinn und Zweck der Vorschrift: Durch die Handelndenhaftung soll Druck auf die Geschäftsführer ausgeübt werden, damit diese schnellstmöglich für die Eintragung der GmbH im Handelsregister sorgen. Dies ist vor Errichtung der Gesellschaft (noch) gar nicht möglich. Ein Rückgriff auf § 11 Abs. 2 GmbHG kommt daher nicht in Betracht.

2 BGH Urt. v. 24.6.1991 – II ZR 293/90, NJW 1991, 2627.

3 Vgl. *Altmeppen* NJW 2012, 2833 m.w.N.

B. Ansprüche der I

I. Anspruch der I gegen die Vor-GmbH auf Zahlung von € 10.000,– gem. § 433 Abs. 2 BGB

I könnte gegen die Vor-GmbH einen Anspruch auf Zahlung der € 10.000,– aus § 433 Abs. 2 BGB haben. Dazu müsste eine Vor-GmbH bestehen und zwischen dieser und I ein wirksamer Kaufvertrag geschlossen worden sein.

1. Richtiger Anspruchsgegner

Der Abschluss des Kaufvertrages am 18.9.2017 lag zeitlich nach der Errichtung der GmbH am 15.9.2017, aber noch vor der Eintragung der Gesellschaft ins Handelsregister. Somit existierte im Zeitpunkt des Vertragsschlusses eine Vor-GmbH. Die Vor-GmbH ist als Gesellschaft sui generis rechtsfähig (sie ist Gläubigerin der Einlagen) und kann damit Partei des Kaufvertrages sein.

> Hinweis: Auf die Vor-GmbH finden grds. die Vorschriften über die GmbH Anwendung, soweit sie nicht die Eintragung in das Handelsregister voraussetzen. Nicht anwendbar ist daher die Haftungsbeschränkung (§ 13 Abs. 2 GmbHG) auf die Gesellschaft, da diese die wirksame Eintragung voraussetzt. Anwendung finden dagegen bspw. die Regelungen über die Abstimmung: Während bei Personengesellschaften nach Köpfen abgestimmt wird, richtet sich die Abstimmung in der GmbH und damit auch in der Vor-GmbH nach den Kapitalanteilen. Als lediglich unternehmensinterne Angelegenheit bedarf dies nicht der Eintragung ins Handelsregister.

2. Wirksamer Kaufvertrag

Ein wirksamer Vertragsschluss zwischen I und der Vor-GmbH liegt vor. Die Vor-GmbH wurde von A und B gemeinschaftlich vertreten (§ 164 Abs. 1 S. 1 BGB, § 35 Abs. 1 S. 1 GmbHG analog).

3. Ergebnis

Damit haftet die Vor-GmbH der I auf Zahlung von € 10.000,–.

II. Ansprüche der I gegen A und B auf Zahlung von € 10.000,–

1. Anspruch aus § 433 Abs. 2 BGB i.V.m. § 128 HGB analog

a) Ein Anspruch aus § 433 Abs. 2 BGB in Verbindung mit § 128 HGB analog setzt an sich lediglich voraus, dass ein wirksamer Kaufvertrag geschlossen wurde und A und B Gesellschafter der Vor-GmbH sind. Beides ist hier zu bejahen.

b) Dennoch geht der BGH davon aus, dass im Falle einer Vor-GmbH eine unmittelbare, persönliche Haftung der Gesellschafter nach § 128 HGB (analog) ausscheidet. Zwar sei die „Beschränkung" der Haftung auf das Gesellschaftsvermögen Folge der Eintragung. Der BGH argumentiert aber, dass die spätere – zunächst auf eine Analogie zu §§ 9 Abs. 1, 9c Abs. 1 S. 2 GmbHG a.F. gegründete – „Unterbilanzhaftung" (betreffend das Stadium nach der Eintragung, dazu unten Variante 1 C. I.), die einhellig als reine Innenhaftung angesehen wird, bereits in das Vorstadium, in das Stadium der Vor-GmbH zu übertragen sei. Die hier, in der Vor-GmbH, zu vertretende Haftung, die er „**Verlustdeckungshaftung**" nennt, sei das komplementäre Vorstadium zur späteren Unterbilanzhaftung. Die Unterbilanzhaftung, also die Haftung auf den Ausgleich einer unzulässigen Unterbilanz im GmbH-Vermögen zum Zeitpunkt der Eintragung, hält der BGH für den Ausdruck eines allgemeinen Rechtsgedankens: Die Gläubiger dürften erwarten, zumindest zur Zeit der Eintragung ein Grund- bzw. Stammkapital vorzufinden, das nur durch die zulässigen Belastungen, etwa durch die Gründungskosten, angegriffen sei. Es könne aber keinen Unterschied machen, ob wegen Überbewertung einer Sacheinlage (s. §§ 9, 9c GmbHG) Geld nachgeschossen werden müsse, weil der Einlagewert gar nicht erst erreicht worden sei, oder ob der (Bar- oder Sach-) Einlagewert zwar zunächst erreicht, in der Folge aber wieder vermindert worden sei. Dieser Gedanke des (gesellschaftsinternen) „Verlustausgleichs", entwickelt aus dem Kapitalaufbringungsprinzip, greife auch schon im Stadium der Vor-GmbH und führe ebenso zur Innenhaftung. Nur in Ausnahmefällen – so etwa bei Aufgabe der Eintragungsabsicht und Fortführung des Geschäftsbetriebs – komme eine Außenhaftung in Frage.[4]

c) Auf der Basis dieser zutreffenden Erwägungen scheidet eine Haftung gem. § 433 Abs. 2 BGB i.V.m. § 128 HGB analog aus.

---

4 A.A. *Altmeppen* NJW 1997, 3272.

Hinweis: Die Diskussion um die Haftung in der Vorgesellschaft hat noch weitere Stadien durchlaufen. Ursprünglich galt das sog. Vorbelastungsverbot. Danach war es grundsätzlich vor Eintragung der Gesellschaft verboten, das Gesellschaftsvermögen zu belasten. Hintergrund war der Grundsatz der Kapitalaufbringung, der durch die Aufnahme von Geschäften und Eingehung von Verbindlichkeiten als gefährdet angesehen wurde. Auf der anderen Seite war jedoch das wirtschaftliche Bedürfnis an der vorzeitigen Aufnahme von Geschäften nicht zu leugnen. In der Rechtsprechung wurde daher das Vorbelastungsverbot aufgegeben und durch die Verlustdeckungshaftung (vor Eintragung) bzw. die Vorbelastungshaftung/Unterbilanzhaftung (nach Eintragung) ersetzt.[5]

2. Anspruch aus der sog. Verlustdeckungshaftung

a) Wie gesehen, sieht der BGH es mangels Regelung des Vorgesellschaftsstadiums im GmbHG als geboten an, den – schon im Recht der GmbH nur im Analogiewege zu entwickelnden – Gedanken einer Verlustausgleichspflicht auf die Vorgesellschaft zu übertragen.

b) Voraussetzung der Verlustdeckungshaftung ist ein **Verlust** der Vor-GmbH, erwirtschaftet im Zeitraum vor der Eintragung. Hier sind die Einlagen, die an die Vor-GmbH geflossen waren, vollständig aufgebraucht, das „Stammkapital" ist mithin nicht mehr gedeckt.

c) Die Folge ist jedoch, wie bereits angedeutet, grundsätzlich die **Innenhaftung** von A und B gegenüber der „Premium Dog Food GmbH i.Gr.".

d) A und B könnten allenfalls deshalb in die **Außenhaftung** geraten sein, weil sie ihre Eintragungsabsicht später aufgaben. Die Rechtsprechung nimmt nämlich an, dass im Fall des Aufgebens der Eintragungsabsicht die Gesellschafter eben doch eine OHG betreiben wollen. Sie müssten dann auch – und zwar auch für sämtliche „Altverbindlichkeiten" aus der Zeit vor dem Fallenlassen der Eintragungsabsicht[6] – persönlich haften. Diese Außenhaftung setzt aber in der Logik des Rechtsprechungsansatzes voraus, dass die Geschäftstätigkeit von den Gesellschaftern trotz fehlender Eintragungsabsicht fortgeführt wird. A und B haben ihre Tätigkeit jedoch umgehend beendet.

Exkurs: Auch wird eine Außenhaftung für den Fall der Einmann-GmbH zugelassen, da insofern ein Verweis der Gläubiger auf Ansprüche gegen die Gesellschaft ein unnötiger Umweg wäre. Schließlich wird dies auch für den Fall angenommen, dass die Gesellschaft keine weiteren Gläubiger hat.

---

5 BGH Urt. v. 27.1.1997 – II ZR 123/94, NJW 1997, 1507 und BGH Urt. v. 4.11.2002 – II ZR 204/00, NJW 2003, 429; zu den verschiedenen Stadien, die die Rechtsprechung durchlaufen hat, sowie zu der Terminologie s. *Raiser/Veil* S. 443 ff.

6 BGH Urt. v. 4.11.2002 – II ZR 204/00, NJW 2003, 429.

e) Ergebnis: A und B haften der I nicht aus der Verlustdeckungshaftung.

3. Anspruch aus § 11 Abs. 2 GmbHG

Hinweis: Hier geht es nun um Ansprüche gegen A und B in ihrer Eigenschaft als Geschäftsführer, während bislang ihre Stellung als Gesellschafter Grundlage für die Haftung war.

a) Handelndeneigenschaft
Für einen solchen Anspruch müssten A und B zunächst als „Handelnde" einzustufen sein. Die Auslegung des Handelndenbegriffs ergibt, dass nur Geschäftsführungsorgane von dieser Norm erfasst sein sollen, zumal sich § 11 GmbHG nur an sie richtet. Die Handelndenhaftung soll als „Druckmittel" die Geschäftsführungsorgane dazu veranlassen, die Eintragung zügig herbeizuführen. Da A und B als Geschäftsführer aufgetreten sind, sind sie Handelnde i.S.d. § 11 Abs. 2 GmbHG.

b) Auftreten für Gesellschaft
Sie müssen weiter im Namen der Gesellschaft aufgetreten sein. Würde man hier ausschließlich ein Auftreten für die spätere GmbH ausreichen lassen, so hafteten A und B im Fall nicht. Ein solch restriktives Verständnis wäre aber unzutreffend. Denn aus Sicht eines Vertragspartners macht es hinsichtlich der Haftungssituation keinerlei Unterschied, ob im Namen der späteren GmbH aufgetreten wird oder im Namen der Vor-GmbH. Stets haftet ihm nicht dasjenige Haftungssubjekt, das er erwarten durfte (zumal es sich hier um ein unternehmensbezogenes Geschäft handelt), und diese Situation wird auch nicht durch eine persönliche Außenhaftung der Gesellschafter kompensiert. Entscheidend ist ferner der Umstand, dass Vor-GmbH und GmbH identisch sind. Gehandelt wurde somit im Ergebnis für denselben Rechtsträger.

c) Ergebnis
A und B haften damit der I aus § 11 Abs. 2 GmbHG auf Zahlung von € 10.000,–.

Lösung von Variante 1

Hinweis: Mit der Eintragung ist die GmbH entstanden. Variante 1 dreht sich um die Frage, was mit Ansprüchen passiert, die in einer der Gründungsphasen der GmbH entstanden sind.

A. Ansprüche des H

I. Ansprüche des H gegen die Vorgründungsgesellschaft

Ansprüche des H gegen die Vorgründungsgesellschaft bleiben bestehen. Sie erlöschen nicht wegen der Entstehung der GmbH. Diese ist ein gänzlich neuer Rechtsträger, der mit der Vorgründungsgesellschaft nicht identisch ist.

II. Ansprüche gegen A und B

Dasselbe gilt für Ansprüche gegen A und B persönlich.

III. Ansprüche gegen die GmbH auf Zahlung von € 6.000,– aus Kaufvertrag (§ 433 Abs. 2 BGB) i.V.m. §§ 25 ff. HGB

Die GmbH hat selbst kein Handelsgeschäft von der GbR erworben, sondern könnte ihrerseits nur als Rechtsnachfolgerin der Vor-GmbH für die Schuld der Vorgründungsgesellschaft einzustehen haben, wenn zunächst ihrerseits die Vor-GmbH über §§ 25 ff. HGB in die Haftung geraten ist. Das setzt voraus, dass die Vor-GmbH unter Lebenden ein Handelsgeschäft von der GbR erworben hat und deren Firma fortgeführt hat. Die GbR führt aber als solche keine Firma und betreibt per se auch kein Handelsgewerbe. Auch eine analoge Anwendung der §§ 25 ff. HGB, die gerade auf den kaufmännischen Rechtsverkehr Rücksicht nehmen, kommt nicht in Betracht.

B. Ansprüche der I

I. Ansprüche gegen die Vor-GmbH

Der Zahlungsanspruch der I ist nach Entstehen der GmbH gegen diese gerichtet, denn die GmbH ist lediglich ein anderer Rechtszustand desselben Unternehmensträgers. Die Vor-GmbH existiert als solche nicht mehr.

II. Ansprüche gegen A und B (aus dem Stadium der Vor-GmbH)

Die Ansprüche der I gegen A und B aus dem Stadium der Vorgesellschaft erlöschen mit der Eintragung der GmbH:

1. Die Handelndenhaftung erlischt, denn die Gläubiger erhalten dasjenige Haftungssystem, dass sie erhalten sollten.
2. An die Stelle der Verlustdeckungshaftung in der Vor-GmbH tritt die Vorbelastungshaftung (Unterbilanzhaftung), die als „Kapitalaufbringungshaftung" eine reine (anteilige) Innenhaftung gegenüber der Gesellschaft ist.

III. Ansprüche gegen die GmbH auf Zahlung von € 10.000,– aus Kaufvertrag

Mit der Eintragung wandelt sich die Vor-GmbH automatisch in eine GmbH um. Auf diese gehen alle Verbindlichkeiten automatisch über. I hat daher einen Anspruch gegen die GmbH auf Zahlung von € 10.000 aus dem Kaufvertrag.

C. Ansprüche der GmbH

I. Anspruch gegen A, B auf Zahlung von € 10.000,– (bzw. auf Ausgleich der konkreten Unterbilanz) aus sog. Vorbelastungshaftung (Unterbilanzhaftung)

1. Dass und warum eine Unterbilanzhaftung in der GmbH als Institut anzuerkennen ist, wurde bereits dargelegt. Dem BGH ist darin beizupflichten, dass es vor dem Hintergrund des allgemeinen Gedankens der Kapitalaufbringung keinen Unterschied macht, ob ein Einlagewert von vornherein nicht erreicht wird oder ob bis zum Zeitpunkt der Eintragung nachträglich eine Minderung eintritt. Dieser Gedanke ist im Interesse des Gläubigerschutzes über den zu engen Wortlaut der Gründungsnormen hinaus i.S. einer Unterbilanzhaftung fortzudenken.
2. Voraussetzung einer solchen Haftung von A und B ist zunächst die – in der *Variante 1* erfolgte – **Eintragung** der GmbH.
3. Eine **Unterbilanz** ist, da die eingezahlten Barmittel der Gesellschaft (i.H.v. 2 x € 5.000,– also insgesamt € 10.000,–) „ersatzlos" aufgebraucht sind (Miet- und Personalkosten), anzunehmen. Das Stammkapital ist aufgrund des Verlustes der Barmittel entsprechend vermindert.
4. Ob die Unterbilanzhaftung auf aufgelaufene **operative Verluste** beschränkt werden sollte, d. h. solche Verluste, die aus der Geschäftstätigkeit resultieren,

wie es in der Literatur teilweise befürwortet wird, kann hier dahin stehen, da im Fall genau solche Verluste entstanden sind.

Hinweis: Für die Ansicht von Karsten Schmidt spricht der Sinn und Zweck der Unterbilanzhaftung, die Haftung auf diejenigen Fälle zu begrenzen, in denen der Verlust durch die Geschäftstätigkeit der Gesellschafter entsteht (nicht etwa durch einen durch Blitzeinschlag ausgelösten Brand). Ob aber in der Praxis eine Differenzierung von operativen und sonstigen Verlusten immer möglich sein wird, darf durchaus bezweifelt werden.

5. **Ergebnis:** A und B haften pro rata auf Ausgleich der Unterbilanz, d. h. A zu 2/5, B zu 3/5. Angesichts der Unterbilanz i.H.v. € 10.000,– haften A auf € 4.000, B auf € 6.000,–. § 24 GmbHG findet Anwendung.

II. Anspruch gegen A, B auf Zahlung von je € 5.000,– aus dem Gesellschaftsvertrag

A und B müssen die noch ausstehenden Einlagen jeweils i.H.v. € 5.000,– noch leisten (wobei auch insoweit § 24 GmbHG gilt).

Lösung von Variante 2

A. Ansprüche der GmbH wegen der Einlage des VW Golf

Im Folgenden ist zu prüfen, ob der GmbH aufgrund des Motorschadens am VW Golf Ansprüche zustehen. Diese Ansprüche macht aufgrund der Eröffnung des Insolvenzverfahrens der Insolvenzverwalter für die GmbH geltend, vgl. § 80 InsO.

I. Ansprüche der GmbH gegen B

1. Anspruch gegen B auf Zahlung von € 4.500,– aus § 9 Abs. 1 S. 1 GmbHG

Möglicherweise hat die GmbH gegen B einen Anspruch aus § 9 Abs. 1 S. 1 GmbHG. Dazu müsste der Wert der Sacheinlage im Zeitpunkt der Anmeldung der Gesellschaft zur Eintragung ins Handelsregister nicht dem Nennbetrag des dafür übernommenen Geschäftsanteils entsprechen. Der Nennbetrag des für den VW Golf übernommenen Geschäftsanteils betrug € 5.000,–, der Wert des VW Golfs mit dem Motorschaden nur noch € 500,–. Damit steht der GmbH gegen B ein Anspruch i.H.v. € 4.500,– zu.

2. Anspruch gegen B auf Reparatur des VW Golf (Nacherfüllung), §§ 453, 437 Nr. 1 BGB analog

a) Anwendbarkeit des kaufrechtlichen Gewährleistungsrechts

Ein Anspruch der Gesellschaft gegen B auf Nacherfüllung setzt zunächst die **Anwendbarkeit** der gewährleistungsrechtlichen Vorschriften voraus. Der Erwerb von Gesellschaftsanteilen gegen Bareinlage ist als ein Geschäft anzusehen, das dem Rechtskauf ähnelt und ist deshalb unter **§ 453 Abs. 1 BGB** zu subsumieren. Zwar handelt es sich nicht im engeren Sinne um einen Kauf, sondern um ein gesellschaftsrechtlich geprägtes Geschäft. Im Zuge dieses Geschäfts erhält der Gesellschafter jedoch von der Gesellschaft einen Gesellschaftsanteil und zahlt seinerseits einen entsprechenden Preis an diese. Wegen dieser großen Nähe zum Kauf sind die kaufrechtlichen Vorschriften entsprechend anzuwenden.

Die gesellschaftsrechtliche Folge des Nichterreichens des Sachwertes einer Einlage ist in **§ 9 GmbHG** dahin geregelt, dass dies eine Zahlungspflicht des Gesellschafters nach sich zieht. Insoweit erscheint fraglich, ob daneben (oder alternativ) eine Nacherfüllungspflicht angenommen werden kann. Hier kann das allerdings dahinstehen. Der Motorschaden am VW ist **irreparabel.** Somit kommt eine Nacherfüllungspflicht des Gesellschafters ohnehin nicht in Betracht.

b) Ergebnis

Der GmbH steht kein Anspruch auf Nacherfüllung gem. §§ 453, 437 Nr. 1 BGB zu.

3. Anspruch gegen B auf Zahlung von € 4.500,– aus §§ 453, 437 Nr. 2, 441 BGB

a) Anwendbarkeit des Minderungsrechts

Wiederum ist zu fragen, inwieweit die gewährleistungsrechtlichen Vorschriften und insbesondere die Rechtsfolgen aus diesen Vorschriften zur Anordnung in § 9 GmbHG passen.[7]

aa) In § 9 GmbHG ist eine Differenzhaftung in bar vorgesehen. Diese im Gläubigerinteresse angeordnete Rechtsfolge spricht dafür, die gewährleistungsrechtlichen Vorschriften mit ihren abweichenden Rechtsfolgen als **verdrängt** anzusehen. Weder kann, noch muss vom Gesellschafter verlangt werden, dass er zunächst nacherfüllt, um dann den weiteren Rechtsfolgen der §§ 434 ff. BGB zu unterliegen. Das entscheidende Argument gegen die

7 Vgl. ausführlich zum Meinungsstand *Schwandtner* in: MüKo GmbHG, § 5 Rn. 161a ff.

Anwendbarkeit des Gewährleistungsrechts findet sich in eben diesen Rechtsfolgen: So müsste die Minderung von Seiten der GmbH an sich dazu führen, dass der Empfänger (also der Gesellschafter) des Gesellschaftsanteils zur Herausgabe eines Teils des Geschäftsanteils verpflichtet würde. Das würde wirtschaftlich einer Kapitalherabsetzung entsprechen, bzw. wäre vor dem Hintergrund des nur eingeschränkt zulässigen Erwerbs eigener Anteile durch die GmbH problematisch (§ 33 GmbHG). Außerdem passt auch die generelle Konzeption des Gewährleistungsrechts, das zunächst ein Nacherfüllungsrecht des Verkäufers vorsieht, nicht zur zwingenden Rechtsfolge des § 9 GmbHG.

ab) Der überwiegende Teil der Literatur behilft sich damit, die **Rechtsfolge** der Minderung **zu modifizieren.** Sie nimmt an, dass der Gesellschafter nicht zur Teilrückgewähr seines Anteils verpflichtet sei, sondern zu einer ergänzenden Barzahlung. Sie rekurriert insoweit auf die „hinter" der Sacheinlagepflicht liegende **Barzahlungspflicht.** Es entspreche einem allgemeinen Grundsatz, dass dort, wo eine Sacheinlage nicht oder nicht vollständig in Betracht komme, der Gesellschafter zur ergänzenden Barleistung verpflichtet sei – insoweit wird u. a. auf § 9 GmbHG verwiesen. Diese Feststellung ist zutreffend, sie ist aber nur ein weiterer Beleg dafür, dass § 9 GmbHG als die entscheidende Norm – und damit nach hier vertretener Ansicht als vorrangig – anzusehen ist. Zudem bleibt es auch bei Berücksichtigung des Vorschlags einer Modifikation auf der Rechtsfolgenseite dabei, dass das Verhältnis von § 9 GmbHG zum Nacherfüllungsrecht des Verkäufers (Gesellschafters) problematisch ist.

b) Ergebnis

Es besteht kein Anspruch der GmbH gegen B auf Zahlung von € 4.500,– aus Minderung.

4. Anspruch gegen B auf Rückübertragung des Gesellschaftsanteils aus §§ 437 Nr. 2, 323 Abs. 1, 326 Abs. 5, 346 S. 1 BGB

Wie bereits im Rahmen der Minderung (unter 3.) erörtert, ist § 9 GmbHG als vorrangig und abschließend gegenüber dem Gewährleistungsrecht anzusehen. Ein Rücktritt der Gesellschaft gegenüber dem Gesellschafter vom Zeichnungsvertrag kommt schon deshalb nicht in Betracht.

5. Anspruch gegen B auf Zahlung von € 5.000,– aus §§ 437 Nr. 2, 323 Abs. 1, 326 Abs. 5, 346 S. 1 BGB

Aus den genannten Gründen kommt es auch nicht in Betracht, eine modifizierte Rechtsfolge des Rücktritts i.S. einer Zahlungsverpflichtung des Gesellschafters (anstelle der grundsätzlich anzunehmenden Rückgewährpflicht betreffend den Gesellschaftsanteil) anzunehmen.

6. Anspruch gegen B auf Zahlung von € 5.000,– aus §§ 437 Nr. 3, 311a BGB

Auch hinsichtlich eines Schadensersatzanspruchs aus Gewährleistungsrecht gilt, dass nach dem Gewährleistungsrecht vor dem Schadensersatzverlangen grundsätzlich (hier nur wegen des *irreparablen* Schadens nicht) eine Frist zur Nacherfüllung zu setzen wäre, was nicht zu § 9 GmbHG passt. Zudem trifft § 9a II GmbHG eine spezielle Regelung bei Schädigungen der Gesellschaft durch (Sach-)Einlagen. Damit sind auch die schadensersatzrechtlichen Vorschriften des Gewährleistungsrechts ausgeschlossen. Im Übrigen hatte B auch keine Kenntnis vom Motorschaden, woran der Schadensersatzanspruch spätestens scheitern müsste.

II. Ansprüche der GmbH gegen A

Die Auslegung von § 24 GmbHG ergibt, dass die Norm alle Zahlungen erfassen soll, die auf die Einlageschuld eines Mitgesellschafters noch ausstehen. Das umfasst auch lediglich „ergänzende“ Schulden aus einer Differenzhaftung, wie sie § 9 GmbHG anordnet. Bei § 9 GmbHG handelt es sich nämlich um eine Art „Fortsetzung“ der ursprünglichen Einlagepflicht.

Soweit B verpflichtet ist, seine Einlage zu ergänzen, ist mithin auch A – unter den weiteren Voraussetzungen des § 24 GmbHG – mitverpflichtet.

B. Rechtslage bzgl. des Kaufs der Laptops und Smartphones

Auch wegen des Verkaufs der Laptops und Smartphones könnten der GmbH Ansprüche gegen A und B zustehen, die ebenfalls vom Insolvenzverwalter gem. § 80 Abs. 1 InsO geltend gemacht werden.

I. Ansprüche der GmbH gegen A

1. Anspruch gegen A auf Zahlung von € 7.000,– aus §§ 31 Abs. 1, 30 Abs. 1 S. 1 GmbHG

Möglicherweise besteht ein Anspruch der GmbH gegen A i.H.v. € 7.000,– aus §§ 31 Abs. 1, 30 Abs. 1 S. 1 GmbHG. Dazu müsste A eine Zahlung entgegen § 30 Abs. 1 S. 1 GmbHG erhalten haben, also eine solche, durch die das Stammkapital ausgeschüttet wird.

a) Es müsste zunächst **Vermögen** der Gesellschaft an A **ausgezahlt** worden sein. Zwar könnte man mit Blick auf die Grundsätze über den evidenten Missbrauch der Vertretungsmacht sowie angesichts des (möglichen) Charakters der §§ 30, 31 GmbHG als Verbotsgesetze zunächst Zweifel an der (dinglichen) **Wirksamkeit** einer Leistung der Gesellschaft auf den Kaufvertrag mit A haben. Allerdings wird heute allgemein angenommen, dass es sich bei den §§ 30, 31 GmbHG gerade nicht um Verbotsgesetze handelt, zumal sich aus ihnen „etwas anderes" i.S.d. § 134 BGB a.E. ergibt, nämlich die Erstattung der Zahlung an die Gesellschaft. Im Ergebnis liegt demnach eine (wirksame) Zahlung vor.

b) Das abgeflossene Vermögen müsste **zur Erhaltung des Stammkapitals erforderlich** gewesen sein. Das Stammkapital ist eine Soll-Eigenkapitalgröße, die im Fall € 25.000,– beträgt. Es durfte demnach kein Vermögen der GmbH an A fließen, das diese Soll-Eigenkapitalgröße angriff. Es müsste mit anderen Worten auch nach der Zahlung noch ein Überschuss der Aktiva über die Passiva (= Eigenkapital) der Gesellschaft bestanden haben, der mindestens die Stammkapitalgröße erreichte. Auf den ersten Blick könnte man hier in der Auszahlung der € 7.000,– tatsächlich eine Ausschüttung von Stammkapital annehmen.

c) Jedoch ist folgendes zu beachten: Im Fall geht es nun nicht um eine einseitige Ausschüttung von Vermögen der Gesellschaft an den Gesellschafter, sondern um ein **Austauschgeschäft** zwischen Gesellschaft und Gesellschafter. In einem solchen Fall ist nicht statisch nur die Zahlung an den Gesellschafter zu berücksichtigen, sondern es muss mit Blick auf den Kapitalerhaltungsgrundsatz unter Umständen berücksichtigt werden, dass der Gesellschaft ein Gegenwert im Zuge des Austauschgeschäfts zufließt.[8] Abzustellen ist daher auf eine **rechnerisch-bilanzielle Betrachtungsweise.**

---

8 Vgl. RegBegr. MoMiG, BT-Drs. 16/6140, S. 41.

Inwieweit das Vermögen der GmbH zum Zeitpunkt der Zahlung das Stammkapital deckte, ist nicht ersichtlich. Im Sinne des eben Gesagten, muss der Anspruch aus §§ 31, 30 GmbHG jedenfalls aber deshalb scheitern, weil es sich bilanziell um einen bloßen **Aktiv-Aktiv-Tausch** (Geld gegen Laptops und Smartphones) handelte und die Gesellschaft einen angemessenen Gegenwert für ihr Geld erhielt. Der Preis für die Laptops und Smartphones war angemessen, was eine Herbeiführung oder Vertiefung einer Unterbilanz von vornherein ausschließt.

Hinweis: Man muss sich hier zwei Dinge klarmachen:
1. Für die Frage einer Unterbilanz – also danach fragend, ob zur Erhaltung des Stammkapitals erforderliches Vermögen abgeflossen ist – kommt es auf die **Bilanz** der Gesellschaft an. Wird ein Gegenstand aus der Gesellschaft abgezogen, der nicht zur Deckung des bilanziellen Stammkapitals erforderlich ist, greifen §§ 30, 31 GmbHG von vornherein nicht ein.
2. Kommt es aber bei bilanzieller Betrachtung zu einer Unterbilanz, so muss im Falle eines Austauschgeschäfts weiter überlegt werden, ob die Gesellschaft einen angemessenen Gegenwert erhalten hat. In diesem Fall ist zwar der Abfluss in der Bilanz zu verzeichnen, er kann aber durch die Gegenleistung vollständig ausgeglichen sein. Ist das der Fall, so ist letztlich doch keine Unterbilanz eingetreten.
Für diese Frage, also für die Frage, ob der Gesellschafter einen angemessenen Gegenwert verschafft hat, ist aber nicht die Bilanz entscheidend. Entscheidend ist der **tatsächliche Wert** des aus dem Gesellschaftsvermögen abgeflossenen Vermögenswerts. Erwirbt also etwa ein Gesellschafter eine Sache aus dem Vermögen der GmbH zum Buchwert, liegt aber der tatsächliche Wert höher, so ist dieser entscheidend.
In unserem Fall fließt Bargeld an den Gesellschafter, so dass es zu einer Diskrepanz zwischen „Buchwert" und tatsächlichem Wert – auf der „2. Stufe" – nicht kommen konnte.

d) Ergebnis
Der GmbH stehen keine Ansprüche gem. §§ 31 Abs. 1, 30 Abs. 1 S. 1 GmbHG zu.

2. Anspruch gegen A auf Zahlung von € 7.000,– aus §§ 3 Abs. 1 Nr. 4, 14, 19 GmbHG

Möglicherweise hat die GmbH wegen der Erwerbsgeschäfte aber einen Anspruch auf nochmalige Einzahlung der Bareinlage i.H.v. € 7.000,–.

a) Ursprünglich war eine **Bareinlageverpflichtung** des A in Höhe von € 10.000,– vorgesehen.
b) A hat zweimal € 5.000,– an die Gesellschaft gezahlt, seine Einlagepflicht war deswegen gemäß § 362 Abs. 1 BGB scheinbar **erloschen.**
c) Etwas anderes könnte sich daraus ergeben, dass das Kapitalaufbringungsrecht der GmbH eine Leistung der Einlage **zur „freien Verfügung"** der Geschäftsführung verlangt (argumentum e § 8 Abs. 2 GmbHG). Letztlich bestehen hier an der freien Verfügbarkeit aber keine durchgreifenden Zweifel. Eine

genaue Abrede über die Verwendung gerade des eingezahlten Geldes gab es nämlich nicht. Zum Zeitpunkt der Einlageleistung mag zwar das Geschäft über die Laptops und Smartphones als solches bereits vorgesehen gewesen sein. Das ändert aber nichts an der freien Verfügbarkeit der geleisteten Barmittel als solcher.

d) Möglicherweise hatten die Zahlungen des A aber deshalb keine Tilgungswirkung, weil im wirtschaftlichen Ergebnis gar keine Bar-, sondern eine **Sacheinlage** auf die Bareinlageverpflichtung bewirkt wurde und diese Sacheinlage die Bareinlageverpflichtung nicht tilgen konnte.
Tatsächlich wurde nach früherer Rechtslage (i.R.d. § 19 Abs. 5 GmbHG a.F.) von Teilen der Literatur eine solche Tilgungswirkung versagt, wenn die Gesellschafter eine Bareinlage vereinbarten und erbrachten, diese Zahlungen letztlich aber nicht endgültig bei der GmbH verbleiben sollten, sondern ihr nur finanzielle Mittel zur Verfügung stellen sollten, um ein späteres Sachgeschäft zwischen der Gesellschaft und dem Gesellschafter zu erfüllen. Sollte eine solche **verdeckte Sacheinlage** anzunehmen sein, wäre eine Aushebelung des Gründungsrechts und der dort vorgesehenen strengen Wertigkeitskontrollen (§§ 5 Abs. 4, 9c Abs. 1 S. 2 GmbHG) sowie der Registerpublizität des Sacheinlagevorgangs (vgl. § 5 Abs. 4 GmbHG) zu befürchten. Denn der Gesellschafter wäre im Ergebnis, ließe man das Geschäft zu, von seiner Bareinlagepflicht frei geworden, die Barmittel wären aber an ihn zurückgeflossen, die Gesellschaft hätte stattdessen Laptops und Smartphones erhalten. Für den Rechtsverkehr entstünde der falsche Eindruck, es handle sich um eine Bargründung. Dementsprechend wurde der Zahlung in Anwendung die Tilgungswirkung gänzlich versagt. Konsequenz dessen war ein Weiterbestehen des Anspruchs auf Leistung der Bareinlage ungeachtet der Tatsache, dass die Gesellschaft (oft) eine werthaltige Sacheinlage erhalten hatte und dem Gläubigerschutz im Ergebnis genüge getan war, zumal die Gesellschaft zwar keine Liquidität, aber dennoch einen werthaltigen Gegenstand erhielt, was aus Sicht der Kapitalaufbringung keinen Unterschied macht. Dies wurde im Schrifttum heftig kritisiert.

e) Mit dem MoMiG hat der Gesetzgeber im Jahr 2008 auf die Problematik der verdeckten Sacheinlage reagiert und mit § 19 Abs. 4 GmbHG eine ausdifferenzierte Regelung geschaffen. Danach wird der einlagepflichtige Gesellschafter im Falle einer verdeckten Sacheinlage nicht von der Geldeinlage befreit, § 19 Abs. 4 S. 1 GmbHG. Er kann sich aber auf die fortbestehende Geldeinlagepflicht den Wert des Vermögensgegenstandes anrechnen lassen, § 19 Abs. 4 S. 3 GmbHG (sog. **Anrechnungslösung**). Im Ergebnis haftet der Gesellschafter nur noch auf die Wertdifferenz zwischen Einlagegegenstand und dem Einlageanspruch.

Im vorliegenden Fall ist daher zunächst zu prüfen, ob tatsächlich eine sog. verdeckte Sacheinlage vorliegt. Bejahendenfalls ist sodann festzustellen, ob eine Wertdifferenz vorliegt.

ea) Vorliegen einer verdeckten Sacheinlage

Wann eine verdeckte Sacheinlage vorliegt, ist nunmehr in § 19 Abs. 4 S. 1 GmbHG geregelt: Dazu muss zunächst eine Bareinlageverpflichtung vorliegen (1), sodann ein Umgehungsgeschäft (2), ein enger zeitlicher Zusammenhang zwischen der Bareinlage und dem Umgehungsgeschäft (3) und schließlich eine Umgehungsabrede (4).

(1) A war laut Gesellschaftsvertrag zur Bareinlage i.H.v. € 10.000,– verpflichtet. Das Geld wurde von ihm auch in voller Höhe einbezahlt.

(2) Zudem müsste ein Umgehungsgeschäft vorliegen. Dies wäre der Fall, wenn sich der Verkauf von Laptops und Smartphones bei wirtschaftlicher Betrachtung als Sacheinlage darstellt. A leistete zwar seine Bareinlage, im Endergebnis erhielt aber die GmbH langfristig die Laptops und Smartphones und nicht das Geld, das als Kaufpreis wieder an A zurückgeflossen ist. Durch den Kaufvertrag wurden damit die Werthaltigkeitskontrolle und die Registerpublizität der Sacheinlagevorschriften umgangen. Daher liegt auch ein Umgehungsgeschäft vor.

(3) Auch müsste ein enger zeitlicher Zusammenhang zwischen der Bareinlage und dem Umgehungsgeschäft vorliegen. Ein solcher wird nach Rechtsprechung und Literatur bei einem Umgehungsgeschäft **innerhalb von 6 Monaten** nach der Gründung angenommen[9].

(4) Da der Wortlaut des § 19 Abs. 4 S. 1 GmbHG von „Abrede“ spricht, muss zu dem objektiven Tatbestand des Umgehungsgeschäfts zusätzlich noch der subjektive Wille hinzukommen, die Sacheinlagevorschrift umgehen zu wollen. Die **Umgehungsabrede** soll die verdeckte Sacheinlage von sonstigen (zulässigen) Verkehrsgeschäften der Gesellschafter mit ihrer Gesellschaft abgrenzen. Sie wird vermutet, wenn das Rechtsgeschäft in engem zeitlichen Zusammenhang mit der Bareinlageverpflichtung steht. Dies war hier der Fall.

(5) Zwischenergebnis: Es liegt eine verdeckte Sacheinlage vor.

eb) Anrechnung des Wertes der Laptops und Smartphones

Da eine verdeckte Sacheinlage vorliegt, kommt es für die Höhe der nochmaligen Bareinlageverpflichtung nunmehr darauf an, ob sich A auf den gegen ihn gerichteten Einlageanspruch i.H.v. € 7.000,– (i.H.v. € 3.000,– war die Einlagepflicht durch die Bareinlage erloschen) den Wert der Laptops und Smartphones anrechnen lassen kann. Da diese laut Sachverhalt einen Wert

---

9 Vgl. dazu *Lutter/Hommelhoff* § 19 Rn. 57.

von € 7.000,– aufweisen, kann dies bejaht werden. Die Anrechnung geschieht automatisch, ohne weitere Willenserklärung.

f) Ergebnis: Der Anspruch der GmbH gegen A i.H.v. € 7.000,– ist erloschen.

3. Anspruch gegen A auf Zahlung von € 7.000,– aus § 812 Abs. 1 S. 1 Var. 1 BGB (Leistungskondiktion)

Möglicherweise steht der GmbH gegen A ein Anspruch auf Rückzahlung der € 7.000,– aus § 812 Abs. 1 S. 1 Var. 1 BGB zu. A hat das Eigentum (zumindest nach §§ 947 f. BGB) und Besitz am Geld erhalten. Die GmbH hat die € 7.000,– auch in Erfüllung der Kaufpreisverbindlichkeit geleistet und damit wissentlich und willentlich das Vermögen des A vermehrt. Fraglich ist, ob dies auch ohne Rechtsgrund geschah. Insofern könnte das Umgehungsgeschäft gem. § 134 BGB nichtig sein. Nach nunmehr neuer Rechtslage stellt § 19 Abs. 4 S. 2 GmbHG ausdrücklich klar, dass die Verträge über die Sacheinlage und die Rechtshandlungen zu ihrer Ausführung wirksam bleiben. Insofern ergibt sich aus der Regelung des § 19 Abs. 4 S. 2 BGB „etwas anderes" i.S.d. § 134 BGB a.E. Der Kaufvertrag über die Laptops und Smartphones ist daher wirksam und stellt daher einen Rechtsgrund für das Behaltendürfen des Kaufpreises dar (vgl. B. I. 1. a))

II. Ansprüche des A gegen die GmbH wegen des Erwerbs der Laptops und Smartphones

Ansprüche des A auf Herausgabe der Laptops und Smartphones gem. § 985 BGB bzw. § 812 Abs. 1 S. 1 Var. 1 BGB oder des Geldes gem. § 812 Abs. 1 S. 1 Var. 1 BGB bestehen aufgrund der Gültigkeit aller Rechtsgeschäfte gem. § 19 Abs. 4 S. 2 BGB ebenfalls nicht (s.o. unter 3.).

III. Anspruch der GmbH gegen B wegen der Laptops und Smartphones

1. GmbH gegen B auf Zahlung von € 7.000,– (Bareinlage) aus dem Gesellschaftsvertrag i.V.m. § 24 GmbHG

Ein solcher Anspruch besteht nicht, da bereits kein Anspruch der GmbH gegen A besteht, der für eine Ausfallhaftung gegenüber B zwingende Voraussetzung ist.

2. GmbH gegen B auf Zahlung von € 7.000,– aus §§ 31 Abs. 1, 30 Abs. 1, 31 Abs. 3 GmbHG

Dieser Anspruch setzt eine Unterbilanz voraus, entfällt hier jedoch aus den oben genannten Gründen.

Zur Vertiefung:
Hinsichtlich der Gründungsstadien und der Verlustdeckungs- bzw. Vorbelastungshaftung:
- *Raiser/Veil* S. 447 ff.

Zur verdeckten Sacheinlage:
- *Roth* in: Roth/Altmeppen, § 19 Rn. 40 ff.

Fall 2: Handel im Wandel

Karl Kubalik betreibt als Alleingesellschafter und Geschäftsführer seit 1990 in Passau ein Bekleidungsgeschäft, die „Chic mit Kubalik GmbH“ (K-GmbH). Das Stammkapital beträgt € 30.000,–. In Höhe von € 3.000,– hat Kubalik im Wege der Sacheinlage ein Computersystem der Marke Apple (Typenbezeichnung: S-35) in die GmbH eingebracht. Der Wert der Anlage entsprach € 3.000,–. Die Sacheinlage wurde ordnungsgemäß in der Satzung festgesetzt. Auch der Prüfbericht wurde erstellt.

Das wirtschaftliche Umfeld in der Textilbranche wird Ende der 90er Jahre immer schwieriger. Als die K-GmbH im Jahre 2000 gerade noch die Betriebskosten erwirtschaften kann und zudem Kubalik schwer erkrankt, entscheidet sich dieser, das Ladenlokal der GmbH zu schließen und den Geschäftsbetrieb vorerst einzustellen.

Nach seiner Genesung Mitte 2015 beschließt Kubalik, erneut in das Wirtschaftsleben einzusteigen. Er ist der Ansicht, dass sich mit dem Verkauf von exklusiven Wohnungseinrichtungsgegenständen, insbesondere Antiquitäten, besser Geld verdienen lässt. Um die Kosten und den Aufwand für sein Projekt möglichst gering zu halten, beschließt Kubalik, seine K-GmbH, in der € 5.000,– Rest-Eigenkapital vorhanden sind, zu reaktivieren. Er überträgt zunächst einen Geschäftsanteil von 10 % auf seine Ehefrau Marta Kubalik, die von seiner neuen Geschäftsidee ebenfalls überzeugt ist. Karl Kubalik tritt als Geschäftsführer ab, die jüngere und belastbarere Marta tritt an seine Stelle. Außerdem benennen Karl und Marta die GmbH um in „Chez Kubalik – Gesellschaft für Exclusive Wohnideen mbH“ (C-GmbH), der Unternehmensgegenstand wird angepasst. Schließlich wird noch das Stammkapital der Gesellschaft von ursprünglich € 30.000,– auf € 40.000,– erhöht. Karl Kubalik zahlt € 9.000, Marta € 1.000,– auf das Konto der GmbH, welches damit ein Guthaben von € 15.000,– aufweist.

Nach schleppendem Neustart der neu formierten GmbH ist das Eigenkapital Ende 2017 restlos aufgebraucht und eine erste Schuld der GmbH i.H.v. € 100.000,– nicht gedeckt. Marta stellt ordnungsgemäß Insolvenzantrag für die C-GmbH. Karl wendet sich daraufhin an Rechtsanwalt Richard Rossmann und bittet um Auskunft darüber, ob er oder seine Ehefrau auf der Basis des geschilderten Sachverhalts damit rechnen müssen, von einem Insolvenzverwalter in irgendeiner Weise in Anspruch genommen zu werden.

Rossmann erfährt, dass Karl die alte Computeranlage (S-35) im Jahr 1996 gegen das Nachfolgemodell von Apple (S-45) ausgetauscht hat und dass derzeit ein Computersystem von Apple auf dem Markt ist (nunmehr: Typenbezeichnung

https://doi.org/10.1515/9783110526325-003

S-55), welches die Fortführung des alten Modells gemäß dem jeweiligen Stand der Technik darstellt.

Die von Rossmann zu erteilende Auskunft ist in einem umfassenden Gutachten vorzubereiten, das auf alle aufgeworfenen Rechtsfragen eingeht.

Auf § 80 InsO wird hingewiesen.

Variante

Wie Grundfall, mit folgender Änderung: Karl Kubalik berichtet Rossmann, dass er im Rahmen der Kapitalerhöhung vor deren Eintragung zunächst die eingeforderte Bareinlage i.H.v. € 4.000,– erbracht habe. Marta habe die vollen € 1.000,– bezahlt. Sodann sei man wie folgt vorgegangen: Karl habe für die Gesellschaft vor der Kapitalerhöhung Einkäufe im Wert von € 3.000,– getätigt. Statt die von der Gesellschaft geltend gemachte Resteinlageforderung i.H.v. € 5.000,– bar zu begleichen, habe er einen „Aufhebungsvertrag" mit der GmbH geschlossen, in dem er, Karl, auf die Rückerstattung der € 3.000,– „verzichtet", die GmbH im Gegenzug von der Erhebung der Bareinlage in derselben Höhe „abgesehen" habe. Weitere € 2.000,– habe Karl später auf Wunsch der Marta nicht an die GmbH, sondern an einen Gläubiger der GmbH bezahlt. Die Kapitalerhöhung sei in das Handelsregister eingetragen worden.

Gliederung

Lösung zu Fall 2

Schwerpunkte: Mantelgründung; Verrechnung von Gesellschaftersicherung mit Einlageforderung; Einlageerbringung durch Zahlung an Dritte

Lösung des Grundfalls

K fragt, inwieweit ein Insolvenzverwalter Ansprüche gegen ihn oder seine Ehefrau wird geltend machen können. Insoweit ist zunächst auf § 80 Abs. 1 InsO zu verweisen. Der Insolvenzverwalter kann nach dieser Vorschrift das zur Insolvenzmasse gehörende Vermögen des Schuldners (§ 35 InsO), hier der C-GmbH, verwalten und über es verfügen. Aus Sicht des K und der M ist demnach entscheidend, welche Ansprüche die C-GmbH gegen sie hat.

A. Ansprüche der C-GmbH gegen K

I. Anspruch der C-GmbH gegen K aus dem Gesellschaftsvertrag

Ursprünglich, so lässt sich dem Sachverhalt entnehmen, war K aus dem anfangs für die **K-GmbH** aufgesetzten Gesellschaftsvertrag zur Einbringung der genannten Computeranlage als Sacheinlage und zur Bareinlage i.H.v. € 27.000,– verpflichtet. Diese Verpflichtung ist in der Folge gemäß § 362 Abs. 1 BGB erloschen. Allein aus dem Gesellschaftsvertrag der mittlerweile unter **C-GmbH** firmierenden Gesellschaft kann deshalb kein solcher Anspruch der GmbH mehr hergeleitet werden.

II. Anspruch der C-GmbH gegen K auf (Neu-)Einbringung der Einlage aus der sog. Vorbelastungshaftung

Möglicherweise hat die C-GmbH gegen K einen Anspruch auf erneute Einbringung der Einlage aus der Vorbelastungshaftung. Jedoch war 1990 das Stammkapital in Höhe von € 30.000,– in voller Höhe eingezahlt bzw. durch die Sacheinlage in Höhe von € 3000,– eingebracht. Ein Anspruch aus Vorbelastungshaftung besteht somit nicht.

III. Anspruch der C-GmbH gegen K aus entsprechender Anwendung der Vorbelastungshaftung (Unterbilanzhaftung)

Möglicherweise folgt aber aus einer erneuten Anwendung der Gründungsregeln des GmbH-Rechts und damit auch der Vorbelastungshaftung, dass die Einlageverpflichtung infolge der diversen (Satzungs-)Änderungen bei der „K-GmbH" entweder „aufgelebt" ist oder zumindest in sonstiger Weise eine (neue) Pflicht zur Erbringung der ursprünglichen Einlagen entstanden ist. Es könnte sich nämlich bei dem im Sachverhalt beschriebenen Vorgang um eine sog. **Mantelverwendung**, einen gründungsähnlichen Vorgang, handeln, so dass K – wie bei einer regulären Gründung – das ursprünglich satzungsmäßig vorgesehene und bereits erloschene Stammkapital möglicherweise erneut aufzufüllen hat. Dazu müsste es sich tatsächlich um einen Fall einer sog. Mantelverwendung handeln (1.) und diese müsste zu einem Aufleben bzw. einem Neuentstehen der Verpflichtung zur Kapitalaufbringung (in Form der Unterbilanzhaftung) führen (2). Schließlich ist zu prüfen, in welcher Höhe die Haftung besteht bzw. worauf sie gerichtet ist (3.) und wie sich die übriggebliebenen € 5.000,– auf die Haftung auswirken (4.).

1. Die Frage nach einer (analogen) Anwendung der Gründungsvorschriften würde sich erübrigen, wären die tatsächlichen Vorgänge im vorliegenden Fall überhaupt nicht als Mantelverwendung einzuordnen, sondern als bloße **Umstrukturierung** der Gesellschaft. Denn in Rechtsprechung und Schrifttum besteht Einigkeit darüber, dass an eine solche Umstrukturierung keine besonderen Rechtsfolgen geknüpft sind. Sie kann insbesondere nicht zum „Aufleben" oder Neuentstehen von Einlageverpflichtungen führen. Besondere gesetzliche Kapitalaufbringungsvorschriften, die es bei bloßen Umstrukturierungen einzuhalten gälte, existieren nämlich nicht.

Die Mantelverwendung geht darüber insoweit hinaus, als sie von dem alten Unternehmen im Grunde mit Ausnahme der Rechtsform nichts übrig lässt. Von einer solchen Mantelverwendung ist dann zu sprechen, wenn das alte Unternehmen so weitreichenden Veränderungen unterzogen wird, dass bei wirtschaftlicher Betrachtung ein vollständig neues Unternehmen entstanden ist. Deshalb ist als nächstes festzustellen, ob es sich hier bei den „Änderungen" in der K-GmbH tatsächlich um eine Mantelverwendung i.S. der Rechtsprechung gehandelt hat.

a) *Für* eine wirtschaftliche Neugründung spricht im Fall, dass der ursprüngliche Unternehmensgegenstand der K-GmbH in keiner Weise fortgeführt wird. Vielmehr erhält die Unternehmung neben einem neuen Betätigungsfeld einen neuen Namen, die Geschäftsführung wird ausgewechselt und die Kapitalausstattung verändert. Schließlich entfaltete die alte Gesellschaft auch keinerlei betriebliche Aktivitäten mehr, als sie wiederbelebt wurde (in der Literatur wird insoweit von „Unternehmenslosigkeit" gesprochen). Auf die Dauer der Stilllegung kommt es dabei nicht an. Damit ist wirtschaftlich ein völlig neues Unternehmen entstanden.

b) *Gegen* die Annahme einer Mantelverwendung lässt sich möglicherweise zum ersten einwenden, dass K Hauptgesellschafter bleibt und, trotz Niederlegung des Geschäftsführeramtes, aufgrund seiner Gesellschafterstellung maßgeblich in der Gesellschaft tätig bleibt. Es wird in die GmbH lediglich M als Minderheitsgesellschafterin aufgenommen.
Diese Konstante ist jedoch nicht entscheidend. Die Bewertung einer Umgründung als Mantelverwendung (wirtschaftliche Neugründung) knüpft nicht an die – nach außen ohnehin nicht unmittelbar wirtschaftlich in Erscheinung tretende – Existenz von neuen oder alten Gesellschaftern an, sondern an die Veränderung der GmbH selbst. *Ihre* Neuausrichtung, die Belegung eines gänzlich anders gearteten Geschäftsfelds durch sie ist entscheidender Gesichtspunkt für die Annahme einer Neugründung.[10] Denn ihre neue wirtschaftliche Betätigung, verbunden mit den entsprechenden Risiken, rechtfertigt die erneuten Kapitalaufbringungspflichten.

Hinweis: Die genannte Rechtsprechung muss natürlich nicht bekannt sein. Es ist aber wichtig, die Abweichung vom „Normalfall" der Mantelverwendung (mit Austausch der Gesellschafter) zu erkennen und kurz zu behandeln.

Zum Zweiten könnte man einwenden, dass das Stammkapital der GmbH bereits „freiwillig" von den Gesellschaftern erhöht worden ist, was das Risiko der Gläubiger verringert. Allerdings lässt sich die Änderung der Kapitalausstattung auch gerade umgekehrt als Bestandteil des „Änderungspakets" begreifen, welcher noch einmal belegt, dass eine grundlegende Neuausrichtung geplant ist. Insbesondere reicht die Kapitalerhöhung auch ihrem Umfang nach nicht aus, um die Gründungsrisiken in vollem Umfang aufzufangen. Anders hätte es sich etwa bei einer im Vergleich zum bisherigen Stammkapital massiven Kapitalerhöhung darstellen können. Dann hätte man möglicherweise argumentieren können, dass das erneute Gründungsrisiko durch die Kapitalzufuhr weitgehend abgedeckt sei.

Drittens fehlt es an einer Änderung des Sitzes der Gesellschaft. Auch das spricht aber nicht entscheidend gegen eine Mantelverwendung, da dem Sitz der Gesellschaft nur untergeordnete Bedeutung zukommt gegenüber den weit einschneidenderen Änderungsmaßnahmen.

10 So i.E. auch Thür. OLG, Urt. v. 1.9.2004 – 4 U 37/04, NZG 2004, 1114.

c) Insgesamt ist deshalb festzuhalten: Die K-GmbH wurde lediglich als leere Hülle eingesetzt, um diese nach der vollständigen Einstellung des Unternehmens mit einem gänzlich andersartigen Geschäftsbetrieb zu füllen. Deshalb ist hier nicht von einer Umstrukturierung, sondern von einer Mantelverwendung zu sprechen.

2. Ob ein solcher Mantelverwendungs-Vorgang zum Aufleben bzw. Neuentstehen der Verpflichtung zur Kapitalaufbringung in der Person der aktuellen Gesellschafter – hier: des K – führt, ist zweifelhaft.

a) Eine Zahlungspflicht des K aus einem gründungsähnlichen Vorgang würde jedenfalls dann ausscheiden, wenn die Mantelverwendung nach § 134 BGB bzw. § 138 BGB jeweils i.V.m. den Vorschriften über die Gründung einer GmbH im GmbHG als **nichtig** anzusehen wäre. Das ist jedoch, wie heute allgemein anerkannt ist, nicht der Fall. Die Gründungsvorschriften sind keine Verbotsgesetze, sondern Gründungskautelen, die mit bestimmten Sanktionen versehen sind. Das Problem einer möglichen Umgehung der Gründungsvorschriften, vor allem der Anforderungen an eine Mindestkapitalausstattung, wird heute durch die Anwendung eben jener Gründungsvorschriften gelöst (siehe sogleich).

b) Als Grundlage einer Zahlungspflicht kommt eine Analogie zu den Gründungsvorschriften in Betracht.

Für die **entsprechende Anwendung der Gründungsbestimmungen** des GmbH-Rechts hat sich früh schon eine Reihe von Stimmen aus der Literatur gefunden, die die Gründungs-Gesellschafter für verpflichtet gehalten hat, ihre Gesellschaft mit neuem Kapital auszustatten, wobei die Höhe dieser Einlageverpflichtung im Einzelnen umstritten ist. Dem hat sich der BGH in zwei Entscheidungen sowohl betreffend die Vorrats- als auch betreffend die Mantelverwendung angeschlossen.[11] Als Argument lässt sich anführen, dass jedenfalls bei wirtschaftlicher Betrachtung, wie gesehen, von der alten Gesellschaft nichts übrig bleibt, sondern im Grunde ein völlig neues Unternehmen in einem alten Rechtsmantel an den Markt gebracht wird. Damit erneuern sich aus Sicht der Marktteilnehmer die Gründungsrisiken, die insbesondere aus der Stellung als nicht alt-eingesessener „Newcomer" resultieren können. Das rechtfertigt es, so lässt sich argumentieren, der Wiederholung der Risiken des Gründungsstadiums mit einer Wiederholung der gesetzlichen Absicherung der Gesellschaft (und damit ihrer Gläubiger) durch eine erneute Kapitalausstattung zu begegnen.

11 BGH, Beschluss v. 9.12.2002 – II ZB 12/02, NJW 2003, 892; BGH, Beschluss vom 7.7.2003 – II ZB 4/02, NJW 2003, 3198.

Gegen die Analogie spricht allerdings, dass das Gesetz an sich den Betrieb einer GmbH, deren Stammkapital einmal aufgebracht ist, nur durch die Vorschrift des § 64 GmbHG über Zahlungsverbote nach Insolvenzreife des Geschäftsführers der GmbH einschränkt. Außerhalb des Anwendungsbereichs des § 64 GmbHG kann mit der GmbH auch dann noch gewirtschaftet werden, wenn deren Stammkapital weitgehend oder ganz aufgezehrt ist. Eine Pflicht zum Auffüllen des Stammkapitals existiert gerade nicht. Eine irgendwie geartete Verpflichtung zu erneuter Kapitalausstattung der Gesellschaft scheint demnach ausgeschlossen. Massive Abgrenzungsschwierigkeiten sind zudem für solche Fälle zu erwarten, in denen eine GmbH „nur" in erheblichem Umfang saniert oder umstrukturiert werden soll. Die Grenze zu einer Mantelverwendung kann in einem solchen Fall fließend sein.[12]

c) Gleichwohl muss Rechtsanwalt R für seine Beratung des K von der Ansicht der Rechtsprechung ausgehen. Jedenfalls bei einer *vollständigen* Einstellung des vorherigen Geschäftsbetriebs muss die Neuausrichtung der Gesellschaft als (wirtschaftliche) Neugründung verstanden und damit den Gründungsvorschriften des GmbHG unterworfen werden.

3. Damit stellt sich die Anschlussfrage, **in welcher Höhe** eine (Neu-)Gründungshaftung besteht (a) und **worauf** die **Verpflichtung gerichtet** ist, ob sie insbesondere bedeutet, dass K erneut die Computeranlage Apple S-35 einzubringen hat (b). Um hierzu Stellung nehmen zu können, ist die dogmatische Grundlage der (erneuten) Einlagepflicht aufzusuchen.

a) Zunächst ist zu prüfen, in welcher Höhe die Bareinlagepflicht wieder neu entstanden ist.

Vorstellbar ist zum einen, den Gesellschaftern im Falle einer Mantelverwendung aufzuerlegen, gleichsam abstrakt das **gesetzliche Mindeststammkapital** des § 5 Abs. 1 GmbHG aufzubringen, die Verpflichtung des K also auf eine gesetzliche Grundlage zu stützen. Auf das gesetzliche Stammkapital abzustellen, ist aber nicht überzeugend. Zum einen sind die Mantelverwendungsvorgänge in ihrer wirtschaftlichen Reichweite höchst unterschiedlich. Wenn man schon von einer „Neugründung" ausgeht, so ist zu berücksichtigen, dass im Handelsregister eine weit höhere Kapitalausstattung ausgewiesen sein kann und dass Gläubiger des „neuen" Unternehmens insoweit nach dem „Gründungsvorgang" auf eine entsprechende Kapitalausstattung schließen können. Zum anderen wäre es auch dogmatisch inkonsequent, einen gründungsähnlichen Vorgang anzunehmen, dann aber eine gänzlich anders geartete, letztlich fiktive Grundlage für das Ein-

---

12 Vgl. dazu *Altmeppen* NZG 2003, 145; *ders.* DB 2003, 2050.

lageversprechen zu konstruieren, als sie bei der Neugründung angenommen wird. Die Mantelverwendung bezieht sich auch nicht auf eine abstrakte GmbH, sondern auf eine konkrete Gesellschaft, deren Stammkapital auch im Handelsregister publiziert ist. Maßgeblich ist demnach der *satzungsmäßige* Standard.[13]

Insoweit ergibt sich zunächst eine Haftung des K i.H.v. € 27.000,–, und zwar – in analoger Anwendung der Unterbilanzhaftung – in Höhe seines Geschäftsanteils von 90 % bezogen auf das ursprüngliche Barstammkapital i.H.v. € 30.000,–.

b) Fraglich ist, wie mit der 1990 vereinbarten Verpflichtung zur Einbringung der Sacheinlage zu verfahren ist. Denn K hat im Wege der Sacheinlage ein Computersystem der Marke Apple (Typenbezeichnung: S-35) im Wert von € 3.000,– in die GmbH eingebracht.

aa) Ginge man im Grundsatz davon aus, dass der Gesellschaftsvertrag die Grundlage für die Einlagepflicht darstellt, so scheint die Antwort auf die oben gestellte Frage bereits gefunden: K müsste grundsätzlich als verpflichtet angesehen werden, die ursprüngliche Einlage einschließlich der Sacheinlage zu erneuern.

ab) Dass dies Ergebnis aber nicht das endgültig richtige sein kann, liegt auf der Hand. Dies würde bedeuten, die nochmalige Einbringung einer mittlerweile völlig veralteten Computeranlage zu verlangen. Das würde aber keineswegs reichen. Aufgelebt ist ja die ursprüngliche Einlagepflicht des K, und die war auf eine Anlage im Werte von € 3.000,– gerichtet. Sinnvoll ist die Auferlegung einer derartigen anachronistischen Pflichterfüllung freilich nicht. Und darüber hinaus ist fraglich, ob K überhaupt an alte Anlagen zum alten Preis herankommen kann. Die Erfüllung der wieder aufgelebten Einlagepflicht durch Leistung einer alten Anlage scheidet also aus.

ac) Fraglich ist, ob die Verpflichtung des K stattdessen auf die Einbringung einer **neuen, vergleichbaren Sacheinlage** (z. B. einer Apple Computeranlage Typ S-55) gerichtet sein kann. Auch das kann aber nicht in Betracht kommen. Zum einen würde dies generell zu erheblichen Abgrenzungsschwierigkeiten bei der Frage der Vergleichbarkeit führen. Insbesondere im Hauptfall der Sacheinlage, der Einbringung eines Unternehmens, würden solche Grundsätze versagen müssen. Zum anderen fehlt es an einer Grundlage für die Verpflichtung des Gesellschafters, der sich nur seinerzeit zu einer bestimmten Leistung verpflichtet hat, zur Beschaffung einer ganz anderen Sachleistung jetzt. Schließlich muss die Ersetzung der alten Einlage durch eine neue nach dem Wesen der Mantelverwendung ausscheiden: Diese bedeutet ja eine Umkrempelung des Unternehmens hin zu einem neuen Be-

13 So auch BGH, Beschluss vom 7.7.2003 – II ZB 4/02, NJW 2003, 3198 (3200).

reich. Dies steht der Einbringung einer auf den vorherigen, gänzlich anders gearteten Geschäftsbetrieb gerichteten Sacheinlage in den meisten Fällen entgegen.

ad) Bei konsequenter (analoger) Anwendung der Grundsätze über die **Unterbilanzhaftung** wird man daher nach allem Gesagten davon ausgehen müssen, dass der Gesellschafter bar auf die **Differenz** zur Stammeinlage haftet. Die Verpflichtung zur Sacheinlage wird daher in eine Barzahlungspflicht umgewandelt.

Hinweis: Nur so kann der Ansatz der Mantelverwendung sinnvoll weitergeführt werden. Ist eine Neueinbringung letztlich unmöglich, weil sie ihren Zweck – Kapitalausstattung der „erneuerten" GmbH – nicht erfüllen kann, so ist, wie stets im Verbandsrecht, die „unter" einem Sacheinlageversprechen liegende „ersatzweise" Bareinlagepflicht hervorzukehren. Insoweit lässt sich auf den Rechtsgedanken aus § 9 Abs. 1 GmbHG verweisen, der bei mangelhaften Sacheinlagen eine „ersatzweise" Barzahlungspflicht anordnet. Dieser Rechtsgedanke, der auch der Unterbilanzhaftung zugrunde liegt, ergibt im Recht der Mantelverwendung, indem hier eine Neuerbringung von Sacheinlagen aus dem Bereich des „alten" Geschäftsbetriebs nicht in Betracht kommt, ebenfalls die Ersetzung der Sachleistung durch die **Bareinlage.**

c) Zwischenergebnis: Zunächst ergibt sich nach alldem eine Haftung des K, und zwar einerseits in Höhe seines Geschäftsanteils von 90 % bezogen auf den Wert der ursprünglichen Sacheinlage (€ 3.000,–), andererseits in Höhe seines Geschäftsanteils von 90 % bezogen auf das ursprüngliche Barstammkapital (€ 27.000,–). Zusammen genommen, schuldet K demnach grundsätzlich die Aufbringung von 90 % von € 30.000,–, d. h. € 27.000,–.

4. Zu fragen ist weiter, wie es sich auswirkt, dass von K und M insgesamt € 10.000,– eingezahlt wurden (a) bzw. dass ein Teil des ursprünglichen **Stammkapitals** (nämlich € 5.000,–) in der GmbH **noch vorhanden** ist (b).

a) Fraglich ist zunächst, inwiefern sich die Einzahlung von insgesamt 10.000 € durch K und M auf die Unterbilanzhaftung auswirkt. Ein etwa bestehender Unterbilanzhaftungsanspruch könnte durch eben diese Einzahlung in Höhe von 10.000 € erfüllt worden sein. Dies ist grundsätzlich aber nur dann der Fall, wenn eine bilanztechnische Aktivierung stattgefunden hat. Nicht ausreichend ist es dagegen, wenn der Anspruch durch Zweckerreichung anderweitig erloschen ist. Hintergrund dessen ist der – im Gesetz nicht explizit geregelte – **Grundsatz der realen Kapitalaufbringung**, demzufolge eine tatsächliche und endgültige Aufbringung des in der Satzung verlautbarten Stammkapitals sichergestellt werden soll.

Hier erfolgten die Einzahlungen von K und M in das Gesellschaftsvermögen mit Bezug auf die Kapitalerhöhung. Eine (teilweise) Erfüllung der Stammeinlageforderung war laut Sachverhalt ersichtlich nicht gewollt. Daher ändert die Zahlung der € 10.000,– nichts an dem Unterbilanzhaftungsanspruch.

b) In der dogmatischen Konsequenz des Ansatzes der Mantelverwendung liegt es, wie oben aufgezeigt wurde, eine vollständige, uneingeschränkte Neuaufbringungspflicht anzunehmen. Eine Neugründung muss, wie jede Gründung, dazu führen, dass die – also alle – Verpflichtungen aus dem Gesellschaftsvertrag neu zu bedienen sind. Andererseits führt die analoge Anwendung der **Unterbilanzhaftung** lediglich dazu, die **Differenz** zwischen vorhandenem Vermögen und Stammkapital auszugleichen. Denn es gilt zu bedenken, dass die Grundsätze über die Mantelverwendung allein dem Gläubigerschutz dienen. Diese müssen aber nicht in höherem Maße geschützt werden, als es ihr Vertrauen rechtfertigt. Somit ist auch bei der Mantelverwendung eine – bilanziell zu verstehende – „Auffüllpflicht" der Gesellschafter hinsichtlich des Gesellschaftsvermögens anzunehmen, keine „sture" Neuausstattungspflicht. Im Ergebnis führt daher die konsequente Anwendung der Grundsätze der Unterbilanzhaftung dazu, dass die € 5.000,– auf die Haftungssumme anzurechnen sind.

c) Die € 5.000,– müssen somit auf den Anspruch aus Unterbilanzhaftung i.H.v. € 30.000,– angerechnet werden. Damit haftet K i.H.v. € 22.500,– (90 % von € 25.000,–, also € 30.000,– abzgl. der € 5.000,-).

5. Möglicherweise besteht der **Anspruch der GmbH gegen K** darüber hinaus **in Höhe weiterer € 100.000,–.** Nach der Rechtsprechung des BGH führt die Anwendung der Gründungsvorschriften des GmbHG dazu, dass die Tatsache der Wiederverwendung eines inzwischen leer gewordenen Gesellschaftsmantels gegenüber dem Registergericht offen zu legen und damit die am satzungsmäßigen Stammkapital auszurichtende Versicherung gemäß § 8 Abs. 2 GmbHG zu verbinden ist. Eine solche Offenlegung ist im vorliegenden Fall unterblieben.

a) Nach einer Ansicht in der Literatur führt ein solches Unterbleiben der Offenlegung der wirtschaftlichen Neugründung grundsätzlich zu einer zeitlich unbeschränkten Haftung der Gesellschafter bis zur restlosen Befriedigung aller Gesellschaftsgläubiger. Begründet wird dies mit einem Vergleich zu den gesetzlichen Gründungsvorschriften: Dort kommt es hinsichtlich der Unterbilanzhaftung auf den Zeitpunkt der Eintragung der Gesellschafter ins Handelsregister an. Bei einer wirtschaftlichen Neugründung wird dieser Zeitpunkt durch die Abgabe der Versicherung gemäß § 8 Abs. 2 GmbHG ersetzt. Solange diese nicht vorliegt, müsse der Gesellschafter eben unbeschränkt haften.

b) Dem hat sich der BGH nunmehr entgegengestellt.[14] Danach ist die Haftung der Gesellschafter einer GmbH bei unterlassener Offenlegung einer wirtschaftlichen Neugründung auf den Umfang einer Unterbilanz begrenzt, die in dem Zeitpunkt besteht, zu dem die wirtschaftliche Neugründung nach außen in Erscheinung tritt. Der Zweck der Anwendung der Gründungsvorschriften des GmbHG rechtfertige es nicht, die Neugründer über den Zeitpunkt, zu dem die wirtschaftliche Neugründung (durch die Anmeldung der mit der wirtschaftlichen Neugründung einhergehenden Satzungsänderung oder durch die Aufnahme der wirtschaftlichen Tätigkeit) erstmals nach außen in Erscheinung tritt, hinaus für die Aufbringung des Stammkapitals persönlich haften zu lassen. Denn Sinn und Zweck der Anwendung der Gründungsvorschriften sei es, die Kapitaldeckung der Gesellschaft zum Zeitpunkt der wirtschaftlichen Neugründung sicherzustellen.

c) Die Ansicht des BGH überzeugt vor allem deshalb, weil durch die Anwendung der Gründungsvorschriften verhindert werden soll, dass zum Zeitpunkt der Wiederaktivierung der Gesellschaft die Kapitaldeckung, zum Beispiel wegen möglicher Verluste aus der früheren Existenz des Rechtsträgers, nicht gewährleistet ist. Dagegen besteht keine Veranlassung, die Haftung auch auf den Ausgleich von Verlusten zu erstrecken, die das Gesellschaftsvermögen nach diesem Zeitpunkt vermindert haben, zumal diese Gefahr für die Gläubiger immer besteht.

d) Im vorliegenden Fall war die Forderung in Höhe von € 100.000,– lange Zeit nach der Wiederaufnahme der wirtschaftlichen Tätigkeit nach außen entstanden. Ein Anspruch der Gesellschaft gegen K i.H.v. € 100.000,– besteht daher nach richtiger Ansicht nicht.

6. Ergebnis: K hat also 90 % von € 25.000, somit € 22.500,– aufzubringen und an die Insolvenzmasse zu zahlen.

<u>Zusammenfassung</u>: Die wirtschaftliche Neugründung muss also vor dem Registergericht offengelegt werden und die ordentliche Kapitalaufbringung garantiert werden. Unterbleibt die gebotene Offenlegung, so kommt es hinsichtlich der Unterbilanzhaftung auf den Zeitpunkt an, zu dem die Gesellschaft wieder nach außen wirtschaftlich in Erscheinung getreten ist. Damit bleibt aber ein Unterbleiben der Offenlegung keinesfalls sanktionslos: Denn die Gesellschafter müssen darlegen und beweisen, dass die GmbH, als sie nach außen in Erscheinung trat, mit statutarischem Stammkapital ausgestattet war.

14 Vgl. BGH, Urt. v. 06.03.2012 – II ZR 56/10, NZG 2012, 539 = ZIP 2012, 817.

IV. Anspruch der C-GmbH gegen K auf Zahlung von € 2.500,– aus dem Gesellschaftsvertrag i.V.m. den Grundsätzen über eine Mantelverwendung und i.V.m. § 24 GmbHG

1. Wie hier kurz inzident festgehalten werden kann, ist auch die Mitgesellschafterin M als „Gründungsmitglied" der im Wege der Mantelverwendung ins Leben gerufenen C-GmbH nach den Grundsätzen über die Mantelverwendung zur „Neuerbringung" der übernommenen Einlage verpflichtet. Da sie allerdings nur 10% der Anteile hält, ist ihre Verpflichtung entsprechend geringer als die des K, nämlich 10% von € 25.000,– das sind € 2.500,–.
2. Unter den näheren Voraussetzungen des § 24 GmbHG (analog) hat deshalb K mit einer Inanspruchnahme in Höhe weiterer € 2.500,– zu rechnen.

B. Ansprüche der C-GmbH gegen M

I. Anspruch der C-GmbH gegen M auf Zahlung von € 2.500,– aus dem Gesellschaftsvertrag i.V.m. den Grundsätzen über eine „Mantelverwendung"

Der Anspruch besteht, wie schon gesehen (soeben unter III.).

II. Anspruch der C-GmbH gegen M auf Zahlung von € 22.500,– aus dem Gesellschaftsvertrag i.V.m. den Grundsätzen über eine „Mantelverwendung" und § 24 GmbHG analog

Auch M muss umgekehrt für die gegen K gerichteten Ansprüche der C-GmbH (unter I., II.) aufkommen, sollten die Voraussetzungen des § 24 GmbHG (analog) später vorliegen.

Lösung der Variante

I. Anspruch der C-GmbH gegen K auf Zahlung von € 9.000,– aus dem Übernahmevertrag zwischen K und der C-GmbH (§ 55 Abs. 1 GmbHG)

1. In der Variante geht es um die Einlageforderung der C-GmbH i.R.d. Kapitalerhöhung i.H.v. € 10.000,– (von € 30.000,– auf € 40.000,-). Da K 90% der Anteile hält, besteht gegen ihn ein Anspruch i.H.v. € 9.000,–. Dieser Anspruch der GmbH könnte aber **durch Erfüllung erloschen** sein, § 362 Abs. 1 BGB.

a) In Höhe von € 4.000,– ist das der Fall, weil K diese einbezahlt hat.

b) In Höhe weiterer € 3.000,– könnte K von seiner Einlageschuld durch einen **Aufrechnungsvertrag** frei geworden sein. Dazu müsste es sich zunächst tatsächlich um einen Aufrechnungsvertrag handeln (aa.). Eine Befreiung durch Aufrechnung käme aber dann nicht in Betracht, wenn eine Aufrechnung gem. § 19 Abs. 2 S. 2 GmbHG verboten wäre (bb.), oder die Regeln über die verdeckte Sacheinlage einer Aufrechnung entgegenstünden (cc).

ba) Dazu ist zunächst zu prüfen, ob es sich bei der beiderseitigen Vereinbarung überhaupt um einen solchen Vertrag handelte. Die Erklärungen der Parteien sind dafür auszulegen, §§ 133, 157 BGB, wobei der gewählte Wortlaut („Verzicht") nicht entscheidend ist. Ziel der Vereinbarung ist eine Verrechnung der gegenseitigen Forderungen mit dem Ziel des beiderseitigen Erlöschens. Es ist vor diesem Hintergrund interessengerecht, eine Aufrechnungsvereinbarung anzunehmen. Ein wechselseitiger Forderungserlass wäre nicht nur rechtlich problematisch (§ 19 Abs. 2 S. 1 GmbHG), sondern auch lebensfremd, da offensichtlich ein „Verrechnen" der jeweiligen Forderungen erfolgen soll. Gleiches gilt für die Annahme zweier Aufhebungsverträge oder ähnlicher Konstruktionen.

bb) **§ 19 Abs. 2 S. 2 GmbHG** verbietet „die Aufrechnung" gegen den Anspruch der Gesellschaft auf Einzahlung einer Stammeinlage.

(1) Dazu müsste § 19 GmbHG zunächst **auf Kapitalerhöhungen anzuwenden** sein. Das ist bereits ausweislich des Wortlauts („Stammeinlage", vgl. § 55 GmbHG) der Fall.[15]

(2) Sodann ist hinsichtlich des Aufrechnungsverbots gem. § 19 Abs. 2 S. 2 GmbHG zu differenzieren: Während die Aufrechnung durch einen Gesellschafter nur i.R.e. Sachübernahme und den zusätzlichen Voraussetzungen des § 5 Abs. 4 GmbHG erlaubt ist (vgl. § 19 Abs. 2 S. 2 GmbHG a.E.), ist eine Aufrechnung durch die Gesellschaft bzw. ein Aufrechnungsvertrag schon nach dem Wortlaut des § 19 Abs. 2 S. 2 GmbHG nicht verboten.

bc) Jedoch könnte hier eine sog. **verdeckte Sacheinlage** vorliegen. Wird bei der Begründung einer Einlageschuld die Aufrechnung mit einer Gegenforderung verabredet, § 5 Abs. 4 GmbHG aber nicht eingehalten, so ist fraglich, welche Konsequenzen daraus zu ziehen sind.

(1) Wird zunächst die Einlageforderung begründet (z. B. durch einen Kapitalerhöhungsbeschluss) und erst in der Folgezeit die Forderung begründet (**sog. Neuforderungen**), so gelten nach heute h.M. die Regeln über die verdeckte Sacheinlage gem. § 19 Abs. 4 GmbHG für den Fall, dass die Aufrechnung

15 Vgl. *Roth* in: Roth/Altmeppen, GmbHG 8. Aufl. 2015, § 55 Rn. 39 m.w.N.

vorher vereinbart wurde, also eine Umgehungsabrede vorlag (was in den ersten 6 Monaten vermutet wird). Fehlt es an einer Abrede i.S.d. § 19 Abs. 4 GmbHG, so ist die Aufrechnung durch Vertrag mit der Gesellschaft trotzdem nur eingeschränkt möglich: Erfüllungswirkung kann die Aufrechnungsvereinbarung nur haben, wenn die Forderung des Gesellschafters zum Zeitpunkt der Vereinbarung **fällig** (sofort zahlbar), **liquide** (unbestritten oder ohne Weiteres beweisbar) und **vollwertig** (dh: das Gesellschaftsvermögen deckte alle bestehenden Verbindlichkeiten) war.

(2) Im vorliegenden Fall war jedoch die Forderung des K bereits begründet, noch bevor die Kapitalerhöhung beschlossen wurde (**sog. Altforderung**). In diesem Fall sind die Konsequenzen umstritten. Während der BGH an der alten (vor MoMiG geltenden) Rechtslage festzuhalten scheint und eine Aufrechnung unabhängig von der Vollwertigkeit der Gesellschafterforderung und unabhängig davon, ob die Gesellschafterforderung vorabgesprochen war oder nicht, durchweg als unzulässig erachtet[16], geht ein Teil der Literatur davon aus, dass für Altforderungen dieselben Grundsätze gelten sollen, wie für Neuforderungen. Damit kommt eine Sanktionierung nur bei Vorliegen einer Vorabsprache in Betracht.[17]

Diese Ansicht überzeugt, weil mit dem Wegfall des § 19 Abs. 5 GmbHG a.F. die gesetzliche Grundlage für den generellen Ausschluss der Aufrechnung weggefallen ist und auch der Grundsatz der realen Kapitalaufbringung keinen solchen Ausschluss gebietet.

(3) Damit kommt es darauf an, ob zwischen der C-GmbH und K eine **Abrede** i.S.d. § 19 Abs. 4 GmbHG getroffen wurde. Da der Aufrechnungsvertrag innerhalb von 6 Monaten nach der Kapitalerhöhung geschlossen wurde, wird die Abrede vermutet.

Erfüllungswirkung kann die Aufrechnungsvereinbarung daher nur haben, wenn die Forderung des Gesellschafters zum Zeitpunkt der Vereinbarung **werthaltig** war. Denn nur dann kann sie gem. § 19 Abs. 4 S. 3 GmbHG auf die bestehende Geldeinlagepflicht angerechnet werden. Da die Forderung des K gegen die C-GmbH allen Voraussetzungen entspricht, hat die Aufrechnung des K Tilgungswirkung.

bd) Die Aufrechnungsvereinbarung scheitert auch nicht i.H.v. € 2.250,– an **§ 57 II i.V.m. 7 II GmbHG:** Dort ist vorgeschrieben, dass 25% des auf jede Stamm-

16 BGH Urt. v. 16.2.2009 – II ZR 120/07, BGHZ 180, 38 (41) = NZG 2009, 463 – Qivive.

17 Vgl. zum Ganzen *Schwandtner* in: MüKo GmbHG, 2. Aufl. 2015, § 19 Rn. 112f.

einlage einzuzahlenden Kapitals **bar, zur freien Verfügung** der Gesellschaft eingezahlt sein müssen. Die Aufrechnungsvereinbarung bezieht sich aber gar nicht auf diesen – schon kraft Zahlung erloschenen – Teil der Einlageforderung.

be) Ebenso wenig ist § 54 Abs. 3 AktG analog einschlägig. Dieser betrifft den vor der Anmeldung der Gesellschaft – hier möglicherweise entsprechend zu lesen: vor Eintragung der Kapitalerhöhung bei der GmbH – ein*geforderten* Betrag.

Hinweis: Zu den letzten beiden Punkten (ff., gg.) werden in der Klausur keine Ausführungen erwartet, sie dienen hier nur der Vollständigkeit.

c) In Höhe von € 2.000,– ist K möglicherweise dadurch frei geworden, dass er auf eine wirksame **Anweisung** der M – und mithin der von ihr vertretenen GmbH – hin **direkt** an einen Dritten leistete (§ 362 Abs. 2 BGB bzw. § 787 Abs. 1 BGB – beide Normen sind Ausdruck desselben Rechtsgedankens).

Grundsätzliche Bedenken dagegen, der weisungsgemäßen Zahlung des Gesellschafters an einen Dritten Erfüllungswirkung beizumessen, bestehen im Fall jedenfalls mit Blick auf das Gebot effektiver Kapitalaufbringung (§ 19 Abs. 2 S. 1 GmbHG) dann nicht, wenn die Forderung des Dritten fällig, liquide und vollwertig war und die Tilgungswirkung der Zahlung eindeutig auf die Einlageschuld bezogen war, was sich aber auch aus den Umständen ergeben kann.[18]

Mangels gegenteiliger Angaben im Sachverhalt ist damit von einem Vorliegen dieser Voraussetzungen auszugehen.

2. Die GmbH hat mithin keinerlei Ansprüche mehr gegen K.

II. Anspruch der C-GmbH gegen M auf Zahlung von € 9.000,– aus dem Übernahmevertrag zwischen K und der C-GmbH (§ 55 I GmbHG) i.V.m. § 24 GmbHG

Ein solcher Anspruch besteht mithin ebenfalls nicht.

Ergänzende Hinweise:
– Parallele Problematik zu derjenigen der Mantelverwendung bei der **„Vorratsgründung"** – auch hier erneute

18 Dazu allg. *Roth* in: Roth/Altmeppen GmbHG, § 19 Rn. 18.

Anwendung des Gründungsrechts
– Parallele Problematik im Gründungs-/ Kapitalerhöhungsrecht der **AG**

Vertiefungshinweise:

Zur Vorratsgründung und Mantelkauf:

- *Roth* in: Roth/Altmeppen, GmbHG § 3 Rn. 12 ff.
- *Emmerich* in: Scholz, GmbHG § 3 Rn. 21 ff.

Zur Aufrechnung gegen Einlageforderungen:

- *Schwandner* in: MüKo GmbHG, § 19 Rz. 46 ff.

Fall 3: Astronomische Sanierungspläne

Die Aerospatial AG mit Sitz in Bremen betreibt seit 2003 einen Freizeitpark in Norddeutschland. Gesellschafter der AG sind Alf Anselm (zu 45 %), Bert Bracht (45 %) und Carl Coller (10 %). Das Grundkapital der AG beträgt € 500.000,–. Nach nur einem Jahr hat die Gesellschaft rund € 400.000,– Verluste eingefahren, weil die Zahl der Besucher weit hinter den Erwartungen zurück geblieben ist.

Anselm und Bracht entschließen sich daher zu einem Kapitalschnitt: Auf einer ordnungsgemäß einberufenen Hauptversammlung wird mit den Stimmen Anselms und Brachts, gegen die des Coller, zunächst zur Deckung der Verluste eine vereinfachte Kapitalherabsetzung um € 400.000,– durch Herabsetzung des Nennbetrags der Aktien und unter dem nächsten TOP eine Kapitalerhöhung um € 100.000,– beschlossen. Die jungen Aktien sollen, darüber sind sich Anselm und Bracht einig, dem erfahrenen Investor Ingo Immel überlassen werden, der nur mit einer 50 %-Beteiligung einzusteigen bereit ist. Mit Rücksicht hierauf wird das Bezugsrecht im Kapitalerhöhungsbeschluss ausgeschlossen. Dies wird ordnungsgemäß bekanntgemacht. Von der Maßnahme versprechen sich Anselm und Bracht nicht nur neue Liquidität seitens Immel, was der Vorstand in einem schriftlichen Bericht zum Bezugsrechtsausschluss auch so gegenüber den Gesellschaftern erklärt, sondern außerdem, früher oder später den lästigen Coller im Wege eines „Squeeze-out" loszuwerden. Coller protestiert, vor allem gegen den Bezugsrechtsausschluss. Mit seinem (Collers) Knowhow sei es ein leichtes, „den Laden wieder flott zu machen", etwas Geld könne er ebenfalls aufbringen. Die Aufnahme Immels sei unnötig. Coller erhebt Widerspruch zu Protokoll und klagt gegen die Beschlüsse.

Die Beschlüsse und die Durchführung der Kapitalerhöhung werden zur Eintragung in das Handelsregister angemeldet, nachdem Immel die jungen Aktien gezeichnet und die Papiere auch ausgehändigt bekommen hat.

Anselm und Bracht, die mit Coller tief zerstritten sind, wollen weitere Klagen des Coller in Zukunft vermeiden. Sie übertragen gemeinsam mit Immel ihre Aktien auf die eigens gegründete A-B-I Holding GmbH. Diese lässt noch vor Eintragung der zuletzt gefassten Beschlüsse in das Handelsregister unter Wahrung der gesetzlichen Erfordernisse eine außerordentliche Hauptversammlung in der Aerospatial AG einberufen, auf der mit den Stimmen der Holding der Ausschluss des C aus der Gesellschaft gegen Gewährung einer (angemessenen) Abfindung von € 15.000,– beschlossen wird. Coller erhebt auch hiergegen Widerspruch zu Protokoll. Er sieht sich weiterhin als Aktionär, der nicht einfach „rausgeschmissen" werden könne. Insbesondere sei die Zusammenlegung der Aktien in der GmbH ein „Etikettenschwindel".

https://doi.org/10.1515/9783110526325-004

Wird eine Klage des Coller, gerichtet gegen den Kapitalherabsetzungs-, den Kapitalerhöhungsbeschluss sowie gegen den Ausschluss aus der AG Erfolg haben? Hierzu ist in einem umfassenden Gutachten – wenn nötig, hilfsgutachtlich – Stellung zu nehmen.

Gliederung

Lösung zu Fall 3

Schwerpunkte: Kapitalmaßnahmen; Anfechtung; Squeeze-out

I. Zulässigkeit der Klagen vor dem LG Bremen

1. Klagen gegen den Kapitalherabsetzungs- und gegen den Kapitalerhöhungsbeschluss

a) Hinsichtlich der Zulässigkeitsvoraussetzungen ist zunächst zu fragen, welches die **richtige Klageart** für das Begehren des C ist. In Betracht kommt grundsätzlich eine **allgemeine Feststellungsklage**, § 256 ZPO. Jedoch stehen als speziellere Klagearten des Kapitalgesellschaftsrechts die Anfechtungs- und Nichtigkeitsklage zur Verfügung, §§ 241 ff. AktG, da C sich gegen Hauptversammlungsbeschlüsse wendet.

b) Statthaft ist in beiden Fällen jedenfalls die **Anfechtungsklage** (§§ 243, 246 AktG). Sie ist auf Nichtigerklärung eines Hauptversammlungsbeschlusses gerichtet, weshalb nach der Rechtsprechung das betreffende Gericht sämtliche in Betracht kommenden Nichtigkeitsgründe von Amts wegen mit zu prüfen hat.

> Hinweis: Da die Anfechtungsklage auch den Antrag auf Feststellung der Nichtigkeit umfasst, müssen keine Eventualanträge gestellt werden. Zum Klagegegenstand der Anfechtungsklage näher BGH NJW 2002, 3465.

c) Örtlich und sachlich **zuständig** ist das LG Bremen, § 246 Abs. 3 S. 1 AktG.

> Hinweis: Möglicherweise fehlt dem C die **Anfechtungsbefugnis.** Das kommt insbesondere mit Blick auf den durchgeführten „Squeeze-out“ in Frage. Denn unter Umständen ist C gar nicht mehr Aktionär. Das Anfechtungsrecht des Aktionärs ist aber ein subjektives Recht, das nur unter bestimmten Voraussetzungen – u. a.: der Anfechtungsbefugnis – überhaupt zur Entstehung gelangt. Deshalb ist die Klage eines nicht anfechtungsbefugten Aktionärs nach einhelliger Auffassung unbegründet, nicht aber unzulässig. Fragen der Anfechtungsbefugnis sind also erst im Rahmen der Begründetheitsprüfung näher zu untersuchen.[19]
> Ebenso wie die Anfechtungsbefugnis führt auch das Verstreichen der Anfechtungsfrist zur Unbegründetheit der Klage und ist daher ebenfalls i.R.d. Begründetheit zu prüfen.

---

19 Zum Aufbau der Prüfung einer Anfechtungsklage vgl. *Langenbucher* Aktien- und Kapitalmarktrecht, 3. Aufl. 2015, S. 169 f.

2. Klage gegen den Squeeze-out-Beschluss

a) Zweifel an der Statthaftigkeit einer **Anfechtungsklage** gegen den Ausschließungsbeschluss könnte man mit Blick auf § 327 f S. 1 AktG haben. Dort ist eine Anfechtungsklage allerdings nur insoweit ausgeschlossen, als die Unangemessenheit einer Abfindung des Aktionärs gerügt werden soll, nicht aber wird die Anfechtungsklage dort generell ausgeschlossen. Da C nicht Mängel der Abfindung rügt, sondern sonstige Mängel des betreffenden Hauptversammlungsbeschlusses geltend macht, ist seine Klage als Anfechtungsklage zulässig.

b) Für die **übrigen Zulässigkeitsvoraussetzungen** gilt das schon oben zu den Kapitalmaßnahmen Gesagte.

II. Begründetheit der Klagen

1. Richtiger **Klagegegner** ist jeweils die AG, § 246 Abs. 2 S. 1 AktG.

Hinweis: Vertreten wird die AG von Vorstand und Aufsichtsrat, vgl. § 246 Abs. 2 S. 2 AktG. Eine Zustellung ist damit an beide (!) Organe zu veranlassen.

2. Möglicherweise liegen Gründe für die **Nichtigkeit** der von C angegriffenen Hauptversammlungsbeschlüsse vor, vgl. § 241 AktG.

a) Zunächst könnte man eine Nichtigkeit des Kapitalerhöhungsbeschlusses unter Bezugsrechtsausschluss gem. §§ 241, 212 S. 2 AktG annehmen wollen. Allerdings wird hier die Erhöhung des Grundkapitals nicht durch Umwandlung der Kapitalrücklage bzw. von Gewinnrücklagen in Grundkapital beschlossen (vgl. § 207 Abs. 1 AktG, Kapitalerhöhung aus Gesellschaftsmitteln). Vielmehr liegt eine Kapitalerhöhung gegen Einlagen gem. §§ 182ff. AktG vor, bei der ein Bezugsrechtsausschluss unter bestimmten Voraussetzungen gerade vorgesehen ist (vgl. § 186 Abs. 3 AktG).

b) Betreffend den Squeeze-out-Beschluss könnte man an § 241 Nr. 3, 4 AktG denken. Die von C aufgeworfene Frage nach der Erfüllung der tatbestandlichen Voraussetzungen eines Squeeze-out bzw. einer etwaigen Rechtsmissbräuchlichkeit des Squeeze-out würde aber nicht zu einem *inhaltlichen* Sittenverstoß führen. Das wäre nur bei einem Beschluss der Fall, der auch bei gehöriger Mehrheit und Beachtung sämtlicher Verfahrensvorschriften nicht hätte gefasst werden können.[20] Deshalb ist § 241 AktG nicht einschlägig.

---

20 Vgl. dazu *Hüffer/Schäfer* in: MüKo AktG, 4. Aufl. 2016, § 241 Rn. 46 m.w.N.

3. Damit stellt sich die Frage nach der **Anfechtbarkeit** der jeweiligen Hauptversammlungsbeschlüsse, § 243 AktG.

a) Zunächst muss **C anfechtungsbefugt** sein, § 245 AktG.

aa) Erste Voraussetzung ist, dass C (noch) als **Aktionär** an der beklagten Aktiengesellschaft beteiligt ist. Zur Zeit der Klageerhebung war C fraglos Aktionär, er könnte allerdings mittlerweile infolge eines **Ausschlusses** nach §§ 327a ff. AktG ausgeschieden sein, mit der Folge, dass seine Anfechtungsbefugnis möglicherweise entfallen ist. Zur Wirksamkeit dieses Ausschlusses muss jedoch hier nicht erschöpfend Stellung genommen werden. Der Squeeze-out-Beschluss ist bisher jedenfalls nicht in das Handelsregister eingetragen, daher fand ein Übergang der Aktien auf den Hauptaktionär keinesfalls statt, § 327e Abs. 3 AktG. Im Übrigen ist auch an die Registersperre nach § 327e Abs. 2 i.V.m. § 319 Abs. 5, Abs. 6 AktG aufgrund der Klage des C gegen den Squeeze-out-Beschluss zu denken. C ist mithin als Aktionär klagebefugt.

ab) Er ist auch bei den jeweiligen Hauptversammlungen **erschienen** und hat **Widerspruch** zur Niederschrift erklärt, § 245 Nr. 1 AktG.

b) Um den Erfolg seiner Anfechtungsklage zu sichern, muss C seine Klagen innerhalb der **Anfechtungsfrist** des § 246 Abs. 1 AktG erheben.

c) Die Begründetheit seiner Klagen hängt schließlich davon ab, ob die angegriffenen Hauptversammlungsbeschlüsse **gegen** das **Gesetz oder** die **Satzung** der Aktiengesellschaft **verstießen**, § 243 Abs. 1 AktG. Nachdem im Sachverhalt keine Einzelheiten der Satzung der Aerospatial AG bekannt werden, ist zur Untersuchung der Rechtmäßigkeit der Beschlüsse allein auf Gesetzesrecht abzustellen.

ca) Zuerst sei der **Kapitalherabsetzungsbeschluss** untersucht. Die Zulässigkeit einer vereinfachten Kapitalherabsetzung richtet sich nach den §§ 222ff., 229ff. AktG. Gesetzesverstöße sind insoweit nicht ersichtlich. Die Hauptversammlung ist ordnungsgemäß einberufen worden, A und B erreichen mit zusammen 90 % des vertretenen Grundkapitals auch die erforderliche qualifizierte Mehrheit bei der Beschlussfassung. Auch inhaltlich war der Beschluss nicht zu beanstanden. Insbesondere unterliegt ein Kapitalherabsetzungsbeschluss nicht der „materiellen Beschlusskontrolle“, d.h. es ist kein „sachlicher Grund“ für eine Kapitalherabsetzung erforderlich.[21]

cb) Als nächstes ist der **Kapitalerhöhungsbeschluss unter Bezugsrechtsausschluss** zu überprüfen.

21 Näher BGH Urt. v. 9.2.1998 – II ZR 278/96, NJW 1998, 2054 – Sachsenmilch.

(1) Auch insoweit gilt, dass die Hauptversammlung ordnungsgemäß einberufen wurde, die Berichtspflichten des Vorstandes eingehalten wurden (§ 186 Abs. 4 S. 2 AktG), dass der Beschluss mit der erforderlichen Mehrheit gefasst worden ist (§ 182 Abs. 1 S. 1, Abs. 2 bzw. § 186 Abs. 3 S. 2 AktG) und dass der Beschluss auch inhaltlich grundsätzlich nicht zu beanstanden ist.

Hinweis: In formeller Hinsicht sind beim Bezugsrechtsauschluss die Formerfordernisse gem. § 186 Abs. 4 AktG zu beachten.

(2) Der Kapitalerhöhungsbeschluss unter Bezugsrechtsausschluss unterliegt jedoch einem weiteren materiellen Rechtmäßigkeitserfordernis. Zwar scheint § 186 Abs. 3 S. 1 AktG auf den ersten Blick eine weitere Voraussetzung gar nicht zu enthalten. Das Gesetz scheint vielmehr ausschließlich einen Beschluss mit der erforderlichen Mehrheit zu verlangen. Jedoch kann man im Umkehrschluss zu § 186 Abs. 3 S. 4 AktG folgern, dass der Bezugsrechtsausschluss besonderen Anforderungen an seine Zulässigkeit unterliegt. § 186 Abs. 4 S. 2 AktG präzisiert – in Rezeption des grundlegenden **„Kali & Salz"-Urteils** des BGH[22] – weiter, um welches Erfordernis es insoweit geht: Erforderlich ist ein **sachlicher Grund** für den Bezugsrechtsausschluss (sog. **materielle Beschlusskontrolle**).

Eine solche materielle Beschlusskontrolle ist nach Ansicht der Rechtsprechung immer dann erforderlich, wenn ein **schwerer Eingriff** in das Mitgliedschaftsrecht eines Aktionärs vorliegt (a), der **nicht** schon **vom Gesetzgeber** selbst z. B. durch Gewährung einer Kompensation **ausgeglichen** wird (b).

Der Bezugsrechtsausschluss muss dann – bei Vorliegen dieser beiden Voraussetzungen – sachlich zu rechtfertigen sein. Die in der Rechtsprechung entwickelten Anforderungen an die sachliche Rechtfertigung entsprechen dem aus dem Verfassungsrecht bekannten **Verhältnismäßigkeitsprinzip** (c). Der angestrebte Zweck darf nicht auf schonendere Weise, d. h. unter Wahrung des Bezugsrechts erreichbar sein und der Nachteil für die Gesellschafter darf nicht außer Verhältnis stehen zum Vorteil der Aktiengesellschaft (Verhältnismäßigkeit im engeren Sinne).

Hinweis: Eine weitere wichtige Entscheidung stellt das **„Siemens/Nold"**-Urteil[23] dar. Hier hat der BGH im Zusammenhang mit dem **genehmigten Kapital** die Anforderungen an das Vorlie-

---

22 BGH Urt. v. 13. 3. 1978 – II ZR 142/76, NJW 1978, 1316 – Kali und Salz.
23 BGH Urt. v. 23. 6. 1997 – II ZR 132/93, BGHZ 136, 133 = DNotI-Report 1997, 198.

gen eines sachlichen Grundes herabgesetzt. Ausreichend sei, dass die Maßnahme **im wohlverstandenen Interesse** der AG liege. Allerdings gilt diese Entscheidung nur für das genehmigte Kapital. Hier würden zu große Restriktionen das Instrument unpraktikabel machen, insbesondere ist das genehmigte Kapital zukunftsgerichtet, so dass ein sachlicher Grund (noch) nicht sinnvoll bei Einräumung des genehmigten Kapitals verlangt werden kann.

(a) Zunächst müsste durch die Kapitalerhöhung mit Bezugsrechtsausschluss ein schwerer Eingriff in das Mitgliedschaftsrecht von Aktionären vorliegen. Bei einem Bezugsrechtsausschluss i.R. einer Kapitalerhöhung kommt es zu einer **Verwässerung** der Mitgliedschaftsrechte: Zum einen erhalten die betroffenen Aktionäre weniger Dividende, weil nun auch noch die neu hinzukommenden Aktionäre am Gewinn partizipieren. Zum anderen sinken die Stimmrechtsanteile, wodurch insbesondere die Hürden wichtiger Minderheitsrechte nicht mehr überschritten werden könnten, was einen erheblichen Nachteil v. a. für Minderheitsaktionäre darstellt. Damit liegt ein schwerer Eingriff vor.

(b) Trotz des Vorliegens eines schweren Eingriffs wäre eine materielle Beschlusskontrolle nicht vorzunehmen, wenn der Gesetzgeber selbst die Nachteile in irgendeiner Form ausgeglichen hat, bspw. durch Gewährung von Entschädigungsansprüchen der Altaktionäre gegen die Gesellschaft. Ein derart gelagerter Ausgleich ist hier in den §§ 183ff. AktG nicht ersichtlich, sodass es folglich eines sachlichen Grundes für den Bezugsrechtsausschluss bedarf.

Hinweis: Etwas anderes gilt für den Fall des § 186 Abs. 3 S. 4 AktG: Dort hat der Gesetzgeber tatsächlich eine Abwägung der Vor- und Nachteile getroffen: Durch die Umfangsbeschränkung und die Orientierung am Börsenkurs wird nämlich einerseits eine mögliche Wertverwässerung zu Lasten der Altaktionäre minimiert. Andererseits könnten diese die drohende Einbuße an Stimmkraft durch Zukauf an der Börse kompensieren, sofern es ihnen darauf ankommt. Liegen die Voraussetzungen des § 186 Abs. 3 S. 4 AktG vor, hält der Gesetzgeber die weitere Prüfung des Vorliegens eines sachlichen Grundes für entbehrlich, insbesondere um den Unternehmen eine kurzfristige Umsetzung der Kapitalmaßnahme zu ermöglichen. [24] Da hier die Kapitalerhöhung aber bei 50 % liegt, liegen dessen Voraussetzungen nicht vor.

(c) Ein sachlicher Grund im Sinne der dargestellten Rechtsprechung für den Bezugsrechtsausschluss liegt im konkreten Fall darin, dass die Gesellschaft den I als erfahrenen Investor, der neue liquide Mittel mitbringt, zulassen möchte. Die Gewinnung des Knowhow des I sowie seiner Mittel ist auch nicht auf andere Art und Weise, also durch ein milderes Mittel, erreichbar. Die

24 Vgl. dazu *Schürnbrand* in: MüKo AktG, 4. Aufl. 2016, § 186 Rn 127f.

Behauptung eigenen Knowhows durch C ist nicht substantiiert, insbesondere hat seine bisherige Einbringung in die Gesellschaft offenbar nicht den gewünschten Erfolg gebracht. Der Umfang seiner Liquidität ist ebenfalls fraglich. I will zudem nur mit der gewünschten großen Beteiligung einsteigen. Insoweit gibt es keine Alternative zum Bezugsrechtsausschluss.

A und B, die den Bezugsrechtsausschluss beschließen, haben sich indessen **nicht allein** von dem Motiv leiten lassen, den I als Gesellschafter zuzulassen. Sie verfolgen zugleich das Ziel eines späteren Ausschlusses des C. Durch die Kapitalherabsetzung und die Kapitalerhöhung unter Bezugsrechtsausschluss soll es ihnen gelingen, den C auf die erforderlichen 5% Beteiligung zu drücken. Man könnte sich vorstellen, dass diese Erwägungen den eigentlich vorhandenen sachlichen Grund „zerstören" und damit doch noch zur Anfechtbarkeit des Kapitalerhöhungsbeschlusses führen. Allerdings dürfte man wohl nicht jede noch so nebensächliche Begleiterwägung als schädlich ansehen, sondern müsste verlangen, dass sie ein ernst zu nehmendes Gewicht (oder sogar: das Hauptmotiv) bei der Entscheidung einnahm.

Solchen Überlegungen braucht jedoch im Einzelnen letztlich nicht nachgegangen zu werden. Es ist nämlich überzeugender, einen Bezugsrechtsausschluss schon dann zuzulassen, wenn er von *einem* nachvollziehbar vorgetragenen (§ 186 Abs. 4 S. 2 AktG) sachlichen Grund getragen ist. Ein Abwägen von Kausalitätsanteilen in den Motiven eines Kapitalerhöhungsbeschlusses wäre in der Praxis kaum praktikabel und würde ein weites Feld der Rechtsunsicherheit eröffnen. Es dürfte selten überzeugend feststellbar sein, was Haupt-, was Nebenmotivation eines Beschlusses ist. Dementsprechend ist hier festzuhalten, dass die Aufnahme des I in die AG als sachlicher Grund ausreicht.

(d) Zwischenergebnis: Der Bezugsrechtsausschluss basiert daher auf einem sachlichen Grund.

(3) Weitere Gründe, die für eine Rechtswidrigkeit des Kapitalerhöhungsbeschlusses sprechen würden, sind nicht ersichtlich. Insbesondere ist ein Verstoß gegen § 255 Abs. 2 AktG nicht ersichtlich. Im Ergebnis ist der Kapitalerhöhungsbeschluss unter Bezugsrechtsausschluss rechtmäßig.

cc) Damit ist als letztes die **Gesetzeskonformität** des **Squeeze-out-Beschlusses** zu überprüfen.

(1) In **formeller** Hinsicht unterliegt der Ausschlussbeschluss keinen Bedenken.

(2) Zweifelhaft ist jedoch, ob die **materiellen** Voraussetzungen hierfür erfüllt waren. Erforderlich ist, dass ein Aktionär, dem 95% der Aktien gehören (**Hauptaktionär**), die Durchführung des Squeeze-out-Verfahrens verlangt. Hier kommt die A-B-I-Holding-GmbH als Hauptaktionär in Betracht. Ihr

könnte kraft der Übertragung der Beteiligungen seitens A, B und I mittlerweile die erforderliche Mehrheit gehören.

Ursprünglich lag die Beteiligung von A und B bei je 45 % also zusammen bei 90 %. Die Kapitalherabsetzung und anschließende Kapitalerhöhung könnten dazu geführt haben, dass A und B je 22,5 % der Aktien gehören, I zusätzlich die neu gezeichneten 50 %. Das könnte zusammen die erforderlichen 95 % ergeben, welche dann auf die Holding übertragen wurden.

Allerdings folgt aus § 224 AktG, dass bereits der **Kapitalherabsetzungsbeschluss** erst **mit Eintragung wirksam** wird. Gleiches gilt für die **Kapitalerhöhung** nach § 189 AktG. Eine Eintragung fehlt aber bisher. Das bedeutet: Das Grundkapital der Gesellschaft blieb vorerst unverändert, weshalb die neuen Aktien an I auch noch nicht ausgegeben werden durften, sondern nichtig sind, § 191 AktG. Durch § 191 AktG war insbesondere keine wirksame Übertragung der Aktien auf die Holding-Gesellschaft möglich. Die Holding ist mithin **nicht Hauptaktionär** geworden.

(3) Zumindest hilfsgutachtlich ist noch zu dem Einwand des C Stellung zu nehmen, die dem Squeeze-out vorangehende Bündelung der Aktien in der Holding-Gesellschaft sei ein „Etikettenschwindel". Diese Bemerkung zielt darauf, dass die Holding nur zum Zwecke des Ausschluss des C gegründet worden sei, also der Umgehung des 95 %-Erfordernisses des § 327a AktG gedient habe. Eine solche Aushebelung von § 327a AktG hätte man möglicherweise als Umgehung anzusehen. Auch aus diesem Grunde könnte die Übertragung der Aktien auf die Holding oder jedenfalls aber das Verlangen der Holding – wegen **Rechtsmissbrauchs** – unwirksam sein.

Ein rechtsmissbräuchlicher Squeeze-out läge dann nahe, wenn im Anschluss an das Ausschlussverfahren die Aktien von der Holding auf A, B und I unmittelbar im Anschluss (oder jedenfalls in engem zeitlichem Zusammenhang) rückübertragen worden wären.[25] Das war aber nicht der Fall. Auch darüber hinaus ist aber die Konstruktion einer Holding nicht unproblematisch. §§ 327a ff. AktG dienen dem Ausschluss von Splitterbeteiligungen, denen eine überwältigende Übermacht gegenübersteht, die nicht durch einen erhöhten Verwaltungs- und Kostenaufwand „ausgebremst" werden soll. Diese Situation findet sich bei einer Holding zwar rechtlich, nicht aber wirtschaftlich betrachtet.

Andererseits sprechen durchschlagende Argumente *gegen* die vorschnelle Annahme eines rechtsmissbräuchlichen Squeeze-out bei Holding-Konstruktionen. Das Gesetz akzeptiert allenthalben die rechtliche Konstruk-

---

25 Dazu *Grunewald* in: MüKo AktG, 4. Aufl. 2015, § 327a Rn. 20.

tion einer Holding und erkennt sie als eigenständige juristische Person an. Durchbrechungen dieser Annahme sind deshalb sehr problematisch. Es liegt im Schutzbereich der Privatautonomie, dass einzelne Gesellschafter sich in einer Holding zusammenschließen. Deshalb ist die rechtliche Konstruktion einer Holding in Fällen des Squeeze-out nicht von vornherein abzulehnen. Es müssen vielmehr deutlich weitere Umstände hinzutreten, um einen Rechtsmissbrauch zu belegen. An solchen Umständen fehlt es hier.

(4) Der Squeeze-out-Beschluss bedarf schließlich keines **sachlichen Grundes** (materielle Beschlusskontrolle). Anders als im Recht der Kapitalerhöhung unter Bezugsrechtsausschluss (§ 186 Abs. 3 S. 4 AktG) finden sich hierfür nämlich keine gesetzlichen Anhaltspunkte in den §§ 327a ff. AktG. Vielmehr gilt der allgemeine Rechtsgrundsatz des Kapitalgesellschaftsrechts, dass die mit einer bestimmten Mehrheit getroffenen Beschlüsse ihren Rechtsgrund in sich tragen (Mehrheitsprinzip). Hinzu kommt, dass der Gesetzeszweck des § 327a AktG zwar auf Effektuierung der Unternehmensführung und damit auf die Wahrung der Interessen des Hauptaktionärs ausgerichtet ist. Die Interessen der Minderheit werden jedoch durch die Verpflichtung zur Zahlung einer Abfindung gewahrt.[26] Eine umfangreiche Interessenabwägung ist damit bereits im Vorfeld angestellt, sodass es zur konkreten Ausübung des Squeeze-out durch Beschluss keines sachlichen Grundes mehr bedarf.

4. Damit ist als **Ergebnis** festzuhalten: Der Kapitalherabsetzungs- und Kapitalerhöhungsbeschluss sind nicht anfechtbar. Anfechtbar ist lediglich der Squeeze-out-Beschluss.

III. Voraussetzungen einer objektiven Klagehäufung, § 260 ZPO

Eine Klagehäufung ist zulässig. Es handelt sich um mehrere Ansprüche des Klägers gegen denselben Beklagten. Für sämtliche Ansprüche ist das Prozessgericht, das LG Bremen, zuständig, für alle Klagegegenstände ist dieselbe Prozessart zulässig.

---

26 Ausführlich *Grunewald* in: MüKo AktG, 4. Aufl. 2015, § 327a Rn. 17.

IV. Gesamtergebnis

Die Klagen gegen den Kapitalherabsetzungsbeschluss und Kapitalerhöhungsbeschluss verbunden mit dem Ausschluss des Bezugsrechts haben keine Aussicht auf Erfolg, die Klage gegen den Squeeze-out-Beschluss dagegen schon.

Ergänzende Hinweise:
– Die **Anfechtung von Beschlüssen der Gesellschafterversammlung in der GmbH** richtet sich nach h.M. weitgehend nach den §§ 241 ff. AktG in analoger Anwendung (siehe dazu noch Fall 4).
– Auch in der **GmbH** existiert ein **Bezugsrecht** der Gesellschafter (§ 186 AktG analog). Auch hier ist deshalb ein **sachlicher Grund** für eine Kapitalerhöhung unter Bezugsrechtsausschluss erforderlich.
– Einen „Squeeze-out" kennt das **GmbH-Recht** nicht, auch dort ist aber der **Ausschluss von Gesellschaftern** möglich (dazu Fall 8).

Fall 4: Belastende Entlastung

Gert Gresig und Holger Hartmut sind zu je 30%, Jens Jaschke ist zu 10% an der GHJ Autoteile GmbH mit Sitz in Würzburg beteiligt, die in Süddeutschland 20 Autoreparaturwerkstätten betreibt. Gresig ist außerdem einer von zwei Geschäftsführern der GmbH.

Anfang Dezember 2017 steht die alljährliche Gesellschafterversammlung an. Zwei Wochen vor dem vorgesehenen Termin (das ist Samstag, der 16.12.2017) verschicken die Geschäftsführer Einschreiben mit den Einladungen zur Versammlung an die Gesellschafter. Als Tagesordnungspunkte sind darin u. a. genannt:

TOP 3: Beschluss über die Entlastung der Geschäftsführung für das abgelaufene Geschäftsjahr

TOP 4: Geschäftsführungsangelegenheiten

In der Gesellschafterversammlung wird über den Antrag, die Entlastung der Geschäftsführung zu verweigern, abgestimmt. Jaschke, der mit dem Geschäftsverlauf des abgelaufenen Jahres unzufrieden ist, sowie der vollzählig erschienene Rest der Gesellschafter, die (zu Recht) gravierende Verfehlungen der Geschäftsleitung rügen, stimmen gegen eine Entlastung. Gresig und Hartmut stimmen bei der Abstimmung über TOP 3 für die Entlastung der Geschäftsführung. Hartmut, der laut Gesellschaftsvertrag als „Versammlungsleiter" fungiert, stellt daraufhin fest, dass der Antrag abgelehnt sei und die Geschäftsführung entlastet sei. Jaschke widerspricht dem.

Unter TOP 4 soll über eine Weisung an die Geschäftsführung beschlossen werden, die bisherige Beteiligung der GmbH an der CHROM AG aufzustocken. Dem Beschluss gehen längere Diskussionen voraus. Jaschke bekommt als erster das Wort erteilt. Er rügt, dass ihm im Vorfeld der Versammlung die wirtschaftliche Tragweite der Entscheidung nicht klar gewesen sei. Wie er – was zutrifft – eben erst erfahren habe, gehe es um eine Aufstockung von 3% auf 30%. Das ziehe einen finanziellen Aufwand von € 35 Mio. nach sich. Sodann beginnt Jaschke darzustellen, warum seiner Ansicht nach eine weitere Beteiligung an anderen Gesellschaften, insbesondere an der CHROM AG verfehlt ist. Nach einer Stunde ununterbrochenen Vortrags verliert Hartmut die Geduld und verweist „in seiner Eigenschaft als Versammlungsleiter" Jaschke des Saales. Jaschke habe sein Rederecht verwirkt und dürfe sich das ganze nunmehr von draußen anschauen. In der anschließenden Abstimmung wird der Beschluss über die Weisung an die Geschäftsführer einstimmig angenommen, da sich die übrigen Gesellschafter einig sind, dass die Aufstockung der Beteiligung wünschenswert ist.

Jaschke wendet sich einige Tage später an Rechtsanwalt Ralf Rangler. Jaschke möchte wissen, ob gegen die Beschlüsse vorgegangen werden kann. Insbesondere

https://doi.org/10.1515/9783110526325-005

der Entlastungsbeschluss sei „skandalös“ und gehöre endgültig aus der Welt geschafft.

Rangler beauftragt Sie mit der Erstellung eines umfassenden Gutachtens, das auf alle aufgeworfenen Rechtsfragen eingeht. Das Gutachten ist zu fertigen.

Gliederung

Lösung von Fall 4

Schwerpunkte: Anfechtung von Beschlüssen in der GmbH; Anwesenheits- und Rederecht des Gesellschafters; Entlastung der Geschäftsführung; positive Beschlussfeststellungsklage

Hinweis: Die Frage des J zielt auf die Erfolgsaussichten prozessualer Schritte gegen die im Sachverhalt angesprochenen Beschlüsse. Eine Klage des J verspricht Erfolg, wenn sie zulässig und begründet ist. Als Rechtsanwalt wird R möglicherweise zunächst die Begründetheit einer Klage prüfen, dann deren Zulässigkeit. Hier ist aber bereits die statthafte Klageart nicht unzweifelhaft, von der wiederum die Prüfung der Begründetheit abhängt. Daher ist im Folgenden die Zulässigkeit vor der Begründetheit zu prüfen.

A. Klage gegen den Entlastungs- und Weisungsbeschluss

I. Zulässigkeit einer Klage gegen den Entlastungs- und gegen den Weisungsbeschluss

1. Wie schon angedeutet, bedarf die **statthafte Klageart** näherer Überlegung.

a) Sowohl bei der Weisung, als auch bei der Ablehnung der Entlastung handelt es sich um Beschlüsse der Gesellschafterversammlung. Insbesondere die Verweigerung der Entlastung ist trotz Ablehnung des eigentlichen Antrags als **sog. negativer Beschluss** anerkannt.[27] Was den **Entlastungs- und** den **Weisungsbeschluss** angeht, so ist zunächst denkbar, auf die **allgemeine Feststellungsklage** zurückzugreifen, § 256 ZPO. Allerdings ist das nur dann die richtige Klage, wenn nicht eine vorrangige Klageart zur Verfügung steht.

b) Eine solche speziellere Klageart könnte in Hinsicht auf Gesellschafterbeschlüsse in der GmbH in Form der **Anfechtungs- bzw. Nichtigkeitsklage** zur Verfügung stehen. Zwar enthält das GmbHG insoweit keine Regelungen. Doch könnten die Vorschriften über die aktienrechtliche Nichtigkeits- und Anfechtungsklage **(§§ 241 ff. AktG) analog** heranzuziehen sein.

Das setzt die **Planwidrigkeit der Regelungslücke** im GmbHG sowie die **Vergleichbarkeit** der im Aktienrecht geregelten Nichtigkeits- und Anfechtungs-

27 Ganz h.M. seit RG, Urt. v. 9.10.1928 – II 486/27, RGZ 122, 102 (107); RG, Urt. v. 24.10.1933 – II 100/33, RGZ 142, 123 (130).

klagesituation gegen Hauptversammlungsbeschlüsse mit derjenigen einer Klage gegen einen Gesellschafterbeschluss in der GmbH voraus.

Gegen die Planwidrigkeit der unterbliebenen Regelung im GmbHG scheint zu sprechen, dass AktG und GmbHG eine ganze Reihe weitgehend paralleler Regelungsfelder kennen, während hinsichtlich der gerichtlichen Angreifbarkeit von Gesellschafterbeschlüssen eben keine solche parallele Regelung existiert. Insoweit könnte der Gesetzgeber für die GmbH bewusst den Rückgriff auf die allgemeine Feststellungsklage nach der ZPO zugelassen haben.

Letztlich sprechen aber doch die besseren Gründe für die Analogie. Die §§ 241 ff. AktG verfolgen einen doppelten Sinn: Zunächst sollen der Zufälligkeit der Geltendmachung auch geringfügiger (insbesondere Verfahrens-)Verstöße nach unabsehbarer Zeit in einem Prozess von irgendeinem Beteiligten Schranken gesetzt werden. Die Gesellschaft ist auf Rechtssicherheit angewiesen. Zum anderen ist eine wirksame innergesellschaftliche Kontrolle in den Vorschriften des AktG dadurch gewährleistet, dass diese die Überprüfung von Gesellschafterbeschlüssen institutionalisieren und damit praktisch anwendbar machen. Diese Gründe sprechen in gleicher Weise im Recht der GmbH für eine Restriktion bzw. Institutionalisierung der Klagemöglichkeiten. Deshalb ist auch die Anwendung der §§ 241 ff. AktG auf Gesellschafterbeschlüsse der GmbH mittlerweile weithin anerkannt.[28]

c) Statthafte Klageart ist mithin entweder die Nichtigkeits-, oder aber die Anfechtungsklage, § 249 AktG analog bzw. §§ 243 ff. AktG analog.

Wie im Aktienrecht gilt auch im GmbH-Recht, dass Anfechtungs- und Nichtigkeitsklage dasselbe Rechtsschutzziel – Nichtigerklärung eines Beschlusses des Anteilseignerorgans, § 248 AktG – verfolgen. Deshalb ist eine Anfechtungsklage jedenfalls statthaft, wenn ein Beschluss der Gesellschafterversammlung mit diesem Ziel angegriffen wird, die Nichtigkeitsgründe werden von Amts wegen mitgeprüft.

2. Darüber hinaus kommt eine **allgemeine Feststellungsklage** bezüglich der **Verweisung des J aus dem Saal** in Betracht. Denn insoweit geht es nicht unmittelbar um einen Hauptversammlungsbeschluss. Nach einer solchen Klage ist aber nicht gefragt. J will sich nur gegen die Beschlüsse wenden. Insoweit braucht hier – auch bei großzügigem Verständnis des Begehrens des J – nicht näher erörtert zu werden, ob nicht eine isolierte Klage gegen die Verweisung aus dem Saal ohnehin ausgeschlossen wäre, weil anfechtbar

28 Vgl. BGH, Urt. v. 23.3.1981 – II ZR 27/80, NJW 1981, 2125; BGH, Urt. v. 17.10.1988 – II ZR 18/88, ZIP 1989, 634 = WM 1989, 63.

schon das jeweilige „Beschlussprodukt“, der Beschluss der Gesellschafterversammlung, wäre.

3. **Zuständiges Gericht** ist analog § 246 Abs. 3 AktG das LG Würzburg.

Hinweis: Fragen der **Klagefrist** und der **Anfechtungsbefugnis** im Allgemeinen sind ausschließlich von materiell-rechtlicher Bedeutung. Das Anfechtungsrecht des Gesellschafters ist ein subjektives Recht, das nur unter bestimmten Voraussetzungen überhaupt zur Entstehung gelangt. Eine Klage ist daher bei Fehlen dieser Voraussetzungen unbegründet, nicht unzulässig.

II. Begründetheit der Klagen

1. **Richtiger Klagegegner** für die Klagen ist jeweils die **GmbH**, § 246 Abs. 2 S. 1 AktG analog.
2. Das Gericht hat sodann im Rahmen der Begründetheit zunächst von Amts wegen die angegriffenen Beschlüsse auf **Nichtigkeitsgründe** hin zu untersuchen. Wie sich § 241 AktG entnehmen lässt, führen allerdings nur gravierendste Fehler eines Beschlusses der Gesellschafterversammlung zur Nichtigkeit.

Was den **Entlastungsbeschluss** angeht, so steht zunächst eine Verletzung eines Stimmverbots in Rede. Selbst wenn man diese unterstellt, ergibt sich aber keine Vergleichbarkeit zu den in § 241 AktG aufgeführten Fällen. Auch die mögliche materielle Rechtswidrigkeit des Entlastungsbeschlusses führte nicht zu einer Nichtigkeit.

Gleiches gilt im Ergebnis für den **Weisungsbeschluss.** Hier rügt J eine unzureichende Information im Vorfeld über den betreffenden Tagesordnungspunkt. Das kann ebenso wie die mögliche Verletzung des Teilnahme- und Rederechts des J allenfalls einen Anfechtungsgrund ergeben.

3. Damit ist zu den **Anfechtungsgründen** zu kommen, § 243 AktG analog.

a) Eine erste Voraussetzung der Anfechtbarkeit der Beschlüsse ist die Einhaltung der **Anfechtungsfrist.** Die Klage muss allerdings nicht, wie man analog § 246 Abs. 1 AktG könnte annehmen wollen, innerhalb der strikten Monatsfrist erhoben werden. Vielmehr läuft im Recht der GmbH eine „angemessene“ Frist.[29] Gegen die Analogie spricht, dass gesetzliche Fristen, wie die Klageerhebungsfrist, vom Gesetzgeber zu setzen sind. Zudem bedarf die Klage in

29 BGH, Urt. v. 17.10.1988 – II ZR 18/88, ZIP 1989, 634 = WM 1989, 63 (66).

der GmbH auch nicht zwingend so strikter zeitlicher Vorgaben wie die aktienrechtliche Anfechtungsklage, weil der Kreis der potentiellen Kläger in aller Regel wesentlich kleiner ist. Möglich ist allerdings eine Orientierung an der Vorgabe des § 246 Abs. 1 AktG bei der Beurteilung der Angemessenheit der Frist. Nach den Vorgaben des Sachverhalts ist diese Frist hier noch einzuhalten („einige Tage später").

b) Weiter müsste J **anfechtungsbefugt** sein. Für die Beurteilung dieser Frage kann ebenso wenig wie bei der Anfechtungsfrist auf eine Analogie zum Aktienrecht (§ 245 Nr. 1 AktG) zurückgegriffen werden. Nach dem GmbH-Recht besteht schon keine Pflicht zur notariellen Beurkundung, auch nicht zur Protokollierung der Gesellschafterversammlung. Im Übrigen ist § 245 Nr. 1 AktG als Ausdruck der anonymen, auf eine Vielzahl von Anteilseignern zugeschnittene Struktur der AG anzusehen. Nur diese Struktur erklärt, dass ausschließlich in der Versammlung präsente Gesellschafter sollen klagen dürfen. Im Recht der GmbH ist *jeder* Gesellschafter i.S.v. § 16 GmbHG als anfechtungsbefugt anzusehen.[30]

c) Entscheidend für den Erfolg der Anfechtungsklage ist schließlich, ob die angegriffenen Gesellschafterbeschlüsse gegen das **Gesetz** oder gegen die **Satzung** der Gesellschaft **verstießen.** Da der Sachverhalt keine Angaben zur Satzung enthält, kommt nur ein Gesetzesverstoß in Betracht.

aa) Zunächst sind etwaige Gesetzes- oder Satzungsverstöße beim **Entlastungsbeschluss** zu prüfen.

(1) In **formeller** Hinsicht ist zunächst festzustellen, dass die Einladung zur Gesellschafterversammlung rechtzeitig und formgemäß erfolgte, § 51 Abs. 1 S. 1 GmbHG.

Allerdings hat möglicherweise ein vom Stimmrecht Ausgeschlossener am Beschluss mitgewirkt. Gesellschafter und Geschäftsführer G hat über die eigene Entlastung mit befunden. Er war aber nach § 47 Abs. 4 S. 1 GmbHG von dieser Beschlussfassung ausgeschlossen. Wie man § 243 Abs. 4 AktG mittelbar entnehmen kann, führt jedoch nicht jeder Verstoß gegen gesetzliche Vorschriften zur Anfechtbarkeit des Beschlusses. Ganz überwiegend wird vielmehr angenommen, dass jedenfalls bei reinen Verfahrensverstößen die **Kausalität** des Mangels für den Beschluss hinzutreten muss bzw. dass es zumindest um einen für die Teilnahme- und Mitwirkungsrechte der Gesellschafter **relevanten** Verstoß gehen

---

30 *Roth* in: Roth/Altmeppen, GmbHG, 8. Aufl. 2015, § 47 Rn. 138.

muss.[31] Damit sollen vergleichsweise wenig gewichtige Verstöße von einer erfolgreichen Anfechtungsklage ausgenommen werden, der Wortlaut des § 243 Abs. 1 AktG wird insoweit übereinstimmend als zu weit gefasst angesehen. Auch unter Anlegung dieses Kausalitäts- bzw. Relevanzerfordernisses ergibt sich hier ein zu beachtender Verstoß. Hier wäre nämlich die erforderliche Mehrheit (§ 47 Abs. 1 GmbHG: einfache Mehrheit) für den Entlastungsbeschluss ohne die Stimmen des G nicht zustande gekommen. Seine Mitwirkung am Beschluss war demnach kausal und damit auch relevant für die Rechte der übrigen Gesellschafter.[32] Der Entlastungsbeschluss war dementsprechend bereits aus formellen Gründen anfechtbar.

(2) Hinzu treten möglicherweise **materielle Beschlussmängel.** Es könnte an den Voraussetzungen einer **rechtmäßigen Entlastung** fehlen.

Die rechtlichen Voraussetzungen eines Entlastungsbeschlusses sind im GmbHG nicht geregelt. Aus § 46 Nr. 5 GmbHG (sowie § 47 Abs. 4 GmbHG) kann man lediglich ersehen, dass eine Entlastung überhaupt vorgesehen ist. „Tatbestandliche Voraussetzungen" lassen sich demnach allenfalls aus der **Funktion** und aus den **Wirkungen** der Entlastung ableiten.

Die Entlastung dient dazu, die Geschäftsführung für die Vergangenheit zu billigen und den Geschäftsführern für die Zukunft das Vertrauen auszusprechen (arg. e § 120 Abs. 2 S. 1 AktG). Anders als im Aktienrecht (§ 120 Abs. 2 S. 2 AktG) wird der Entlastung nach GmbH-Recht Präklusionswirkung beigemessen. Das bedeutet nicht, dass die Gesellschaft auf Schadensersatzansprüche mit materiellrechtlicher Wirkung verzichtete. Die Gesellschafter begeben sich aber mit Wirkung für die Gesellschaft des Rechts, aus den zum Gegenstand der Entlastungsentscheidung gemachten Maßnahmen oder Versäumnissen Rechtsfolgen herzuleiten, insbesondere die Geschäftsführung auf Schadensersatz zu verklagen.[33] Eine spätere Klage, gestützt auf zur Zeit der Entlastung bekannte Umstände, würde nämlich gegen das Verbot des venire contra factum proprium verstoßen (§ 242 BGB).[34]

Aus der beschriebenen Funktion und Wirkung des Entlastungsbeschlusses könnte man herleiten, dass es ganz in das **Belieben der Gesellschafter** gestellt werden müsse, die Geschäftsführung zu entlasten. Man könnte vertreten, dass es allein bei ihnen als den wirtschaftlichen Eigentümern liege zu entscheiden, unter

31 Zum „Relevanz"-Erfordernis s. BGH, Urt. v. 18.10.2004 – II ZR 250/02, NJW 2005, 828 – ThyssenKrupp; *Raiser/Veil* S. 274 ff.

32 Vgl. zuletzt BGH, Beschl. v. 29.4.2014 – II ZR 262/13, ZIP 2014, 1677 = AG 2014, 624.

33 Siehe etwa *K. Schmidt* NZG 2003, 601 (604) m.w.N.

34 Vgl. *K. Schmidt* in: Scholz, GmbHG, § 46 Rn. 89 ff.

welchen Voraussetzungen sie der Geschäftsführung (noch) ihr Vertrauen aussprechen und Ansprüche der Gesellschaft verfallen lassen wollen. Dafür spricht auch, dass es gewissermaßen Wesen der Entlastungsentscheidung ist, im Interesse der weiteren Zusammenarbeit auch Fehler der Geschäftsführung ungeahndet zu lassen. So gesehen, wäre für eine rechtmäßige Entlastung lediglich ein ordnungsgemäß zustande gekommener Mehrheitsbeschluss zu verlangen.

Gegen ein solch weites Verständnis sprechen jedoch Gesichtspunkte des Minderheiten- und Gläubigerschutzes. Dass eben nicht jedweder Pflichtenverstoß der Geschäftsführung heilbar ist, belegen schon § 43 Abs. 2 i.V.m. § 9b GmbHG, in denen ausdrücklich festgelegt ist, dass die GmbH auf bestimmte Ersatzansprüche nicht verzichten kann. Zudem folgt bereits aus dem Begriff der Billigung und aus der Funktion der Entlastung, der Verwaltung das Vertrauen auszusprechen, dass eine irgendwie billigenswerte, weiteres Vertrauen rechtfertigende Amtsführung der Verwaltung festzustellen sein muss. Würde man dies anders sehen, würde man Gläubiger und Minderheitsgesellschafter in der GmbH willkürlichen Entscheidungen der Mehrheit aussetzen. Es ist also zu verlangen, dass tatsächlich eine **berechtigte Grundlage für die Billigung der Geschäftsführung und für das Aussprechen des Vertrauens** existiert.

Einen angemessenen Ausgleich zwischen dem Autonomieinteresse der Mehrheit einerseits und den Interessen der Gläubiger und Minderheitsgesellschafter andererseits erzielt man, indem man die Entlastung als Billigung der Geschäftsführung als „im Großen und Ganzen rechtmäßig“ versteht. Dann ist jedenfalls **bei groben Gesetzesverstößen** der Geschäftsführung eine **Entlastung ausgeschlossen.** Eine solche Hürde für den Entlastungsbeschluss entspricht insbesondere dem Interesse der Gläubiger an einer solventen Gesellschaft.

Dieser Sichtweise hat sich der BGH in der „Macrotron“-Entscheidung für die AG klarstellend angeschlossen.[35] Für die GmbH gilt das in gleicher Weise.[36]

Hinweis: Die Kenntnis des Meinungsstandes zur Rechtmäßigkeit von Entlastungsbeschlüssen ist nicht unbedingt erwartet. Es muss aber Problembewusstsein vorhanden sein. Dass bei der Lösung auf die Frage der Rechtmäßigkeit eines Entlastungsbeschlusses als ein Schwerpunkt der Klausur eingegangen werden muss, ist im Sachverhalt angelegt.

Hier sind „gravierende Verfehlungen“ der Geschäftsleitung vorgegeben. Insoweit verstieß der Entlastungsbeschluss auch materiell gegen das Gesetz.

ab) In Betracht kommen auch Gesetzesverstöße beim **Weisungsbeschluss.**

35 BGH, Urt. v. 25.11.2002 – II ZR 133/01, NZG 2003, 280 – Macroton.

36 Siehe dazu *K. Schmidt* NZG 2003, 601 (604).

(1) In **formeller** Hinsicht ist wiederum auf ein mögliches **Stimmverbot** bei G hinzuweisen (§ 47 GmbHG). Im Ergebnis ist aber ein Stimmverbot bei G hinsichtlich der Weisung an die Geschäftsführung nicht anzunehmen. § 47 Abs. 4 GmbHG ist weder seinem Wortlaut, noch seinem Sinn und Zweck nach anwendbar. Es geht bei der Weisung an die Geschäftsführer weder darum, dass G in eigener Sache richten würde, noch darum, dass ein In-sich-Geschäft anstünde. Dies sind die beiden Aspekte des Stimmverbots in § 47 Abs. 4 GmbHG. Ein Stimmverbot bestand also nicht. Zudem würde es auch an der **Kausalität bzw. Relevanz** des Verstoßes fehlen, da der Weisungsbeschluss mit den Stimmen aller Gesellschafter (bis auf diejenigen des J) zustande kam.
(2) Unzureichend könnte die **Ankündigung** des Beschlusspunktes gewesen sein, § 51 Abs. 2 GmbHG. Nach dieser Vorschrift „soll der Zweck der Versammlung jederzeit bei der Berufung" angekündigt werden. Das bedarf der Konkretisierung in zweierlei Hinsicht: Zunächst ist die Reichweite der Ankündigungspflicht zu konkretisieren. Es muss im Wege der Auslegung näher ermittelt werden, was genau anzukündigen ist. Zum Zweiten ist die Rechtsfolge („soll") zu präzisieren.

Die Ankündigungspflicht berücksichtigt, dass die Gesellschafter, um eine Entscheidung in der Gesellschafterversammlung treffen zu können, ausreichend informiert sein müssen. Die Anteilsinhaber sollen sich ein Bild darüber machen können, was zur Entscheidung ansteht, und welche Informationen zu diesem Zweck ggf. von ihnen gesammelt werden müssen. Es geht also darum, die Gesellschafter, auch diejenigen Gesellschafter, die nicht zu erscheinen gedenken, vor einer Überrumpelung zu schützen.

Hier stand unter Berücksichtigung der Unternehmensgröße der Erwerb einer ganz außergewöhnlichen Beteiligung (für € 35 Mio.) an. Es ging keineswegs um eine Alltagsentscheidung, wie man der Bezeichnung des TOP als „Geschäftsführungsangelegenheit" entnehmen könnte. Eine solche Kennzeichnung kann ersichtlich nicht ausreichen. Weder konnten die Gesellschafter insoweit vorab entscheiden, ob sie der Gesellschafterversammlung ruhigen Gewissens fernbleiben konnten, noch war es denjenigen Gesellschaftern, die nicht ohnehin eingeweiht waren, möglich, auf der Basis dieser Kennzeichnung zu ersehen, dass es um eine überaus bedeutsame Entscheidung für die Gesellschafter gehen würde und wie sie sich vorab informieren konnten. Der konkrete Beschlussgegenstand, der Erwerb der Beteiligung und die Größenordnung dieses Erwerbs, mussten demnach vorab bekannt gemacht werden.[37]

Damit ist als Zweites zum Charakter des § 51 Abs. 2 GmbHG als – wie der Wortlaut nahe legt – Soll-, oder aber als Muss-Vorschrift Stellung zu nehmen. Insoweit ist zu bedenken, dass die Beschlüsse der Gesellschafterversammlung oftmals von grundlegender Bedeutung für die Gesellschaft und damit auch für ihre Gläubiger sind. Da die Ankündigungspflichten der Geschäftsführung helfen sollen, die erforderliche Grundlage für diese wichtigen Beschlüsse zu bilden, sind sie nicht als bloße unverbindliche Soll-Vorschriften zu verstehen. Sie sind vielmehr insoweit als verbindlich auszulegen, als ein Verstoß hiergegen zur Anfechtbarkeit des betreffenden Beschlusses führen muss.

Auch § 51 Abs. 3 GmbHG hilft über den Verstoß nicht hinweg. Die Norm ist nämlich nicht dahin zu verstehen, dass sämtliche Gesellschafter nur anwesend sein müssen, ungeschriebene weitere Voraussetzung ist, dass keiner der Anwesenden Gesellschafter Einwände erhebt.[38] J hat aber gegen die fehlerhafte Ankündigung protestiert.

(3) Ein weiterer Gesetzesverstoß könnte darin begründet liegen, dass **J aus dem Saal entfernt** worden ist. Darin könnte zum einen ein Verstoß gegen sein **Anwesenheitsrecht** liegen. Jeder Gesellschafter hat, wie aus der Einladungspflicht und der Existenz des Stimmrechts abzuleiten ist, ein Recht auf Anwesenheit in der Gesellschafterversammlung. Dass dieses Recht Schranken unterliegt, liegt auf der Hand. Insbesondere brauchen die übrigen Gesellschafter keine missbräuchliche Ausübung des Anwesenheitsrechts zu dulden. Stört etwa ein Gesellschafter gezielt die Versammlung, so darf er ausnahmsweise von der Versammlung ausgeschlossen werden: Die Durchsetzung dieser Schranken des Anwesenheitsrechts unterliegt dem Versammlungsleiter, der in der Satzung bestimmt werden kann. Im Fall ist das H.

Allerdings muss in jedem Falle die **Verhältnismäßigkeit** in Bezug auf die Einschränkungen des Anwesenheitsrechts gewahrt sein. So wäre im Fall eine Beschränkung der Redezeit des J oder möglicherweise auch ein Entzug des Rederechts einem Rauswurf aus dem Saal vorzuziehen gewesen. Schon deshalb verstieß die Maßnahme gegen das Anwesenheitsrecht des J.

Zum anderen kommt auch noch ein Verstoß gegen das **Rederecht** des J auf der Versammlung in Betracht. Aus der Mitgliedschaft und aus der Anwesenheitsberechtigung der Gesellschafter folgt das Recht eines jeden Gesellschafters,

---

37 Vgl. allgemein *Roth* in: Roth/Altmeppen, GmbHG, 8. Aufl. 2015, § 51 Rn. 10 m.w.N.
38 Vgl. nur *Roth* in: Roth/Altmeppen, GmbHG, 8. Aufl. 2015, § 51 Rn. 16.

die eigene Auffassung zu einem Beschlusspunkt in angemessener Weise darzulegen.[39] Auch insoweit ist wieder darauf zu verweisen, dass dieses Recht Schranken unterliegt, die durch den Versammlungsleiter durchgesetzt werden können. Ob J hier sein Rederecht missbraucht hat, ist allein aus seiner Redezeit heraus nicht ableitbar. Auch insoweit hätte als milderes Mittel die Begrenzung der Redezeit zur Verfügung gestanden. Deshalb ist nicht nur von einem Verstoß gegen das Anwesenheits- sondern auch gegen das Rederecht des J auszugehen.

Auf die **Kausalität** oder **Relevanz** dieser Verstöße für die Beschlüsse braucht keine Rücksicht genommen zu werden. Es handelt sich um eine Beeinträchtigung eines Teilhaberrechts des GmbH-Gesellschafters J. Der Weisungsbeschluss ist mithin wegen formeller Gesetzesverstöße anfechtbar.

(4) Materielle Beschlussmängel sind daneben nicht ersichtlich. Eine Weisung der Gesellschafter an die Geschäftsführung ist jederzeit möglich. Das ergibt sich aus § 37 Abs. 1 GmbHG.

4. Beide Beschlüsse, der **Entlastungs**- wie der **Weisungsbeschluss**, sind **anfechtbar.**

B. Positive Beschlussfeststellungsklage bezüglich der Entlastung

Möglicherweise ist es neben der Anfechtungsklage zweckmäßig, sogleich Klage auf Feststellung des zutreffenden, rechtmäßigen Beschlussergebnisses zu erheben (Ablehnung der Entlastung). J strebt nämlich die endgültige Klärung der Entlastungsfrage an, dafür ist die rein kassatorisch wirkende Anfechtungsklage nicht ausreichend. Auch insoweit ist zunächst wieder über die Zulässigkeit, dann über die Begründetheit nachzudenken.

> Hinweis: Die Gegenansicht – Leistungsklage des J gegen die Mitgesellschafter auf Verweigerung der Entlastung in einem neuerlichen Gesellschafterbeschluss – ist jedenfalls vertretbar.

I. Zulässigkeit

1. Als **richtige Klageart** kommt zunächst die **allgemeine Feststellungsklage** in Betracht, § 256 ZPO. Möglicherweise kann J Feststellung begehren, dass bereits der angefochtene Beschluss unter Beachtung der angefochtenen

39 *Roth* in: Roth/Altmeppen, GmbHG, 8. Aufl. 2015, § 48 Rn. 7.

Mängel die Ablehnung der Entlastung erbracht habe (sog. **positive Beschlussfeststellungsklage**).[40]

a) Ein solches Begehren scheint zwar auf den ersten Blick deshalb wenig sinnvoll, weil die erfolgreiche Anfechtungsklage – an welche die weitergehende positive Beschlussfeststellungsklage anknüpfen soll – gerade zur Nichtigkeit des angefochtenen Beschlusses führt, § 248 AktG analog. Deshalb kann, so möchte man meinen, aus dem Beschluss auch nicht das zum tatsächlich gefassten gegenteilige Beschlussergebnis hergeleitet werden.

b) Gleichwohl nehmen Rechtsprechung und Literatur überwiegend an, dass die mit einer Anfechtungsklage verbundene positive Beschlussfeststellungsklage Erfolg haben kann, wenn bei Hinwegdenken des geltend gemachten Mangels ein Beschluss mit umgekehrtem Ausgang „übrig" bleibt (z. B.: fehlerhafte Berücksichtigung von Stimmen beim Beschlussergebnis, deren ordnungsgemäße Nichtberücksichtigung das Beschlussergebnis umgekehrt hätte, also z. B. zur Annahme statt zur Ablehnung eines Antrags geführt hätte). Diese Ansicht setzt sich also über die Nichtigkeitsfolge der Anfechtungsklage hinweg und berücksichtigt, welches zutreffende Ergebnis ohne den Mangel erzielt worden wäre.

c) So wird insbesondere in Fällen rechtswidrigen Stimmverhaltens verfahren: Auch hier könne nicht nur die Nichtigkeit des angegriffenen Beschlusses erzielt werden. Zugleich dürfe auf Feststellung geklagt werden, dass ein Beschluss mit demjenigen Inhalt zustande gekommen sei, der bei rechtmäßigem Stimmverhalten erzielt worden wäre.[41]

Hinweis: Weitere Gründe für fehlerhafte Beschlüsse, aufgrund derer positive Beschlussfeststellung beantragt werden kann, sind: Zählfehler, unrichtige Beurteilung von Mehrheitserfordernissen, Nichtbeachtung von Stimmrechtsausschüssen oder missbräuchliche Stimmabgabe entgegen der gesellschaftsrechtlichen Treuepflicht, vgl. Dörr in: Spindler/Stilz, AktG, 3. Aufl. 2015, § 246 Rn. 58.

d) Die dargestellte Meinung kann pragmatische Erwägungen für sich anführen. Sie gelangt „ohne umständliche Umwege zu[m] [...] sachgerechten Abstim-

---

40 Instruktiv dazu *Hüffer/Schäfer* in: MüKo AktG, 4. Aufl. 2016, § 246 Rn. 84 ff.

41 Grundlegend BGH, Urt. v. 26.10.1983 – II ZR 87/83, NJW 1984, 489, zur missbräuchlichen Ausübung des Stimmrechts; Voraussetzung für ein weiter gehendes Feststellungsurteil sei, dass derjenige am Anfechtungsverfahren – zB als Nebenintervenient – beteiligt gewesen sei, der das Stimmrecht missbräuchlich ausgeübt habe; zum Ganzen *Karsten Schmidt* NJW 1986, 2018 mit Bezug auf BGH, Urt. v. 20.1.1986 – II ZR 73/85, NJW 1986, 2051.

mungsergebnis".[42] Dogmatisch ist sie kaum erklärlich. Denn, formal gesehen, könnte allenfalls eine Klage auf Feststellung diskutabel sein, dass die Verpflichtung bestanden habe, anders zu stimmen als geschehen. Schon die Kassation des ursprünglichen Beschlusses durch die erfolgreiche Anfechtungsklage verbietet es an sich, von einem anderen, „zutreffenden" (wirksamen) Gesellschafterbeschluss zu sprechen. Die weitere Klage müsste sodann eigentlich nicht gegen die Gesellschaft, sondern gegen den oder die Gesellschafter gerichtet werden. Die dargestellte Rechtsprechung und die ihr folgende Literatur helfen sich hierüber hinweg, indem sie die Beschlussfeststellungsklage zum Teil des Anfechtungsprozesses erklärt und dem Urteil kurzerhand **„Gestaltungswirkung"** beimisst.[43]

Zumindest in Fällen wie dem hier zu begutachtenden wird man sich der Meinung des BGH gleichwohl anschließen können (und R als Rechtsanwalt wird dies ohnehin empfehlen). Denn ein anderes Stimmverhalten der Mitgesellschafter als die Verweigerung der Entlastung kam – wie bereits gesehen – im Fall schlicht nicht in Betracht. Deshalb wäre es in der Tat überaus umständlich, J aufzuerlegen, in einer weiteren Klage zunächst die Verweigerung der Entlastung einzuklagen (mit der Folge des § 894 ZPO) und dann einen erneuten Beschluss über die Ablehnung der Entlastung zu fassen. Zweckmäßigerweise kann daher im Anfechtungsprozess sogleich der umgekehrte, rechtmäßige Zustand hergestellt werden.

Es muss jedoch dafür gesorgt werden, dass sich die Gesellschafter, die für die Entlastung gestimmt haben, an der Anfechtungsklage – als Nebenintervenienten – beteiligen können, damit ihnen rechtliches Gehör gewährt ist.[44]

Hinweis: Letzteres muss dem Klausurlöser nicht bekannt sein.

e) **Statthaft** ist mithin die **allgemeine Feststellungsklage.**

Hinweis: Die positive Beschlussfeststellungsklage kann die Anfechtungsklage keinesfalls ersetzen: nur die Anfechtungsklage führt zur Vernichtung des ablehnenden Beschlusses und erst seine Beseitigung schafft Raum für eine anderweitige gerichtliche Feststellung, vgl. *Hüffer/Schäfer* in: MüKo AktG, 4. Aufl. 2016, § 246 Rn. 86.

42 BGH, Urt. v. 26.10.1983 – II ZR 87/83, NJW 1984, 489 (492).

43 Vgl. *Raiser/Veil* § 16 Rn. 169 ff.; *Hüffer/Schäfer* in: MüKo AktG, 4. Aufl. 2016, § 248 Rn. 28.

44 Dafür ist die „Information" des Gesellschafters ausreichend, vgl. *Karsten Schmidt* in: Scholz, GmbHG, 9.Aufl., § 47 Rn32 m.w.N.

2. Hinsichtlich des Feststellungsinteresses des J sind zwei Überlegungen anzustellen:
a) Zum Ersten ist zu fragen, ob J an einer positiven Feststellung der Verweigerung der Entlastung überhaupt ein Interesse hat oder ob ihm nicht schon mit der **Kassation** des Entlastungsbeschlusses **ausreichend** gedient ist. Wie gesehen, kann ein Entlastungsbeschluss bestimmte negative Folgen für die GmbH zeitigen (Präklusionswirkung). Das gilt freilich nicht von einem – z. B. nach erfolgreicher Anfechtungsklage – nichtigen Beschluss. Insoweit hat J nach der Kassation des Beschlusses keine unmittelbaren Rechtsnachteile für sich oder für die GmbH zu befürchten. Andererseits kann es ohne eine entsprechende Feststellungsklage dazu kommen, dass eine neue Gesellschafterversammlung einberufen und erneut über die Entlastung abgestimmt wird. J müsste sich in einem solchen Fall stets fristgerecht gegen einen solchen neuerlichen Beschluss wehren. Insoweit kann ihm eine positive Beschlussfeststellungsklage durchaus nützlich sein. Deshalb ist sein Feststellungsinteresse zu bejahen.
b) Das führt zum – im Prinzip schon gelösten – zweiten Problem: Wenn man schon ein Interesse des Gesellschafters an der Verweigerung der Entlastung konstatiert, so ist zu fragen, ob dieses Begehren nicht statt mit der Feststellungsklage mit der (grundsätzlich weiter gehenden) Leistungsklage zu verfolgen ist. Die Abgabe der Stimme in der Gesellschafterversammlung ist nämlich die Abgabe einer Willenserklärung. J kann also H (nicht G, der vom Stimmrecht ausgeschlossen ist) auf Abgabe einer Willenserklärung – Verweigerung der Entlastung für das Geschäftsjahr 2017 – verklagen. Gegen diese Ansicht lassen sich die oben erwähnten pragmatischen Erwägungen anführen. Im Interesse der Prozessökonomie ist die Frage des „richtigen" Stimmverhaltens schon im gegen die Gesellschaft gerichteten Prozess mit zu klären. Damit kann es bei der Feststellungsklage bleiben, die Leistungsklage geht nicht etwa weiter.
3. Dass nur das über die Anfechtungsklage entscheidende Gericht für die Feststellungsklage **zuständig** sein kann, ergibt sich aus dem eben Ausgeführten. Die Feststellungsklage ist nämlich notwendig mit einer Anfechtungsklage zu verbinden, ist also „Annex" zu dieser Klage.

II. Begründetheit

Die Klage ist begründet. Bei zutreffendem Stimmverhalten musste dem Antrag, die Entlastung der Geschäftsführung zu verweigern, zugestimmt werden. Schon das ist – s oben **B.I. 1.** – für die positive Beschlussfeststellungsklage ausreichend.

Denn unter Zugrundelegung des rechtmäßigen Stimmverhaltens von H und unter Berücksichtigung des Ausschlusses des G von der Abstimmung nach § 47 Abs. 4 GmbHG wäre die Entlastung der Geschäftsführung für das Jahr 2017 verweigert worden.

C. Objektive Klagehäufung, § 260 ZPO

Die objektive Klagehäufung ist zulässig.

Gesamtergebnis:

Die Anfechtungsklagen gegen den Entlastungs- und den Weisungsbeschluss versprechen Erfolg. Außerdem wird auch die Klage auf Feststellung der Verweigerung der Entlastung Erfolg haben.

Vertiefungshinweise:
Zur Redezeitbeschränkung in AG:
- BGH, Urt. v. 8. 2. 2010 – II ZR 94/08, NJW 2010, 1604 = ZIP 2010, 575.
Zur Relevanztheorie bei Anfechtung von Beschlüssen:
- *K. Schmidt* in: Scholz, GmbHG, § 45 Rn. 100ff.

Fall 5: Fehltritte in der Geschäftsführung

Die Immoinvest AG mit Sitz in Passau vermietet in mehreren süddeutschen Städten, darunter Passau, „niveauvolle Wohnobjekte", vorzugsweise an zahlungskräftige Jungakademiker.

Seit Anfang 2016 laufen die Geschäfte der AG denkbar schlecht. Vorstandsmitglied Herbert Hisik schläft deshalb weniger gut als gewöhnlich und erleidet aufgrund seines schon fortgeschrittenen Alters öfter Kreislaufzusammenbrüche. Den Rat seines Hausarztes, beruflich kürzer zu treten, ignoriert er konsequent. Als er zusammen mit dem Verkäufer Victor Vimmer dessen „Villa Hambergblick" in Passau besichtigt, welche Hisik für die AG erwerben möchte, gerät er infolge von Übermüdung im Treppenhaus der Villa ins Stolpern. Um nicht zu fallen, hält er sich reflexartig am 70-jährigen Vimmer fest und bringt diesen dadurch ins Straucheln. Vimmer fällt treppabwärts und bricht sich beide Arme. Ihm entstehen dadurch Arzt- und Betreuungskosten i.H.v. € 11.000,–, die er erstattet haben möchte. Außerdem fordert er ein (der Höhe nach angemessenes) Schmerzensgeld von € 3.000,–. Das Geschäft mit der AG möchte er auch nicht mehr abschließen, wodurch der Gesellschaft ein Vorteil von € 100.000,– entgeht.

Der Aufsichtsrat der AG bekommt von der Angelegenheit Kenntnis und beschließt daraufhin, Hisik zu „feuern". Hisik erhält fünf Tage nach dem Unfall ein Einschreiben. Nach dem Inhalt des Schreibens soll Hisik „mit sofortiger Wirkung" von seiner Stellung als Vorstand der Immoinvest AG „freigestellt" sein. Für die Zukunft würden ihm keinerlei Bezüge mehr gezahlt.

1. Der Aufsichtsrat befürchtet, dass nicht (nur) Hisik, sondern die AG Schadensersatzansprüchen des Vimmer ausgesetzt sein könnte. Für diesen Fall möchte der Aufsichtsrat wissen, ob Hisik ggf. in irgendeiner Weise „in Regress" genommen werden kann.
2. Der Aufsichtsrat möchte weiter wissen, ob Hisik gegen die AG in Zukunft Zahlungsansprüche „als Vorstand" wird geltend machen können.

Fertigen Sie ein Gutachten, das zu allen aufgeworfenen Rechtsfragen Stellung nimmt.

Variante 1

Der Aufsichtsrat hat außerdem von folgendem Sachverhalt Kenntnis erhalten: Hisik hat bei Kaufverhandlungen der Immoinvest AG mit einem Hauseigentümer in Passau von einem sehr günstigen Objekt in zentraler Lage erfahren, das ihm gut

https://doi.org/10.1515/9783110526325-006

vermietbar erscheint. Er hat dieses Objekt zum Preis von € 500.000,– selbst erworben, zunächst in der Absicht, sich damit eine Alterssicherung aufzubauen. Später hat Hisik es für € 700.000,– (was dem Marktwert entspricht) an die AG weiterveräußert.

Der Aufsichtsrat fragt, ob Hisik deshalb haftet. (Deliktische Anspruchsgrundlagen sind nicht zu prüfen.)

Variante 2

Die zu je 25% an der Immoinvest AG beteiligten Aktionäre Alf Anselm, Berta Bracht und Carla Coller wollen der Gesellschaft mit Blick auf die dürftige wirtschaftliche Lage weitere Einkommensquellen erschließen. Bei einem informellen Treffen, an dem alle Aktionäre teilnehmen, regen sie gegenüber den alleinvertretungsberechtigten Vorstandsmitgliedern Gustaf Galler und Herbert Hisik an, mit derzeit „brachliegenden" Barmitteln der AG „in kleinerem Rahmen ergänzend" am Kapitalmarkt tätig zu werden. Gerade in Zeiten rückläufiger Kurse könne man dort antizyklisch gute Geschäfte machen.

Galler und Hisik fühlen sich endlich einmal gefordert und beschließen, fortan ein etwas größeres Rad zu drehen. Sie treten in Kontakt mit der Innovative Financial Services Ltd., London (im Folgenden: IFS). CEO ist ein gewisser Bernhard Mardorf. Diese bietet die Aufnahme von Krediten zu überhöhten Zinsen sowie die Ausgabe von Krediten unter Marktniveau an. Dieses Vorgehen finanziert sie, wie Galler und Hisik hinter vorgehaltener Hand erfahren, durch ein „Schneeballsystem", das als solches darauf basiert, dass abgeschlossene Geschäfte nur auf der Basis einer Vielzahl weiterer Geschäfte finanziert werden können.

Galler und Hisik wittern eine Chance. Sie überlassen der IFS immer wieder kurzfristige Kredite i.H.v. mehreren Hunderttausend Euro, deren Bedienung sie durch Bankbürgschaften absichern, und beziehen von der IFS für die AG Kredite unter Marktniveau. Das geht mehrere Monate lang gut. Im Dezember 2004 überweist Galler eine Tranche von € 1 Mio. an die IFS, ohne dass zuvor die geforderte Bankbürgschaft eingetroffen ist. Er verlässt sich auf die Aussage des Geschäftsführers der IFS, man habe die Bürgschaft wie üblich abgeschickt, sie müsse in den nächsten Tagen eintreffen. In Wirklichkeit existiert das Dokument nicht.

Die IFS bricht wenige Tage nach Erhalt der Tranche zusammen, das Geld ist für die Immoinvest AG verloren. Deren Aufsichtsrat tritt daraufhin zusammen und berät über die Frage, ob man Hisik und Galler in die Haftung nehmen solle. Das wird mehrheitlich abgelehnt. Man möchte die Gesellschaft, speziell nach dem Vorgehen gegen Hisik, nicht weiter ins Gerede bringen. Es gehe zudem nicht an, verdiente Geschäftsleiter wegen eines Ausrutschers „in den Schmutz zu ziehen".

Anselm wendet sich an Rechtsanwalt R. Er möchte wissen,

1. ob Hisik und Galler für den Verlust der € 1 Mio. haften. Ansprüche gegen die IFS und deren Organe sind nicht realisierbar. Anselm meint, dass der Vorstand im Grunde schon nicht berechtigt gewesen sei, systematisch Kapitalmarktgeschäfte zu tätigen. Das sehe die Satzung der AG gar nicht vor.
2. ob der Aufsichtsratsbeschluss für die Anteilseigner „bindend" ist und ob rechtliche Schritte gegen den Beschluss unternommen werden sollten. Anselm geht es nur darum, eine etwaige Vorstandshaftung durchzusetzen. Er ist weiter der Ansicht, dass auch eine Haftung des Aufsichtsrats zu erwägen sei. Er fragt, wie diese ggf. realisiert werden könnte.

Gliederung

Lösung von Fall 5

Schwerpunkte: Haftung von Vorstand und Aufsichtsrat; Anfechtung von Aufsichtsratsbeschlüssen

Frage 1: Schadensersatzpflichten

A. Schadensersatzansprüche des V gegen H persönlich

Hinweis: Die Prüfung dieser Ansprüche ist von der Fallfrage gedeckt. Man kann sie aber auch inzident bei den Ansprüchen des V gegen die Gesellschaft mit prüfen.

I. V gegen H auf Zahlung von € 14.000,– aus c.i.c. (§§ 311 Abs. 2 Nr. 2, 280 Abs. 1 BGB)

Voraussetzung eines Anspruchs des V gegen H persönlich ist, dass ein Schuldverhältnis gerade zwischen diesen beiden Personen zustande gekommen ist. H selbst sollte aber nicht Vertragspartner des V werden und wurde damit auch nicht Partei eines vorvertraglichen Schuldverhältnisses. H haftet dementsprechend nicht aus c.i.c.

II. V gegen H auf Zahlung von € 14.000,– aus c.i.c. i.V.m. den Grundsätzen über die Eigenhaftung des Vertreters (§§ 311 Abs. 2 Nr. 2, Abs. 3, 280 Abs. 1 BGB)

Allerdings kommt ausnahmsweise eine Eigenhaftung des H als Vertreter in Betracht. Dass es eine solche Eigenhaftung gibt, ist in § 311 Abs. 3 BGB mittlerweile anerkannt. Diskutiert werden im Wesentlichen zwei Fallgruppen:

1. Eine Eigenhaftung des Vertreters wird zunächst bei **„wirtschaftlichem Eigeninteresse“** vertreten. Dieser Fallgruppe liegt die Überlegung zugrunde, dass mitunter ein nicht unmittelbar am Vertrag Beteiligter starke eigene wirtschaftliche Interessen verfolgt. Wirtschaftlich betrachtet, kann sich daraus eine Situation ergeben, in der er als Vertreter in ähnlicher Weise wie der eigentliche Vertragspartner wirtschaftlich an dem Geschäft teilnimmt. Die Rechtsprechung hat dies zum Anlass genommen, einen solchen Vertreter auch haftungsmäßig auf denselben Stand zu heben wie den Vertragspartner. Ob dies überzeugt, kann hier dahinstehen. H hat allenfalls ein mittelbares

Interesse an dem Geschäft zwischen V und der AG, etwa in dem Sinne, dass die AG ihm wirtschaftlich als Arbeitgeber erhalten bleibe. Das wird einhellig als nicht ausreichend erkannt.

2. Auch die zweite Fallgruppe, die **Inanspruchnahme besonderen Vertrauens,** passt hier nicht. H nimmt solches Vertrauen in keiner Weise für sich in Anspruch. Er haftet also nicht nach §§ 311 Abs. 2 Nr. 2, Abs. 3, 280 Abs. 1 BGB.

Hinweis: Die Haftung des Vorstands aus c.i.c. ist nach ständiger Rechtsprechung nur in besonders gelagerten Ausnahmefällen gegeben, vgl. z. B. Altmeppen in: Managerhaftungshandbuch, 2. Aufl. 2010, § 7 S. 184 ff.

III. V gegen H auf Zahlung von € 14.000,– aus § 823 Abs. 1 BGB

1. V ist an seinem Körper verletzt worden.
2. Die Frage ist, ob sich dies auf eine **kausale Handlung** des H zurückführen lässt. Dass sich V an H festklammerte, ist möglicherweise nicht als Handlung im Rechtssinne, sondern als bloßer Reflex zu werten. Ein solcher Reflex ist kein vom menschlichen Willen beherrschtes oder beherrschbares Halten, mithin keine Handlung im Rechtssinne. Auch wenn man das im hier zu begutachtenden Fall annimmt, ist aber der Verletzungserfolg auf ein Verhalten des H zurückzuführen. Richtiger Anknüpfungspunkt ist sein vorgelagertes Handeln: Das Stolpern ist zwar an sich nicht willensgesteuert, aber vom Bewusstsein und Willen beherrsch*bar*. Dass H ins Stolpern geriet, ist nicht hinwegzudenken, ohne dass der Verletzungserfolg bei V entfiele. Mithin war das Stolpern des H eine kausale Handlung.
3. Den Kausalitätsgrundsätzen sind, um uferlose „Rückrechnungen“ zu vermeiden, **Zurechenbarkeitserwägungen** an die Seite zu stellen. Eine erste Stufe im Rahmen der Zurechenbarkeit ist die **Adäquanz.** Es ist nach allgemeiner Lebenserfahrung vorhersehbar, dass Stolpern im Treppenhaus zum Sturz und zu Verletzungen sonstiger im Treppenhaus befindlicher Personen führen kann. Dass H stolperte, war daher ohne Weiteres adäquat kausal in diesem Sinne.
   Man kann hier allerdings annehmen, dass das Stolpern nur „mittelbar“ den Verletzungserfolg herbeigeführt hat. Für solche Fälle nur mittelbarer Herbeiführung eines Erfolgs wird vorgeschlagen, die Verletzung einer **Verkehrssicherungspflicht** als zusätzliche Voraussetzung zu prüfen. Wegen seines gefährdenden Verhaltens, nämlich der Ausübung des Vorstandsamtes unter ärztlich festgestellten Kreislaufproblemen, war H hier in diesem Sinne verkehrssicherungspflichtig.

4. H hat auch rechtswidrig gehandelt.
5. H handelte **fahrlässig**, § 276 BGB. Er ließ die erforderliche Sorgfalt beim Treppensteigen in übermüdetem Zustand vermissen. Da er schon öfter Kreislaufprobleme hatte und auch sein Arzt ihm anriet, beruflich kürzer zu treten, hätte er auch gewarnt sein müssen. Sonstige, für H nicht erkennbare Ursachen seines Stolperns sind im Sachverhalt nicht zu ersehen.
6. V hat vermögensmäßige Einbußen in der geltend gemachten Höhe (€ 11.000,–) zu verzeichnen, §§ 249 ff. BGB. Insbesondere steht ihm nach § 253 Abs. 2 BGB ein angemessenes Schmerzensgeld (€ 3.000,-) zu.
7. Ergebnis: H schuldet V Schadensersatz nach § 823 Abs. 1 BGB.

IV. V gegen H auf Zahlung von € 14.000,– aus § 823 Abs. 2 BGB i.V.m. § 229 StGB

Auch dieser Anspruch besteht in der geltend gemachten Höhe.

B. Schadensersatzansprüche des V gegen die I-AG

I. V gegen die I-AG auf Zahlung von € 14.000,– aus c.i.c. (§§ 280 Abs. 1 , 311 Abs. 2 Nr. 2 BGB)

1. Zwischen V und der AG bestand ein Schuldverhältnis durch Anbahnung eines Vertrags, möglicherweise auch schon durch Führen von Vertragsverhandlungen, § 311 Abs. 2 Nr. 2 bzw. Nr. 1 BGB.
2. Die AG selbst hat keine Pflicht aus diesem Schuldverhältnis verletzt i.S.v. § 280 Abs. 1 BGB. Ihr ist aber das Verhalten des H zurechenbar. H ist nämlich gesetzlicher Vertreter der AG, § 31 BGB[45], 76 ff. AktG.
3. Die Zurechnung gilt auch hinsichtlich des erforderlichen Verschuldens.
4. Zum Schaden des V ist das Notwendige bereits gesagt, §§ 249 ff. BGB.
5. Ergebnis: Die AG haftet V folglich i.H.v. € 14.000,–.

45 § 278 BGB wird für das Handeln von Gesellschaftsorganen von § 31 BGB verdrängt, vgl. *Grundmann* in: MüKo BGB, 7. Aufl. 2016, § 278 Rn. 10.

II. V gegen die I-AG auf Zahlung von € 14.000,– aus § 823 Abs. 1 BGB

Wie oben gesehen, hat sich H gegenüber V schadensersatzpflichtig nach § 823 Abs. 1 BGB gemacht. Da H als Organ der AG aufgetreten ist, erstreckt sich die Haftung des H in vollem Umfang auf die Gesellschaft, § 31 BGB.[46] Deshalb besteht ein Anspruch des V auch gegen die I-AG.

III. V gegen die I-AG auf Zahlung von € 14.000,– aus § 823 Abs. 2 BGB i.V.m. § 229 StGB

Auch dieser Anspruch des V besteht kraft Haftungserstreckung auf die AG gemäß § 31 BGB.

IV. V gegen die I-AG auf Zahlung von € 14.000,– aus § 831 Abs. 1 S. 1 BGB

H ist kein Verrichtungsgehilfe der AG, da er – s. § 76 AktG – nicht „weisungsgebunden“, in einem sozialem Abhängigkeitsverhältnis zur AG stehend, tätig ist.

C. „Regressansprüche“ der AG gegen H

I. I-AG gegen H auf Zahlung von € 114.000,– aus § 93 Abs. 2 S. 1 AktG

1. H müsste als Vorstandsmitglied eine **Pflicht verletzt** haben, nämlich seine Pflicht zu ordnungsgemäßer Geschäftsführung, d. h. generell zu sorgfältigem Verhalten als Geschäftsführer der AG. Indem H sein Vorstandsamt trotz mehrfacher Kreislaufzusammenbrüche und entgegen des Rates seines Arztes, beruflich kürzer zu treten, ausübte, handelte er entgegen der verkehrsüblichen Sorgfalt und verstieß somit gegen die Pflicht zur ordnungsgemäßen Geschäftsführung. Etwas anderes ergibt sich auch nicht aus § 93 Abs. 1 S. 2 AktG (sog. **Business Judgement Rule**), da es hier nicht um eine unternehmerische Unterscheidung ging.

Hinweis: Gem. § 93 Abs. 1 S. 2 AktG liegt keine Pflichtverletzung vor, wenn der Vorstand bei einer unternehmerischen Entscheidung (1) vernünftigerweise annehmen durfte (2), auf der

46 Zur Haftungserstreckung und Zurechnung bei § 31 BGB, siehe *Offenloch* in: BeckOGK BGB, Stand 15.4.2017, § 31 Rn. 133.

Grundlage angemessener Information (3) zum Wohle der Gesellschaft zu handeln (4). Von besonderer Bedeutung ist dabei v.a. das Merkmal „unternehmerische Entscheidung“: Gemeint sind hiermit Ermessensentscheidungen, im Gegensatz zu gebundenen Entscheidungen, wie bspw. die Einhaltung der Gesetze (sog. **Legalitätspflicht**). Vgl. zum Ganzen Altmeppen ZIP 2016, 97 (Dieselgate).

2. Er hat diese Pflicht **schuldhaft** verletzt, was gem. § 93 Abs. 2 S. 2 AktG vermutet wird.[47]
3. Die Schadenshöhe errechnet sich nach §§ 249 ff. BGB.
   Die € 14.000,– erklären sich aus der Zahlungspflicht der AG gegenüber V aufgrund der Schädigung des V durch H, § 249 Abs. 2 BGB. Soweit die I-AG noch nicht gezahlt hat, kann sie stattdessen Freistellung verlangen.
   Die restlichen € 100.000,– sind entgangener Gewinn i.S.v. § 252 BGB, den die Gesellschaft dadurch erlitten hat, dass V nunmehr das Geschäft nicht mehr abschließen möchte. Die Reaktion des V ist auch nicht so fernliegend, dass die Kausalität der Handlung des H bzw. seiner Rechtsgutsverletzung für den Eintritt des Schadens in Zweifel zu ziehen wäre.

II. I-AG gegen H auf Zahlung von € 114.000,– wegen Pflichtverletzung aus dem Anstellungsvertrag (§§ 280 Abs. 1, 675, 611 BGB)

Neben § 93 AktG besteht kein solcher eigenständiger Anspruch. Die Innenhaftung des Vorstands ist in dieser Norm abschließend geregelt.[48]

III. I-AG gegen H auf Zahlung von € 114.000,– aus § 426 Abs. 1 BGB

Die AG und H sind mangels „Gleichstufigkeit“ der Schuld keine Gesamtschuldner. Eine Gesamtschuld setzt voraus, dass ein wechselseitiger Regress möglich ist. Es darf nicht einer der Schuldner im Innenverhältnis die Schuld *allein* zu tragen haben. Das ist hier aber der Fall. Letztlich setzt H den alleinigen, maßgeblichen Verursachungsbeitrag, die AG muss nur kraft Zurechnung mithaften. H muss deshalb im Innenverhältnis zur AG ausschließlich haften. Ein Anspruch aus § 426 Abs. 1 BGB besteht, wie § 93 Abs. 2 AktG zeigt, nicht.

---

47 Zur Reichweite der Beweislastumkehr, vgl. *Spindler* in: MüKo AktG, 4. Aufl. 2016, § 93 Rn. 176 f.

48 A.A. mit Verweis auf die Trennung von Organstellung und Anstellungsvertrag, siehe *Koch* in: Hüffer/Koch, AktG, 12. Aufl. 2016, § 93 Rn. 36.

Frage 2: Ansprüche des H gegen die I-AG auf Zahlung der Vorstandsvergütung

I. Ansprüche aus dem Anstellungsvertrag, §§ 675, 611 BGB

H hat mit der I-AG, so ist anzunehmen, einen **Anstellungsvertrag** – es handelt sich um einen Dienstvertrag mit Geschäftsbesorgungscharakter – abgeschlossen. Dieser ist aber möglicherweise **durch Kündigung aufgelöst.**

1. Das setzt zunächst eine **Kündigungserklärung** seitens der AG voraus. Insoweit muss zwischen einer Erklärung, die sich auf die Kündigung des Anstellungsvertrags und einer solchen, die sich auf die Kündigung der Organstellung bezieht – diese grundlegende Unterscheidung ist in § 84 AktG vorausgesetzt – unterschieden werden. Die **Auslegung** der Kündigungserklärung der AG nach §§ 133, 157 BGB ergibt hier, dass das Ende der Rechtsbeziehung jedenfalls auch den Anstellungsvertrag betreffen soll. Die Erklärung ist mithin als Kündigung des Anstellungsvertrags zu verstehen.
2. Diese Erklärung müsste auch **für die AG wirken**, §§ 164 ff. BGB. Eine Willenserklärung des Aufsichtsrats, der hier namens der AG handelte (§ 164 Abs. 1 S. 2 BGB), setzt einen ordnungsgemäßen Beschluss desselben voraus. Daran bestehen hier keine Zweifel. Der Aufsichtsrat hat insoweit auch Vertretungsmacht gegenüber H gehabt, § 112 AktG. H ist die Erklärung auch zugegangen, § 130 BGB.
3. Die Kündigung wahrte die erforderliche Schriftform, § 623 BGB.
4. Zu fragen ist schließlich noch nach einem **Kündigungsgrund.**

a) Besonderheiten der Prüfung in Hinblick auf das Arbeitsrecht – etwa die Anwendung des KSchG – ergeben sich nicht, da der Vorstand kein Arbeitnehmer der AG ist.

b) § 84 Abs. 3 S. 1 AktG betrifft nur die Organstellung, nicht aber den Anstellungsvertrag, ist also nicht einschlägig.

c) Die richtigen Maßgaben ergeben sich aus § 84 Abs. 3 S. 5 AktG i.V.m. § 626 BGB: Es ist zu fragen, ob der AG unter Berücksichtigung aller Umstände und bei einer Interessenabwägung die **Fortsetzung des Anstellungsverhältnisses** bis zum Ablauf der Anstellungszeit **unzumutbar** ist. Einerseits sind in diesem Sinne die recht weitreichenden finanziellen Folgen des Unfalls zu bedenken. Andererseits ist in Rechnung zu stellen, dass es sich um ein geringfügiges Versehen und nicht um eine grobe Pflichtverletzung des H handelte. Ihm fällt nur leichte Fahrlässigkeit zur Last, die nicht zu einer Erschütterung der Vertrauensbasis zwischen AG und Vorstand führen kann. Zudem befand sich H gerade berufsbedingt in einer Ausnahmesituation.

Insgesamt liegt damit kein wichtiger Grund für eine Kündigung vor. Die Kündigung ist mithin als außerordentliche unwirksam.

d) Sie kann auch nicht in eine **ordentliche Kündigung umgedeutet** werden, § 140 BGB. Der Anstellungsvertrag des Vorstands ist auf die Dauer seiner Bestellung bezogen, diese ist zeitlich fixiert und der Anstellungsvertrag damit nicht ordentlich kündbar.

Hinweis: Gem. § 84 Abs. 1 S. 1 AktG wird der Vorstand auf höchstens fünf Jahre bestellt. Der Geschäftsführer einer GmbH kann dagegen zeitlich unbefristet bestellt werden.

5. Der Anstellungsvertrag ist mithin wirksam, die AG wird weiterhin Forderungen des H ausgesetzt sein.
6. Zu denken ist allenfalls an zukünftige **Einwendungen** der AG. Allerdings wird sich die AG nach dem bisherigen Verlauf wohl nicht auf § 326 Abs. 1 S. 1 BGB berufen können, wenn H nicht mehr als Vorstand arbeitet. Durch die (konkludente) Ablehnung der Arbeitskraft des H gerät die AG nämlich in Annahmeverzug, §§ 293 ff. BGB. Denn für die zur Verfügungstellung des Arbeitsplatzes des Vorstands seitens der AG ist – in Anlehnung an die Rechtsprechung der Arbeitsgerichte – eine Zeit nach dem Kalender bestimmt, § 296 BGB. H kann zudem seine Arbeitskraft wörtlich anbieten, § 295 BGB. Dann gilt § 326 Abs. 2 S. 1 Var. 2 BGB.

II. Ergebnis: H kann von der AG Fortzahlung seiner Bezüge bis ans Ende seiner Anstellungsdauer fordern.

Hinweis: Ob die Abberufung des H von seiner Organstellung als Vorstand wirksam war (vgl. dazu § 84 Abs. 3 S. 4 AktG), braucht nach der Fallfrage nicht entschieden zu werden. Zwar fragt der Aufsichtsrat, ob H „als Vorstand" noch Ansprüche geltend machen kann. Aus der Organstellung als solcher folgen aber keine Ansprüche.

Ergebnis zum Grundfall (Fragen 1 und 2)

Die AG haftet dem V neben H. Die AG kann, sollte sie in Anspruch genommen werden, bei H Regress nehmen. H wird bis zum Ablauf seines Anstellungsvertrags Gehaltsansprüche gegen die AG geltend machen können.

Lösung von Variante 1

I. Anspruch der AG gegen H auf Zahlung von € 200.000,– aus § 88 Abs. 2 S. 1 AktG

H könnte gegen **§ 88 Abs. 1 S. 1 AktG** verstoßen haben. H hat durch den Erwerb des Grundstücks im Geschäftszweig der Gesellschaft im umgangssprachlichen Sinne ein Geschäft getätigt. Schon nach dem Wortlaut des Gesetzes ist nicht ganz eindeutig, ob auch ein einzelnes Geschäft ausreichend ist für einen Verstoß oder ob nur „Geschäfte", also mehrere Geschäfte, verboten sind. Der systematische Vergleich innerhalb des Abs. 1 des § 88 AktG deutet an, dass es stets um eine Tätigkeit von einer gewissen Kontinuität gehen muss: Sowohl das Führen eines Handelsgewerbes, als auch eine Tätigkeit i.S.v. § 88 Abs. 1 S. 2 AktG sind nicht nur punktuell. Entscheidend für die Frage der Auslegung des Begriffs „Geschäft" aus § 88 Abs. 1 S. 1 AktG ist der Schutzzweck der Norm: Die Vorschrift dient dem Schutz der Gesellschaft vor Wettbewerbshandlungen und vor dem anderweitigen Einsatz der Arbeitskraft durch das Vorstandsmitglied.[49] Weder von einem echten Wettbewerb, noch von einem schädlichen (weil längerfristigen) anderweitigen Arbeitskrafteinsatz kann im Falle eines einmaligen, auf private Zwecke gerichteten Erwerbs eines Anlageobjekts durch H die Rede sein. H wurde nicht mit dem allgemeinen Ziel der Gewinnerzielung tätig, sondern wollte sich ein privates, der Alterssicherung dienendes Anlageobjekt kaufen. § 88 Abs. 1 S. 1 AktG ist daher nicht verletzt.

II. Anspruch der AG gegen H auf Zahlung von € 200.000,– aus § 93 Abs. 2 AktG

1. Erste Voraussetzung einer Haftung des H ist eine **Pflichtverletzung** des H.
a) Möglicherweise hat H seine aus der Organstellung resultierende Pflicht zu ordnungsgemäßer Geschäftsführung, eine „**Treuepflicht**", verletzt: Der Kauf des Hauses, d. h. die Wahrnehmung einer Geschäftschance im eigenen, privaten Interesse statt im Interesse der Gesellschaft könnte gegen die allgemeine **Loyalitätspflicht** eines Vorstands verstoßen haben.

Hinsichtlich der Reichweite der (Loyalitäts-)Pflichten des Vorstands ist abzuwägen: Einerseits muss es dem Vorstand noch möglich sein, sich als Privat-

49 BGH, Urt. v. 17.2.1997 – II ZR 278/95, NJW 1997, 2055 (2056) m.w.N.

mann in ausreichendem Maße wirtschaftlich zu betätigen. Insbesondere die Alterssicherung ist ein berechtigtes Anliegen. Andererseits kann es angesichts des eingeschränkten Betätigungsfelds der Gesellschaft überhaupt nur in engen Grenzen zu Interessenkollisionen zwischen Vorstand und Gesellschaft kommen. Zudem erhält der Vorstand für die Betätigung gerade im Interesse der Gesellschaft seine Vergütung. Es ist primärer Inhalt seiner Pflichten als Geschäftsführungsorgan, Chancen der Gesellschaft (**corporate opportunities**) wahrzunehmen. Hinzu kommt im konkreten Fall, dass H auch noch im Rahmen seiner beruflichen Betätigung Kenntnis von der Erwerbsmöglichkeit erhielt. Das spricht dafür, grundsätzlich anzunehmen, dass H die Chance in jedem Falle für die Gesellschaft wahrnehmen musste.

b) Etwas Gegenteiliges lässt sich auch nicht im **Umkehrschluss** aus dem oben **zu § 88 Abs. 1 S. 1 AktG** Ermittelten herleiten. Dass es sich nicht um einen Wettbewerbsverstoß handelte, das Geschäft also nicht i.S.v. § 88 AktG verboten war, macht es noch nicht zu einem erlaubten Geschäft. Das Wettbewerbsverbot behandelt nur einen Ausschnitt aus dem Pflichtenprogramm des Vorstands und hat einen anderen Fokus als die allgemeine Frage danach, ob der Vorstand pflichtwidrig gehandelt hat.

Ob im konkreten Fall wirklich von einer Pflichtverletzung auszugehen ist, kann anhand der Sachverhaltsangaben jedoch kaum abschließend beurteilt werden. Die Gesellschaft müsste zum Zeitpunkt des Erwerbs durch H zumindest den Bedarf und die (finanzielle) Möglichkeit zum Erwerb gehabt haben. Ließe sich das ausschließen, würde es an einer Pflichtverletzung fehlen. Geht man aber von einer solchen Verletzung aus, so änderte es jedenfalls nichts, dass H das Grundstück später noch an die Gesellschaft veräußert hat. Das ist eine Frage des Schadens. Für eine Pflichtverletzung spricht der Umstand, dass die im Sachverhalt angedeuteten Kaufverhandlungen sich schon auf das konkrete Objekt bezogen haben könnten.

c) Schließlich ändert auch § 93 Abs. 1 S. 2 AktG (sog. **Business Judgement Rule**) nichts an diesem Ergebnis. Weder liegt hier eine unternehmerische Entscheidung vor, noch trifft H die Entscheidung zum Wohle der Gesellschaft – genau das Gegenteil ist der Fall.

2. H hat, legt man eine Pflichtverletzung zugrunde, auch **schuldhaft** gehandelt (§ 276 BGB), er hat nämlich vorsätzlich darauf verzichtet, im Sinne der Gesellschaft tätig zu werden.
3. Das müsste zu einem **Schaden** geführt haben. Zu vergleichen ist insoweit nach den §§ 249 ff. BGB die tatsächliche Vermögenslage der Gesellschaft mit derjenigen, die eingetreten wäre, wenn H ordnungsgemäß gehandelt hätte. Geht man davon aus, dass H das Grundstück für die Gesellschaft erwerben

musste (dazu oben 1. b. a.E.), so hätte die Gesellschaft an dem Geschäft € 200.000,– verdient. Insoweit besteht ein Schaden.

4. Ergebnis: Der Anspruch ist, vorbehaltlich der Sachverhaltsungewissheit (1.b. a.E.), gegeben.

Lösung von Variante 2

Frage 1: Anspruch der AG gegen G und H

I. AG gegen G und H auf Zahlung von € 1 Mio. aus § 93 Abs. 2 S. 1 AktG

1. Dieser Anspruch setzt zunächst eine **Pflichtverletzung** seitens G und H voraus. Den Vorstand einer AG trifft nicht nur ein **Geschäftsführungs- und Leitungsrecht**, sondern auch die **Pflicht** hierzu aus der Organstellung. G und H könnten ihre Pflicht zu ordnungsgemäßer Geschäftsführung verletzt haben.

a) Es kommt zunächst ein **Verstoß gegen die Satzung** der AG in Betracht (sog. faktische Satzungsänderung). Durch das Tätigwerden am Kapitalmarkt könnten G und H gegen den Unternehmensgegenstand der AG (§ 23 Abs. 3 Nr. 2 AktG) verstoßen haben. Investments am Kapitalmarkt sind in der Satzung der AG nämlich nicht vorgesehen. Die Satzung ist auch nicht etwa konkludent durch einen Beschluss der Gesellschafter geändert worden, als die Gesellschafter bei den Geschäftsführern eine Tätigkeit am Kapitalmarkt anregten. Es handelte sich bei dem Treffen nicht um eine Hauptversammlung, auch die sonstigen Erfordernisse einer Satzungsänderung (§ 179 AktG) sind damals nicht erfüllt worden.

Auch wenn der Unternehmensgegenstand der AG dies nicht ausdrücklich vorsah, so waren gleichwohl Kapitalmarktgeschäfte des G und H in kleinerem Rahmen als **Hilfsgeschäfte** möglich, so wie generell die Anlage flüssiger Gelder auch ohne ausdrückliche Berechtigung zulässig ist. Es handelt sich insoweit um bloße Hilfsgeschäfte, die nicht auf die Verfolgung eines eigenen Geschäftszwecks zielen, sondern die satzungsmäßige Kerntätigkeit der AG sinnvoll unterstützen. Ein Verstoß ergab sich allerdings daraus, dass G und H über solche Hilfsgeschäfte weit hinausgingen. Sie betrieben systematisch und in größerem finanziellem Umfang Geschäfte am Kapitalmarkt. Sie eröffneten damit ein **eigenes Geschäftsfeld** der AG, das vom Unternehmensgegenstand gedeckt sein musste. Da es dies nicht war, verstießen G und H gegen die Satzung.

b) Eine Pflichtverletzung ergibt sich darüber hinaus noch aus der **Art der getätigten Geschäfte.** Zwar kommt dem Vorstand grundsätzlich ein weites

Leitungsermessen bei der Geschäftsführung zu. Ein gewisser Handlungsspielraum ist nämlich schlechthin Voraussetzung für ein unternehmerisches Handeln. Diesen Handlungsspielraum überschritten G und H jedoch durch den Anschluss an ein Schneeballsystem. Ein solches System hat per se einen betrügerischen Hintergrund und ist nicht auf dauerhaftes, seriöses Funktionieren ausgerichtet. Selbst durch eine „wasserdichte" Sicherung dieser Geschäfte wäre eine Pflichtverletzung nicht vermieden worden (sondern nur ein Schaden). Hinzu kommt hier, dass G und H auch noch die von ihnen vorgesehenen Sicherungen vernachlässigten. Auch aus § 93 Abs. 1 S. 2 AktG ergibt sich nichts anderes. Zwar war die Anlageentscheidung eine unternehmerische Entscheidung. G und H konnten aber aus den dargestellten Gründen nicht davon ausgehen, zum Wohle der Gesellschaft zu handeln.

5. G und H haben auch (mindestens) **fahrlässig** gehandelt, § 93 Abs. 2 S. 2, Abs. 1 S. 1 AktG. Es war schon keine sorgfältige Entscheidung, an einem Schneeballsystem teilzunehmen. Zudem verließen sich G und H fahrlässig auf das Wort eines der Geschäftsführer der Ltd.
6. Dadurch ist der AG ein **Schaden** von € 1 Mio. entstanden, §§ 249 ff. BGB. Ersatzansprüche gegen die Ltd. bzw. gegen deren Organe mögen rechtlich vorhanden sein, sind aber nicht werthaltig. Schon deshalb ist keine Neutralisierung des Schadens der AG unter Hinweis auf diese Ansprüche denkbar.
7. Die Ansprüche der AG sind auch nicht **durch** den späteren **Aufsichtsratsbeschluss erloschen.** Zwar vertritt der Aufsichtsrat die AG gegenüber dem Vorstand nach § 112 AktG. Es handelte sich bei dem Aufsichtsratsbeschluss aber nur um eine Entscheidung über die Geltendmachung, nicht über den Verzicht betreffend den Schadensersatzanspruch. Der Aufsichtsrat hat im Übrigen auch gar keine Kompetenz zu einem solchen Verzicht. Vielmehr gilt insoweit § 93 Abs. 4 S. 2, S. 3 AktG.
8. Auch ein **Ausschluss** der Schadensersatzverpflichtung des Vorstands **wegen § 93 Abs. 4 S. 1 AktG** scheidet aus. Es fehlt schon an einem Beschluss der Hauptversammlung. Die Anregungen der Aktionäre ersetzten keinen solchen Beschluss. Im Übrigen gingen H und G auch über die Vorgaben der Aktionäre weit hinaus.
9. Ergebnis: Demnach haften G und H aus § 93 Abs. 2 AktG gesamtschuldnerisch auf Zahlung von € 1 Mio.

II. I-AG gegen G und H auf Zahlung von € 1 Mio. aus § 280 Abs. 1 BGB wegen Verletzung von Pflichten aus dem Anstellungsvertrag

Ein solcher Anspruch kommt wegen der abschließenden Regelung in § 93 AktG nicht in Betracht.[50]

III. I-AG gegen G und H auf Zahlung von € 1 Mio. aus § 823 Abs. 2 BGB i.V.m. § 266 Abs. 1 Var. 1 StGB

1. § 266 StGB ist ein Schutzgesetz im Sinne des § 823 Abs. 2 BGB, da es den Individualschutz des betroffenen Vermögenseigners bezweckt.
2. Zu fragen ist als nächstes, ob die Voraussetzungen des § 266 Abs. 1 Var. 1 StGB erfüllt sind. Der Vorstand hat die Befugnis über fremdes Vermögen zu verfügen i.S.e. Vermögensbetreuungspflicht. G und H haben ihre Pflicht auch missbraucht, sie haben nämlich innerhalb ihres rechtlichen Könnens gehandelt, dabei aber ihre Pflichten (das Dürfen) verletzt. Dadurch ist der AG ein Nachteil, also ein Schaden, entstanden. Die Verletzung ihrer Pflichten und die Möglichkeit eines Schadenseintritts wurden von G und H, so darf lebensnah angenommen werden, erkannt und billigend in Kauf genommen.
3. Ein entsprechender Schaden der AG ist entstanden, §§ 249 ff. BGB.
4. Ergebnis: G und H haften auch nach diesen Vorschriften.

Frage 2: Aufsichtsratsbeschluss; Haftung des Aufsichtsrats

I. Bindungskraft des Beschlusses / rechtliche Schritte

1. Was die Bindungskraft des Aufsichtsratsbeschlusses angeht, so ist das Notwendige bereits gesagt. Für die Geltendmachung von Schadensersatzansprüchen ist der Aufsichtsrat zuständig, § 112 AktG. Der Aufsichtsrat beschließt also, ob Ansprüche geltend gemacht werden. Materiell-rechtlich hat das keine Auswirkungen. Insoweit ist nicht von einer Bindungswirkung seiner Beschlüsse auszugehen.
2. Auch wenn dem Beschluss des Aufsichtsrats keine Bindungswirkung zukommt, ist es möglicherweise dennoch sinnvoll, gegen ihn gerichtlich vorzugehen, um einerseits einen rechtwidrigen Beschluss aus der Welt zu

---

50 A.A. *Koch* in: Hüffer/Koch, AktG, 12. Aufl. 2016, § 93 Rn. 36.

schaffen und andererseits den Aufsichtsrat auf diese Weise zu einem rechtmäßigen Vorgehen anzuhalten:

a) Eine **Anfechtungsklage** analog §§ 241 ff. AktG kommt dafür allerdings nicht in Betracht. Schon an einer planwidrigen Lücke im AktG fehlt es. Das Gesetz institutionalisiert (und beschränkt) nur die Anfechtung von Beschlüssen der Hauptversammlung in den §§ 241 ff. AktG. Hintergrund der Regelung ist, dass das Vertrauen der Öffentlichkeit in den Bestand grundlegend wichtiger Beschlüsse gegen Angriffe aus dem großen und „anonymen" Kreis der Aktionäre gesichert werden soll.[51] Vergleichbare Bedeutung kommt Aufsichtsratsbeschlüssen in aller Regel nicht zu.
b) Damit bleibt die Möglichkeit einer **allgemeinen Feststellungsklage** (möglicherweise in Form einer positiven Beschlussfeststellungsklage), § 256 ZPO. Das betreffende, festzustellende Rechtsverhältnis wäre der Aufsichtsratsbeschluss.

Allerdings wird man eine gerichtliche Geltendmachung von Mängeln eines Aufsichtsratsbeschlusses auf die Aufsichtsratsmitglieder beschränken müssen. Das kann man im Umkehrschluss zu § 245 Nr. 5 AktG folgern. Dort ist die Geltendmachung von Mängeln eines Hauptversammlungsbeschlusses durch Vorstand und Aufsichtsrat auf bestimmte Fälle eigener Betroffenheit beschränkt. Die Aktionäre sind aber von einem Beschluss des Aufsichtsrats, Schadensersatzansprüche gegen den Vorstand nicht geltend zu machen, nicht selbst betroffen. Für sie steht der Weg der §§ 147 f. AktG zur Verfügung, wollen sie die Geltendmachung von Ansprüchen erzwingen.

3. Damit ist zugleich zu den **weiteren rechtlichen Möglichkeiten** des A Stellung genommen, die Haftung des Vorstands durchzusetzen: Hierfür steht das **Klageerzwingungsverfahren nach §§ 147 f. AktG** zur Verfügung. Eine actio pro socio ist daneben nicht möglich. Diese Form der Geltendmachung von Sozialansprüchen – überwiegend als Fall der Prozessstandschaft eingeordnet – ist zum einen auf Ansprüche gegen Gesellschafter begrenzt und sollte nicht auf geschäftsführende Organe (die nicht zugleich Gesellschafter sind) ausgedehnt werden. Zudem enthält § 147 AktG restriktive Regelungen, knüpft die Möglichkeit einer Klageerzwingung insbesondere an das Erreichen bestimmter Quoren. Diese würden mit der actio pro socio umgangen.

---

51 Näher BGH, Urt. v. 17.5.1993 – II ZR 89/92, NJW 1993, 2307.

II. Haftung des Aufsichtsrats – Anspruch der AG gegen die Aufsichtsratsmitglieder auf Zahlung von € 1 Mio. aus §§ 116 S. 1, 93 Abs. 2 AktG

1. Der Aufsichtsrat hat die Geltendmachung von Schadensersatzansprüchen gegenüber dem Vorstand abgelehnt und damit möglicherweise eine **Pflicht verletzt.**

a) Besondere gesetzliche Leitlinien, an denen sich der Aufsichtsrat bei seiner Entscheidung über die Geltendmachung von Ersatzansprüchen gegen den Vorstand auszurichten hätte, sind auf den ersten Blick nicht ersichtlich. Man könnte daraus folgern wollen, es stehe im **freien Ermessen** des Überwachungsorgans, ob es solche Ansprüche verfolgen wolle.

b) Eine solche Annahme würde aber die **Funktion des Aufsichtsrats** missdeuten. Es ist die primäre Aufgabe des Aufsichtsrats, die Geschäftsführungstätigkeit des Vorstands im Aktionärsinteresse (und im Interesse der Gläubiger der AG) zu überwachen. Insoweit kommt dem Aufsichtsrat eine Stellung als **Treuhänder** der Gesellschaft in Bezug auf das Gesellschaftsvermögen zu. Seine Aufgabenstellung und die Fremdbindung des Aufsichtsrats führen, wie der BGH in seinem grundlegenden Urteil in der Sache „ARAG/Garmenbeck“[52] ausgeführt hat, dazu, dass der Aufsichtsrat jedenfalls als **verpflichtet** angesehen werden muss, das **Bestehen von Schadensersatzansprüchen** der AG gegen den Vorstand zunächst einmal **zu prüfen.** Bestehen solche Ansprüche – wie hier im Fall schon gesehen –, so folgt aus der Überwachungsaufgabe und aus der Treuhänderstellung des Weiteren die **Pflicht**, aufgrund einer sorgfältigen **Risikoanalyse** abzuschätzen, ob eine (gerichtliche) Geltendmachung zu einem Ausgleich des Schadens der AG führt. Stehen der AG nach dieser Prüfung realisierbare Ansprüche zu, so darf sich der Aufsichtsrat als Treuhänder nur dann *gegen* die **Geltendmachung** entscheiden, wenn er **gewichtige Gründe des Gesellschaftswohls** anführen kann, die denjenigen, die *für* die Verfolgung sprechen mindestens gleich zu gewichten sind. Andernfalls *muss* er die Ansprüche verfolgen.

Von einem solchen Vorgehen ist im Sachverhalt der *Variante 2* nichts ersichtlich geworden. Hier hat sich der Aufsichtsrat lediglich von angeblichen „Verdiensten“ des Vorstands leiten lassen. Er hat damit seinen Pflichten als Aufsichtsrat nicht genügt.

---

52 BGH, Urt. v. 21.04.1997 – II ZR 175/95, NJW 1997, 1926 – ARAG-Garmenbeck.

2. Der Aufsichtsrat hat dabei zumindest **fahrlässig** gehandelt (§ 276 Abs. 2 BGB). Ihm musste bewusst sein, wie eine ordnungsgemäße Prüfung von Ansprüchen auszusehen hat.
3. Fraglich ist, ob der AG ein **Schaden** durch den Aufsichtsratsbeschluss entstanden ist. Solange die Ansprüche gegen den Vorstand nicht erloschen sind, hat die Untätigkeit, so könnte man meinen, nicht zu einer (weiteren) Vermögenseinbuße bei der Gesellschaft geführt.

Eine solche Argumentation würde aber übersehen, dass dem Aufsichtsrat eine *eigene*, von derjenigen des Vorstands zu trennende Pflichtwidrigkeit zur Last fällt. Sie führt dazu, dass ein Anspruch der AG – einstweilen – nicht beigetrieben wird, dass der AG mithin ein konkreter Geldbetrag, der bei ordnungsgemäßem Verhalten des Aufsichtsrats beigetrieben worden wäre, im Gesellschaftsvermögen fehlt. Deshalb haftet der Aufsichtsrat für den daraus entstehenden Schaden, derzeit die im Gesellschaftsvermögen fehlenden € 1 Mio., *neben* dem Vorstand.

Hinweis: Muss der Aufsichtsrat zahlen, so kann er die Abtretung der Ansprüche der AG gegen den Vorstand verlangen, § 255 BGB analog. Auch im Verhältnis des Aufsichtsrats zum Vorstand gilt, dass keine Gesamtschuld besteht, da die Verpflichtungen nicht „gleichstufig" sind. Im Ergebnis muss der Vorstand alleine haften.

III. Geltendmachung

Die Haftung des Aufsichtsrats ist durch den **Vorstand** geltend zu machen, §§ 76 ff. AktG. Das mutet zwar auf den ersten Blick deswegen seltsam an, weil der Haftung des Aufsichtsrats mittelbar ein haftungsbegründendes Verhalten des Vorstands selbst zugrunde liegt. Das führt aber nicht dazu, dass ein anderes Organ der AG – es bliebe auch nur noch die Hauptversammlung – den Anspruch geltend zu machen hätte.

Auch insoweit gilt wieder § 147 AktG, d.h. die Aktionäre können die Geltendmachung des Anspruchs durch den Vorstand ggf. erzwingen.

Gesamtergebnis zur Variante 2

H und G haften für den Verlust der € 1 Mio. Der Aufsichtsratsbeschluss, den Schadensersatz gegen G und H nicht geltend zu machen, ist nicht bindend für die Aktionäre. Sie können die Geltendmachung nach § 147 AktG erzwingen. Der Aufsichtsrat haftet seinerseits, weil er pflichtwidrig von der Geltendmachung der

Ansprüche der AG gegen den Vorstand abgesehen hat. Diese Haftung ist durch den Vorstand durchzusetzen. Es gilt auch insoweit § 147 AktG.

Vertiefungshinweise zur Organhaftung:
- BGH, Urt. v. 21.04.1997- II ZR 175/95, NJW 1997, 1926 – ARAG-Garmenbeck (Verfolgungspflicht; Business Judgement Rule)
- BGH, Urt. v. 20.09.2011 – II ZR 234/09, NZG 2011, 1271 – ISION (Rechtsirrtum)
- BGH, Urt. v. 28.04.2015 – II ZR 63/14, NZG 2015, 792 (Rechtsirrtum)
- BGH, Beschl. v. 06.11.2012 – II ZR 111/12, NZG 2013, 339 – Piech-Sardinienäußerungen (AR-Pflichten)
- BGH, Urt. v. 15.01. 2013 – II ZR 90/11, NZG 2013, 293 (Vorteilsausgleichung)
- LG München I, Urt. v. 10.12.2013 – 5HK O 1387/10, NZG 2014, 345 – Siemens/Neubürger (Compliance-Pflichten)
- LG Düsseldorf, Urt. v. 25.04.2014 – 39 O 36/11, WM 2014, 1293 (Business Judgement Rule)
- BGH, Urt. v. 18.06.2014 – I ZR 242/12, NZG 2014, 991 (Garantenpflicht)
- BGH, Urt. v. 08.07.2014 – II ZR 174/13, NZG 2014, 1058 (HV-Zuständigkeit für Übernahme einer gegen den Vorstand verhängten Geldbuße)
- OLG München, Urt. v. 08.07.2015 – 7 U 3130/14, ZIP 2015, 2473 – ADAC
- BGH, Urt. v. 27.10.2015 – II ZR 296/14, NZG 2016, 264 (Herabsetzung Vorstandsvergütung)

Fall 6: Lebensverlängernde Maßnahmen I

Die Aerospatial AG mit den Gesellschaftern Alf Anselm, Bert Bracht, Carl Coller (letzterer zu 10 % beteiligt) und Ingo Immel (zu 50 % beteiligt) betreibt einen Freizeitpark in Norddeutschland. Vor allem mit dem Geschäftsjahr 2015, in dem Immel in die AG neu eingetreten ist und die Unternehmung durch Umstrukturierungen stark aufgewertet hat, ist man hochzufrieden. Als Immel vorschlägt, der Gesellschaft seinen privaten Porsche Cayenne (Wert: € 50.000,–) als Dienstwagen zum Preis von € 66.000,– zur Verfügung zu stellen, wagt niemand, kleinliche Einwände zu erheben, auch wenn den Vorstandsmitgliedern der verlangte Preis überaus stattlich vorkommt. Der Vorstand erwirbt das Fahrzeug für die AG zum von Immel verlangten Preis.

Die Geschäfte im Jahr 2016 entwickeln sich deutlich schlechter als im Vorjahr. Wegen eines nicht versicherten Brandes in einem Flugsimulator wird das Eigenkapital der AG nahezu vollständig aufgezehrt. Um den Simulator, eine der Hauptattraktionen des Parks, reparieren zu können, benötigt die Gesellschaft dringend Geld. Die Hausbank der AG ist allerdings angesichts der „angespannten Liquiditätssituation" (so die Bank) nicht bereit, einen Kredit zu geben. Daraufhin springt Immel in die Bresche und stellt der Gesellschaft, „bis auf Weiteres" € 200.000,– zur Verfügung, damit vor allem die notwendige Reparatur durchgeführt werden kann. Das Geld soll mit 5 % p.a. verzinst werden.

Coller „leiht" der Gesellschaft „einstweilen" einen Kran im Namen der C-Baumaschinen GmbH, deren Alleingesellschafter und Geschäftsführer Coller ist, für die Reparaturarbeiten. Über die „Leihgebühr" werde man sich später einigen. Der Schaden stellt sich in der Folge als weitaus komplizierter heraus, als zunächst abgesehen. Der Simulator fällt längere Zeit aus, die Zahl der Besucher geht daraufhin stark zurück. Immel, dem es nach einigen Wochen mulmig wird, bittet den Vorstand um sofortige Rückzahlung der Darlehenssumme. Nach der Auszahlung von € 25.000, die noch „flüssig" vorhanden sind, bleibt dem Vorstand wegen Zahlungsunfähigkeit der AG nur mehr, Insolvenz anzumelden.

1. Welche Ansprüche kann der eingesetzte Insolvenzverwalter Victor Völler geltend machen?
2. Kann Coller oder kann ein Dritter von der Gesellschaft den Kran herausverlangen?

https://doi.org/10.1515/9783110526325-007

Gliederung

Lösung zu Fall 6

Schwerpunkte: Kapitalerhaltung; Gesellschafterdarlehen; (eigenkapitalersetzende) Nutzungsüberlassung

Frage 1: Von V geltend zu machende Ansprüche

A. Aerospatial AG gegen I wegen des Porschekaufs

I. Aerospatial AG gegen I auf Zahlung von € 16.000,– aus §§ 57 Abs. 1, Abs. 3, 62 Abs. 1 AktG

1. Der Insolvenzverwalter V hat mit der Eröffnung des Insolvenzverfahrens das Recht, das zur Insolvenzmasse gehörende Vermögen des Schuldners, hier der AG, zu verwalten und über es zu verfügen, § 80 Abs. 1 InsO. Zur Insolvenzmasse gehört das gesamte Vermögen des Schuldners, § 35 Abs. 1 InsO. V kann deshalb alle hier auf der Grundlage des Sachverhalts erörterten Ansprüche – auch wenn dies im Folgenden nicht jedes Mal erneut erwähnt wird – für die AG geltend machen.
2. Der Anspruch aus §§ 57 Abs. 1, 62 Abs. 1 AktG setzt zunächst voraus, dass eine Leistung § 57 Abs. 1 AktG zuwider an den Aktionär I geflossen ist, § 62 Abs. 1 AktG.

a) Das Gesetz knüpft in § 57 Abs. 1 AktG an eine **Rückgewähr von Einlagen** an. Im Fall ist die Zahlung an I im Zusammenhang mit dem Kauf des Porsches von den Parteien nicht ausdrücklich als eine Rückgewähr von Einlagen bezeichnet worden. Jedoch darf bei der wörtlichen Auslegung des Gesetzes nicht stehen geblieben werden. Entscheidend ist das wirtschaftliche Prinzip, das hinter den Normen steht. §§ 62, 57 AktG sind (wie §§ 30, 31 GmbHG) Ausdruck des allgemeinen Kapitalerhaltungsprinzips. Dieses Prinzip ist das Gegenstück zur Haftungsbeschränkung in der Kapitalgesellschaft und besagt, dass das aufgebrachte Kapital in der Folge gegen Zugriffe der Gesellschafter geschützt werden muss. § 57 AktG ist deshalb als **Verbot jedweder (teilweise) gegenwertloser Zahlungen** – im Sinne von: Vermögensausschüttungen – an die Aktionäre von Seiten der Gesellschaft zu lesen.

Hinweis: Unter die verdeckte Vermögensausschüttung fallen z.B. auch die Bestellung von Sicherheiten für die Schuld eines Aktionärs oder der Erlass von Forderungen der Gesellschaft gegen einen Aktionär. Auch überhöhte Gehälter an den Gesellschafter-Vorstand können eine verdeckte Gewinnausschüttung darstellen. Zu prüfen ist stets, ob die Gegenleistung des Ge-

sellschafters einem **sog. Fremd- oder Drittvergleich** standhält, also ob das Geschäft zu diesen Konditionen auch von einem Dritten abgeschlossen worden wäre.
Weiter ist zu beachten, dass §§ 57, 62 AktG weiter gehen als §§ 30, 31 GmbHG, die nur die Ausschüttung des Stammkapitals verbieten, vgl. zum Ganzen Raiser/Veil S. 314ff. m.w.N.

b) Zu fragen ist demnach, ob der Erwerb des Porsches seitens der Gesellschaft vom Aktionär gegen den Grundsatz der Kapitalerhaltung verstieß, ob also Gesellschaftsvermögen ganz oder teilweise ohne Gegenwert an den Aktionär geflossen ist (sog. verdeckte Gewinnausschüttung).

Zu einem **Vermögensabfluss** i.H.v. **€ 66.000,–** aus der Gesellschaft an I ist es gekommen. Allerdings erhielt die Gesellschaft im Gegenzug Eigentum und Besitz an dem Porsche. Bei Umsatzgeschäften mit einem Aktionär ist zu prüfen, ob Leistung und Gegenleistung zueinander in einem angemessenen Verhältnis stehen. Insofern ist somit eine **bilanzielle Betrachtungsweise** maßgeblich. Als Zahlung **ohne Gegenwert** stellt sich die Auszahlung des Kaufpreises folglich nur i.H.v. **€ 16.000,–** dar, da der Kaufpreis den Marktwert des Fahrzeugs (€ 50.000,-) um diesen Betrag überstieg.

c) Wie § 57 Abs. 1 i.V.m. Abs. 3 AktG zeigt, ist nicht lediglich Vermögen der AG in Höhe des Grundkapitals geschützt, auch das über die Grundkapitalziffer hinaus gehende Vermögen der AG ist gebunden. Ein **Gewinnverwendungsbeschluss** lag nicht vor.

3. I schuldet der AG deshalb Rückgewähr der erhaltenen € 16.000,–.

II. Aerospatial AG gegen I auf Zahlung von € 16.000,– aus § 117 Abs. 1 S. 1 AktG

Fraglich ist, ob der Gesellschaft gegen I auch ein Anspruch aus § 117 Abs. 1 S. 1 AktG zusteht. Dazu müsste I vorsätzlich unter Benutzung seines Einflusses auf die Gesellschaft dieser einen Schaden zugefügt haben.

1. Täter i.S.d. § 117 AktG kann grundsätzlich jeder sein. Er muss Einfluss auf die Gesellschaft haben. Hier gründet der Einfluss des I schon auf seinem Aktienbesitz (I besaß 50 % der Anteile), denn als Hauptaktionär kommt ihm eine besondere Stellung innerhalb des Unternehmens zu.
2. Der Täter benutzt seinen Einfluss, wenn er in dem Bewusstsein handelt, dass das Verwaltungsmitglied den Einfluss des Täters kennt und aus diesem Grund auf die Wünsche des Täters eingeht. Da die Norm nur von einem „Benutzen" spricht, wird nicht vorausgesetzt, dass es sich um ein anstößiges, miss-

bräuchliches oder unehrenhaftes Verhalten handelt.[53] I schlug dem Vorstand einen Kaufpreis i.H.v. € 66.000,– vor, in dem Wissen bzw. der Hoffnung, der Vorstand werde ihm (als Hauptaktionär) ggü. keine Einwände erheben. Damit liegt auch eine Benutzung des Einflusses vor (a.A. gut vertretbar).

3. I hat auch vorsätzlich gehandelt.
4. Die Schadenshöhe bemisst sich nach § 249 S. 1 BGB. Der Schaden beläuft sich hier auf € 16.000 ,–.
5. Ergebnis: Der Aerospatial AG steht gegen I ein Schadensersatzanspruch i.H.v. € 16.000,– zu.

III. Aerospatial AG gegen I auf Zahlung von € 16.000,– gem. § 280 Abs. 1 BGB wegen Verletzung einer Pflicht aus dem Gesellschaftsvertrag („Treuepflichtverletzung")

Möglicherweise besteht auch ein Anspruch wegen Verletzung der Treuepflicht. Treuepflichten können nach h.M. zwischen dem Aktionär und der Gesellschaft[54] und auch zwischen den einzelnen Aktionären bestehen.[55] Unter der Treuepflicht versteht man die Verpflichtung der Aktionäre, den Gesellschaftszweck zu fördern und alle Maßnahmen zu unterlassen, die dem Gesellschaftszweck widerstreben. Geht man davon aus, dass eine solche Treuepflicht tatsächlich zwischen Aktionär und AG besteht, so muss man zu dem Ergebnis gelangen, dass der I diese Pflicht verletzt hat, indem er sich von dem Vorstand € 16.000,– ohne Gegenleistung hat auszahlen lassen. Da er auch vorsätzlich handelte (§ 276 BGB) und der AG dadurch auch ein Schaden in dieser Höhe entstanden ist, steht der AG gegen I ein Schadensersatzanspruch zu.

Hinweis: Ob eine „Treuepflicht" zwischen dem Aktionär und seiner AG tatsächlich besteht, ist sehr fraglich. Immerhin konkretisiert § 117 AktG gerade, unter welchen Voraussetzungen eine Einwirkung auf die AG schadensersatzrechtlich Relevanz erlangt. Ein guter Überblick über den Meinungsstreit findet sich bei Bungeroth in: MüKo AktG, 4. Aufl. 2016, vor § 53a Rn. 18ff.

---

53 Vgl. zum Ganzen *Spindler* in: MüKo AktG, 4. Aufl. 2014, § 117 Rn. 10ff.

54 Vgl. dazu *Lutter* ZHR 153 (1989), 446, 452f.

55 BGH, Urt. v. 01.02.1988 – II ZR 75/87, BGHZ 103, 184, 194 = NJW 1988, 1579 (Linotype); BGH, Urt. v. 20.03.1995 – II ZR 205/94, BGHZ 129, 136, 148f. = NJW 1995, 1739 (Girmes).

IV. Aerospatial AG gegen I auf Zahlung von € 16.000,– aus § 823 Abs. 2 BGB i.V.m. § 57 AktG

Ein solcher Anspruch besteht nicht. § 57 AktG ist kein Schutzgesetz zugunsten der AG. Die Rechtsfolgen eines Verstoßes sind vielmehr in § 62 AktG speziell geregelt.

V. Aerospatial AG gegen I auf Zahlung von € 16.000,– aus § 830 Abs. 2 BGB i.V.m. §§ 823 Abs. 2 BGB, 266 Abs. 1 Var. 1 StGB

1. § 266 StGB ist ein Schutzgesetz i.S.d. § 823 Abs. 2 BGB. Es dient dem Schutz des Vermögensinhabers des betroffenen Vermögens.
2. I könnte sich als Anstifter oder Gehilfe an einer Untreuehandlung des Vorstands beteiligt haben. Die Erfüllung aller tatbestandlichen Voraussetzungen der entsprechenden Haupttat durch den Vorstand wird sich jedoch voraussichtlich nicht nachweisen lassen. Dem Vorstand obliegt zwar eine Vermögensbetreuungspflicht i.S.d. § 266 Abs. 1 StGB, da er das Vermögen der AG selbstständig und eigenverantwortlich im Sinne einer Hauptpflicht zu betreuen hat. Er hat auch sein internes Dürfen im Rahmen des externen Könnens überschritten. Dadurch ist der AG auch ein Schaden entstanden. Demgegenüber bejaht der BGH die Verletzung der Vermögensbetreuungspflicht bei Geschäftsleitern einer Kapitalgesellschaft erst dann, wenn eine **„konkrete Existenzgefährdung"** der Gesellschaft vorliegt.[56] Im vorliegenden Fall ist die Existenzgefährdung aber nicht durch die Zuvielzahlung i.H.v. € 16.000,– entstanden. Damit ist § 266 StGB nicht erfüllt.
3. Der Anspruch besteht demnach nicht.

VI. Aerospatial AG gegen I auf Zahlung von € 66.000,– aus § 812 Abs. 1 S. 1 Var. 1 BGB

1. I hat eine Forderung gegen seine Bank aus der Gutschrift von € 66.000,– erlangt. Die Überweisung geht auf eine Leistung der AG zurück.
2. Fraglich ist, ob die Leistung rechtsgrundlos erfolgte. Das wäre nicht der Fall, wenn die AG und I einen wirksamen **Kaufvertrag** geschlossen hätten.

---

56 BGH, Urt. v. 20.7.1999 – 1 StR 668/98, NJW 2000, 154, 155; *Hommelhoff* in: Lutter/Hommelhoff, GmbHG, 19. Aufl. 2016, § 30 Rn. 5 ff.

a) Zunächst könnte der Kaufvertrag wegen Verstoßes gegen § 57 Abs. 1 AktG gemäß **§ 134 BGB nichtig** sein. Dies wird von Teilen der Literatur befürwortet.[57] Dem ist der BGH nun entgegengetreten.[58] Ein Verstoß gegen die aktienrechtlichen Kapitalerhaltungsvorschriften führe weder zur Unwirksamkeit des Verpflichtungsgeschäfts, noch des Verfügungsgeschäfts. Dem ist zuzustimmen. Denn § 134 BGB zeitigt nur dann die Rechtsfolge Nichtigkeit, wenn sich aus dem Gesetz nicht ein anderes ergibt. Dies ist aber bei den Kapitalerhaltungsvorschriften gerade der Fall, da § 62 Abs. 1 AktG die Rückzahlung der verbotenen Leistung anordnet.

Hinweis: Der Streit kann durchaus eine ganz entscheidende Rolle spielen: Erhält bspw. ein Gesellschafter ein Grundstück der Gesellschaft, zahlt aber einen zu geringen Betrag dafür, so kann der Anspruch auf Rückgabe des Grundstücks gem. §§ 57, 62 AktG nur 10 Jahre lang geltend gemacht werden, der Herausgabeanspruch aber auch noch nach (bis zu) 30 Jahren, vgl. § 197 Abs. 1 Nr. 2 BGB. In diesem Fall käme es dann hinsichtlich der §§ 985, 812 BGB entscheidend darauf an, ob die Rechtsgeschäfte nichtig sind, oder nicht.

b) Der Kaufvertrag über den Porsche ist aber mangels wirksamer Vertretung der AG nicht zustande gekommen. Der Vorstand konnte die AG deshalb nicht wirksam gegenüber I vertreten, weil er insoweit seine Vertretungsmacht **evident missbrauchte (§ 242 BGB).** Es wurde nämlich materiell Gewinn der AG verteilt, d. h. ein Betrag aus dem Gesellschaftsvermögen ausgeschüttet, was der Vorstand auch wusste. Hierüber zu befinden ist Sache der Hauptversammlung, nicht des Vorstands, vgl. § 174 Abs. 1 AktG. Zudem stand auch § 53a AktG (das Gleichbehandlungsgebot) dem Vorgehen des Vorstands entgegen. Schon wegen der ausdrücklichen Regelung im Gesetz ist von Evidenz auszugehen. Damit besteht kein Rechtsgrund für das Behaltendürfen des Geldes.

Hinweis: Vertretbar wäre es auch, hier kollusives Handeln des Vorstands und I anzunehmen. Die Rechtsfolge gem. § 138 Abs. 1 BGB wäre aber die gleiche, nämlich Nichtigkeit des Kaufvertrags.

3. I ist damit zur Herausgabe des Guthabens bzw., da eine Herausgabe in natura nicht möglich ist, zu Wertersatz verpflichtet, § 818 Abs. 2 BGB.

57 *Lutter* in: KölnKomm AktG, § 57 Rn. 63, der die Rückabwicklung aber auch über § 62 AktG anstelle des Bereicherungsrechts vornimmt.

58 BGH, Urt. v. 12.03.2013 – II ZR 179/12, BGHZ 196, 312 Rn. 12 = NJW 2013, 1742.

VII. Aerospatial AG gegen I auf Abschluss eines Kaufvertrags über den Porsche zum (angemessenen) Preis von € 50.000,–

Für einen solchen Anspruch fehlt es bereits an einer Anspruchsgrundlage. Aus dem unwirksamen Kaufvertrag (i.V.m. § 242 BGB) kann man keine Kontrahierungspflicht des I herleiten.

B. Aerospatial AG gegen den Vorstand wegen des Porschekaufs

I. Aerospatial AG gegen den Vorstand auf Zahlung von € 16.000,– aus §§ 93 Abs. 2 S. 1, Abs. 1 S. 1, Abs. 3 Nr. 1 AktG

Hinsichtlich der Geltendmachungsbefugnis des Insolvenzverwalters ist wiederum auf § 80 InsO zu verweisen. Wie oben gesehen, hat der Vorstand §§ 57, 62 AktG zuwider gehandelt. Der Vorstand hätte erkennen können und müssen, dass der Porsche zu teuer verkauft wurde und durfte deshalb weder den Vertrag abschließen, noch auf dieser Grundlage Mittel aus der AG an den Gesellschafter ausschütten. Er haftet daher gem. §§ 93 Abs. 2 S. 1, Abs. 1 S. 1, Abs. 3 Nr. 1 AktG.

Hinweis: Fraglich ist allein die Schadenshöhe, §§ 249 ff. BGB. Anzusetzen sein könnte entweder die volle Höhe des ausgeschütteten Betrags, also € 66.000, oder man berücksichtigt, dass die AG im Gegenzug für die ausgeschütteten € 66.000,– einen Porsche – genau: das Eigentum und den Besitz am Porsche – im Wert von € 50.000,– erhielt. Da der AG das Eigentum am Porsche nicht auf der Basis eines wirksamen Vertrags verschafft worden ist, sondern sie zur Herausgabe verpflichtet ist, könnte letzthin der volle Schaden i.H.v. € 66.000,– anzusetzen sein, sofern I den Porsche zurückverlangt. Dann stünde aber der AG ein Anspruch gegen I in Höhe von € 66.000,– auf Rückzahlung des Kaufpreises zu, so dass im Falle einer Rückabwicklung nach Bereicherungsrecht kein Schaden entsteht. Ein Schaden liegt somit nur dann vor, wenn es nicht zu einer bereicherungsrechtlichen Rückabwicklung kommt. Er liegt dann aber nur in Höhe von € 16.000,– vor.

II. Aerospatial AG gegen den Vorstand auf Zahlung von € 16.000,– aus § 280 Abs. 1 BGB

Bei § 93 AktG handelt es sich um eine abschließende Regelung. Daneben kommen Ansprüche aus der Verletzung des Anstellungsvertrags nicht in Betracht.

III. Aerospatial AG gegen den Vorstand auf Zahlung von € 16.000,– aus § 117 Abs. 2 S. 1 AktG

Da neben I auch der Vorstand bei dem Kaufvertrag seine Pflichten verletzt hat, haftet er gemäß § 117 Abs. 2 S. 1 AktG.

IV. Aerospatial AG gegen den Vorstand auf Zahlung von € 16.000,– aus § 823 Abs. 2 BGB i.V.m. § 266 Abs. 1 Var. 1 StGB

Mangels Erfüllung des Untreuetatbestands (s. oben) besteht dieser Anspruch nicht.

C. Aerospatial AG gegen I wegen der Darlehensrückzahlung

I. Aerospatial AG gegen I auf Zahlung von € 25.000,– aus § 143 Abs. 1 S. 1 InsO i.V.m. § 135 Abs. 1 Nr. 2 InsO

Möglicherweise hat die AG gegen I einen Anspruch auf Zahlung der € 25.000,– gem. § 143 Abs. 1 S. 1 InsO i.V.m. § 135 Abs. 1 Nr. 2 InsO. Dazu müsste es sich bei der Rückzahlung der Darlehenssumme um eine anfechtbare Rechtshandlung handeln (1.) und die Darlehenssumme innerhalb der Jahresfrist aus § 135 Abs. 1 Nr. 2 InsO von der AG zurückgezahlt worden sein (2.).

1. Zunächst müsste ein **Gesellschafterdarlehen i.S.d. § 39 Abs. 1 Nr. 5 InsO** vorliegen. I hat als Gesellschafter der Aerospatial AG ein Darlehen i.H.v. € 200.000,– gegeben. Ein Gesellschafterdarlehen liegt somit vor.

Hinweis: Das Anfechtungsrecht des Insolvenzverwalters besteht auch bei Gewährung des Darlehens durch Dritte, wenn es wirtschaftlich betrachtet dem Gesellschafter zugerechnet werden kann. Das ist immer dann der Fall, wenn er die **Finanzierungsfolgenverantwortung** trägt. I könnte somit nicht das Gesellschafterdarlehensrecht umgehen, indem er bspw. seine Ehefrau das Darlehen begeben lässt.

2. Das Darlehen wurde i.H.v. € 25.000,– innerhalb der **Jahresfrist**, also im letzten Jahr vor dem Antrag auf Insolvenzeröffnung (vgl. 135 Abs. 1 Nr. 2, 139 InsO), an I zurückgezahlt. **Maßgeblicher Zeitpunkt** ist das Stellen des Antrags auf Eröffnung des Insolvenzverfahrens, vgl. § 135 Abs. 1 Nr. 2 InsO.

3. Auch hält I, der nicht geschäftsführender Gesellschafter ist, mehr als 10 % der Gesellschaftsanteile. Das Privileg in § 39 Abs. 5 InsO kommt ihm daher nicht zugute.

Exkurs: Beachte auch das **sog. Sanierungsprivileg** gem. § 39 Abs. 4 S. 2 InsO: Erwirbt ein Gläubiger Anteile bei drohender oder eingetretener Zahlungsunfähigkeit oder Überschuldung zum Zwecke der Sanierung, kommt es bis zur nachhaltigen Sanierung nicht zu einem Nachrang auf Forderungen aus bestehenden oder neu gewährten Darlehen.

4. Ergebnis: I muss die € 25.000,– an die Aerospatial AG zurückzahlen.

Hinweis: Nach früherer Rechtslage – vor dem MoMiG – war in einem Fall wie dem vorliegenden die schwierige Frage zu beantworten, ob es sich bei dem Darlehen um ein „gewöhnliches" Darlehen, oder um ein sog. **eigenkapitalersetzendes Gesellschafterdarlehen** handelte. Heute ist die Rechtslage sehr viel einfacherer: Wie oben gesehen, wird lediglich geprüft, ob es sich um ein Gesellschafterdarlehen handelt und ob es innerhalb der Jahresfrist an den Gesellschafter zurückgezahlt wurde.

II. Aerospatial AG gegen I auf Zahlung von € 25.000,– aus §§ 143, 133 Abs. 2 InsO

Möglicherweise besteht auch ein Anspruch der Aerospatial AG gegen I aus §§ 143, 133 Abs. 2 InsO. Jedoch sind die §§ 143 I 1 i.V.m. § 135 Nr. 2 InsO nach allgemeiner Ansicht die spezielleren Normen zu §§ 143, 133 Abs. 2 InsO. Daher scheidet ein Anspruch auf Zahlung der € 25.000,– aus §§ 143, 133 Abs. 2 InsO aus.

III. Aerospatial AG gegen I auf Zahlung von € 25.000,– aus §§ 62 Abs. 1, 57 Abs. 1, Abs. 3 AktG

Neben den insolvenzrechtlichen Rückforderungsansprüchen könnte der Aerospatial AG gegen I auch ein Anspruch gem. §§ 62 Abs. 1, 57 Abs. 1, Abs. 3 AktG zustehen. Ein solcher Anspruch ist jedoch schon von Gesetzes wegen ausgeschlossen, vgl. § 57 Abs. 1 S. 4 AktG.

Hinweis: Mit dem MoMiG wurde der **sog. zweispurige Eigenkapitalschutz** aufgegeben. Der Verzicht des Gläubigers auf eine Gesellschaftersicherheit und der "Richtigkeitsgedanke" im Recht der Gesellschafterdarlehen, *Altmeppen* NJW 2008, 3601; ders. ZIP 2016, 2089.

D. Anspruch der Aerospatial AG gegen den Vorstand wegen der Darlehensrückzahlung

I. Anspruch der Aerospatial AG gegen den Vorstand aus § 93 Abs. 3 Nr. 1 i.V.m. 57 Abs. 1 S. 1 AktG

Ein solcher Anspruch kommt nicht in Betracht, da die Rückzahlung des Gesellschafterdarlehens in Höhe von € 25.000,– keine verbotene Einlagenrückgewähr darstellte, vgl. § 57 Abs. 1 S. 4 AktG.[59]

II. Anspruch der Aerospatial AG gegen den Vorstand aus § 93 Abs. 3 Nr. 6 i.V.m. 92 Abs. 2 S. 3 AktG

Möglicherweise besteht ein Anspruch der AG gegen den Vorstand aus § 93 Abs. 3 Nr. 6 in Verbindung mit § 92 Abs. 2 S. 3 AktG. Gemäß § 92 Abs. 2 S. 3 AktG sind im Vorstand Zahlungen an Aktionäre verboten, soweit diese zur Zahlungsunfähigkeit der Gesellschaft führen. Die Rückzahlung der € 25.000,– führte laut Sachverhalt zur Zahlungsunfähigkeit der AG. Somit besteht in Höhe von € 25.000 ein Anspruch gegen den Vorstand.

Frage 2: Anspruch auf Rückgabe des Krans

A. Anspruch des C gegen die Aerospatial AG

I. C gegen die Aerospatial AG aus Leihvertrag, § 604 Abs. 1 BGB

Ein solcher Anspruch steht C nicht zu. Zwar sprechen die Parteien von einer „Leihe“, sie vereinbaren zugleich aber eine „Leihgebühr“. Es geht also um einen entgeltlichen Vertrag.

II. C gegen die Aerospatial AG aus Mietvertrag, § 546 Abs. 1 BGB

1. Zweifelhaft ist das **Zustandekommen** eines Mietvertrags zwischen C und der AG bereits deshalb, weil die Parteien über eine essentiale negotii, den **Mietzins**, keine ausdrückliche Einigung erzielt haben. Klar wurde lediglich, *dass*

---

59 Dazu C. III.

ein Mietzins gezahlt werden sollte. Das Fehlen einer solchen Vereinbarung führt aber nicht zur Unwirksamkeit bzw. zum Nichtzustandekommen des Mietvertrags. Die Parteien haben in Kenntnis des Fehlens einer Vereinbarung übereinstimmend mit der Ausführung des Vertrags begonnen und damit erkennen lassen, dass sie in jedem Falle von einem Vertrag ausgehen. Es ist damit ein angemessener Mietzins als vereinbart anzunehmen, §§ 133, 157 BGB. Hinweisen lässt sich in diesem Zusammenhang etwa auf die Vorschriften des §§ 315, 612 BGB, die auch ohne Bestimmung einer Gegenleistung von einem wirksamen Vertrag ausgehen.

2. **Mietvertragsparteien** sollten allerdings die C-GmbH einerseits und die A-AG andererseits werden. C sollte nicht persönlich in den Vertrag involviert werden. Daher besteht kein Anspruch für ihn gegen die AG.

B. Anspruch der C-Baumaschinen GmbH gegen die Aerospatial AG

C-Baumaschinen GmbH gegen die Aerospatial AG auf Rückgabe des Krans aus Mietvertrag, § 546 Abs. 1 BGB

1. Ein Mietvertrag zwischen den Parteien ist zustande gekommen. Ein Rückgewähranspruch hinsichtlich des Krans kann sich daraus aber erst mit Ende der vereinbarten Mietzeit ergeben. In Frage kommt ein Rückgewähranspruch kraft Zeitablaufs oder nach Kündigung:

Die Beteiligten haben eine Überlassung des Krans bis zum Ende der erforderlichen Reparaturarbeiten vereinbart. Das ist kein präzise erfassbarer Zeitpunkt. Auch, dass der Kran der AG „einstweilen“ zur Verfügung gestellt werden sollte, spricht für eine jederzeitige Abziehbarkeit, also für eine Miete auf unbestimmte Zeit mit Kündigungsmöglichkeit. Mithin ist eine Kündigung möglich, aber auch erforderlich.

a) Für einen Rückgewähranspruch der C-Baumaschinen GmbH gegen die AG hinsichtlich des Krans ist zunächst eine **Kündigungserklärung** erforderlich. Sie ist im Verlangen der Herausgabe zu sehen, §§ 133, 157 BGB. Von einer ordnungsgemäßen Vertretung der C-GmbH wie auch der AG ist jeweils auszugehen (§§ 164 ff. BGB mit § 35 GmbHG einerseits, mit § 78 AktG andererseits).

b) Des Weiteren bedarf es eines **Kündigungsgrunds.**

ba) Eine **außerordentliche** Kündigung des Mietverhältnisses nach § 543 Abs. 1 S. 1 BGB mit Blick auf die Insolvenz der AG kommt nicht in Betracht. Das lässt sich aus §§ 543 Abs. 2 S. 1 Nr. 3 BGB e contrario und § 112 InsO folgern.

bb) Denkbar ist aber eine **ordentliche** Kündigung. Anzuwenden ist insoweit § 580a Abs. 3 Nr. 1 BGB. Zwar ist keine ausdrückliche Vereinbarung von Tageszeiträumen ersichtlich. Sie ist aber nach §§ 133, 157 BGB anzunehmen. Die C-GmbH, vertreten durch C, will sich ersichtlich nicht längerfristig binden, sondern stellt den Kran „einstweilen" zur Verfügung. Damit ist eine Kündigungsmöglichkeit zum Ablauf des jeweils nächsten Tages anzunehmen.

2. Der Rückgewähranspruch der C-GmbH könnte allerdings **einredebehaftet** sein.

a) Gem. § 135 Abs. 3 S. 1 InsO kann der Insolvenzverwalter das Aussonderungsrecht des Gesellschafters für ein Jahr blockieren, wenn es sich bei dem Gegenstand, der der Gesellschaft überlassen wurde um einen Gegenstand handelt, der für die Fortführung des Unternehmens von wesentlicher Bedeutung ist. Dazu müsste der Gegenstand allerdings von einem Gesellschafter des Schuldners überlassen worden sein. Da im vorliegenden Fall jedoch der Kran nicht von C selbst, sondern vielmehr von der C-Baumaschinen GmbH überlassen wurde, ist die Einrede des § 135 Abs. 3 S. 1 InsO schon nach ihrem Wortlaut nicht einschlägig.

b) Möglicherweise ist die Überlassung des Krans allerdings als Rechtshandlung, die einem Gesellschafterdarlehen wirtschaftlich entspricht, zu werten (vgl. § 39 Abs. 1 Nr. 5 InsO). Dafür müsste die Überlassung zumindest wirtschaftlich wie ein Darlehen eines Gesellschafters erscheinen. In Fortführung der Rechtsprechung zu Rechtshandlungen, die einem Gesellschafterdarlehen wirtschaftlich entsprechen, ergibt sich für Mietverhältnisse zwischen Gesellschaftern und Gesellschaft ein dem (eigenkapitalersetzenden) Gesellschafterdarlehen entsprechendes Verhältnis.[60] Da die C-GmbH nicht selbst Gesellschafterin der Aerospatial AG ist, müsste ein Zurechnungszusammenhang zum Gesellschafter C bestehen, um die Vorschriften des Gesellschafterdarlehens anwenden zu können. Angesichts der Beteiligung des C in Höhe von 100 % an der C-GmbH, ist von einem solchen Zurechnungszusammenhang auszugehen.[61] Jedoch ist dann § 39 Abs. 5 InsO zu beachten: der eigentliche Gesellschafter C hält nämlich lediglich 10 % der Anteile der Aero-

---

60 Zur insoweit fortgeltenden Rechtsprechung zum eigenkapitalersetzenden Gesellschafterdarlehens s. *Ehricke* in: MüKo InsO, 3. Auf. 2013, § 39 Rn. 43.

61 Insgesamt zu den Rechtshandlungen, die einem Gesellschafterdarlehen entsprechen, s. *Ehricke* in: MüKo InsO, 3. Auf. 2013, § 39 Rn. 48 f.

spatial AG. Nur auf seine Beteiligung ist aufgrund des Zurechnungszusammenhangs abzustellen. Daher ist im Ergebnis festzustellen, dass auch die Überlassung des Krans keine dem Gesellschafterdarlehen entsprechende Rechtshandlung im Sinne des § 39 Abs. 1 Nr. 5 InsO darstellt und damit auch aus systematischen Gründen der Anwendungsbereich des § 135 Abs. 3 S. 1 InsO nicht eröffnet ist.

3. Ergebnis
Ein Anspruch auf Herausgabe des Krans besteht.

Vertiefungshinweise:
- BGH, Urt. v. 21.03.2017 – II ZR 93/16, NZG 2017, 658 (Bestellung einer dinglichen Sicherheit als verbotene Auszahlung i.S.d. § 30 Abs. 1 GmbHG) mit Anm. Altenhofen jurisPR-HaGesR 7/2017 Anm. 2.
- OLG Hamm, 8. Zivilsenat, Urt. v. 13.03.2017, I-8 U 79/16, 8 U 79/16, NZG 2017, 741 (Verbotene Auszahlung i.S.d. § 30 GmbHG auch bei Untreue des Gesellschaftergeschäftsführers)

Fall 7: Lebensverlängernde Maßnahmen II

Nach dem Brand im Simulator am 1.11.2016 stehen den Aktiva der Aerospatial-AG i.H.v. € 250.000,– Verbindlichkeiten von € 310.000,– gegenüber, was sich aus einer im Auftrag des Vorstands erstellten Bilanz ergibt, die mit den Liquidationswerten der Aktiva erstellt wurde. Zu diesem Zeitpunkt könnten – unter Berücksichtigung der Aus- und Absonderungsrechte – sämtliche Verbindlichkeiten der AG insgesamt i.H.v. je 73% befriedigt werden. Trotz der ausbleibenden Besucher versucht der Vorstand noch über zwei Monate, das Ruder herumzureißen, obwohl bei objektiver Betrachtung nicht mehr mit einer Besserung zu rechnen ist. Tatsächlich verzeichnet die AG noch einmal Einnahmen in Höhe von € 5.000,–, die der Vorstand auf das debitorisch geführte Konto der Gesellschaft bei der B-Bank einzahlt, wodurch der AG auf Grund einer mit der B-Bank geschlossenen Darlehen-Rahmenvereinbarung in dieser Höhe wieder ein Darlehen von der Bank ausgezahlt wird.

In einem letzten Kraftakt beauftragt der Vorstand unter anderem den Landschaftsgärtner Ludwig Lose mit größeren Arbeiten im Freigelände des Parks, für die Lose der AG € 7.000,– in Rechnung stellt. Ebenfalls auf Zahlung besteht der Computerhändler Heinrich Holzer, dessen Rechnungen vom August 2016 für die Installation und Pflege der Software des Simulators i.H.v. € 10.000,– noch nicht beglichen sind. Diese Rechnungen kann die AG nicht mehr begleichen, hat aber ansonsten die Zahlungen noch nicht eingestellt. Ende Dezember 2016 teilt der Vorstand den beiden Gläubigern Lose und Holzer mit, dass sie im nunmehr eröffneten Insolvenzverfahren mit einer Zahlung von rund 3% ihres Rechnungsbetrags rechnen könnten.

Frage 1:
Welche Ansprüche stehen L und H gegen den Vorstand zu?

Frage 2:
Welche Ansprüche kann der Insolvenzverwalter im Namen der Aerospatial AG gegen den Vorstand erheben?

Abwandlung 1 (zu Frage 2):
Wie wäre der Fall zu beurteilen, wenn es nicht zu einer weiteren Auszahlung seitens der Bank gekommen wäre.

https://doi.org/10.1515/9783110526325-008

Abwandlung 2 (zu Frage 2):
Wie wäre der Fall zu beurteilen, wenn es nicht zu einer weiteren Auszahlung seitens der Bank gekommen wäre, die Bank sich aber im Rahmen einer Globalzession (unter Beachtung entgegenstehender Eigentumsvorbehalte) alle bestehenden und künftigen Forderungen zur Sicherheit hatte abtreten lassen.

Gliederung

Lösung zu Frage 1:

Schwerpunkt: Insolvenzverschleppungshaftung

A. Ansprüche des L gegen die Vorstandsmitglieder (im Folgenden: „der Vorstand")

I. L gegen den Vorstand auf Zahlung von € 7.000,– aus c.i.c., §§ 280 Abs. 1, 311 Abs. 2 Nr. 1, Abs. 3, 241 Abs. 2 BGB

Ein vorvertragliches Vertrauensverhältnis, also ein Schuldverhältnis i.S.v. § 311 BGB, zu L bestand. Zweite Partei dieses Schuldverhältnisses war allerdings nicht der Vorstand. Nicht dieser wurde Vertragspartner des L, sondern die AG. Es kommt auch keine Ausnahme i.S.d. Grundsätze über die Eigenhaftung des Vertreters (§ 311 Abs. 3 BGB) in Betracht. Weder hat der Vorstand besonderes Vertrauen für sich in Anspruch genommen, noch hat er wirtschaftlich gleichsam in eigener Sache gehandelt. Er haftet folglich nicht aus c.i.c.

Hinweis: Die Haftung des Vorstands aus c.i.c. unterliegt besonderen Anforderungen, vgl. dazu bereits Fall 5.

II. L gegen den Vorstand auf Zahlung von € 7.000,– aus § 823 Abs. 2 BGB i.V.m. § 15a InsO

Möglicherweise kommt ein Schadensersatzanspruch gemäß § 823 Abs. 2 BGB i.V.m. § 15a InsO in Betracht. Dazu müsste § 15a ein Schutzgesetz im Sinne des § 823 Abs. 2 BGB sein, bejahendenfalls müsste der Vorstand gegen die Insolvenzantragspflicht schuldhaft verstoßen haben und L müsste dadurch ein Schaden entstanden sein.

1. Ob **§ 15a InsO**, der die Antragspflicht des Vorstands bei Insolvenz der AG normiert, als **Schutzgesetz i.S.d. § 823 Abs. 2 BGB** eingeordnet werden kann, ist sehr umstritten.

a) Gegen die Schutzgesetzeigenschaft des § 15a InsO spricht, dass diese Norm nur die Gesamtheit der Gläubiger, nicht die einzelnen Gläubiger schützen soll. So gesehen, besteht diese Norm nicht im Interesse des Einzelnen, sondern primär im Interesse einer geordneten Wirtschaft. Das lässt sich mit einem Hinweis auf die Folgen einer Pflichtverletzung durch den Vorstand untermauern: Pflichtverletzungen des Vorstands, wie der Verstoß gegen § 92 Abs. 2

AktG, führen zur Innenhaftung gegenüber der Gesellschaft (§ 93 Abs. 3 Nr. 6 AktG), die dann zu einer Auffüllung des Gesellschaftsvermögens führt. Das belegt, warum die Gläubiger eines Schutzes durch § 15a InsO aus Sicht des AktG gar nicht bedürfen.

b) Anders sieht es die Rechtsprechung. Sie hält die Insolvenzantragspflicht für eine Dauerpflicht des Vorstands, die sowohl zugunsten von „Alt-“ als auch im Interesse von „Neugläubigern“ wirke. Sie sieht den einzelnen Gläubiger als Schutzsubjekt der Norm an und versteht sie insoweit als Schutzgesetz. Für die Praxis ist diese Sichtweise entscheidend, sie wird daher im Folgenden trotz der überzeugenden Gegenargumente zugrunde gelegt.[62]

2. Die Gesellschaft müsste gem. § 15a InsO zahlungsunfähig oder überschuldet gewesen sein.

a) Möglicherweise könnte die AG **zahlungsunfähig** sein, weil sie die Rechnungen von H und L nicht mehr begleichen kann. Zahlungsunfähig ist die Gesellschaft dann, wenn sie nicht mehr in der Lage ist, die fälligen Zahlungspflichten zu erfüllen (§ 17 Abs. 2 S. 1 InsO). Das wird gem. § 17 Abs. 2 S. 2 InsO vermutet, wenn der Schuldner seine Zahlungen eingestellt hat. Im vorliegenden Fall hatte die AG ihre Zahlungen noch nicht eingestellt. Daher ist im Umkehrschluss davon auszugehen, dass die AG noch nicht zahlungsunfähig war.

b) Die AG könnte aber **überschuldet** gewesen sein. Überschuldung liegt vor, wenn das Vermögen der Gesellschaft die Verbindlichkeiten nicht mehr deckt, es sei denn, die Fortsetzung des Unternehmens ist überwiegend wahrscheinlich (§ 19 Abs. 2 S. 2 InsO. Die Überschuldung war am 1.11.2016 eingetreten, was sich aus der erstellten Bilanz ergibt. Anzeichen für eine positive Fortführungsprognose sind nicht ersichtlich. Trotzdem wurde zunächst kein Insolvenzantrag gestellt. Gegen § 15a InsO wurde damit verstoßen.

Hinweis: I.R.d. Überschuldung gilt heute ein **sog. zweistufiger Überschuldungsbegriff:** Auf der ersten Stufe ist zu prüfen, ob das Vermögen der Gesellschaft die Verbindlichkeiten deckt. Da eine Überschuldung aber auch bei erfolgreichen Unternehmen zeitweise mal vorkommen kann, ist auf der zweiten Stufe zu prüfen, ob eine positive Fortführungsprognose besteht. Dieser durch das MoMiG eingeführte und ursprünglich nur bis zum 1. 1. 2014 befristete zweistufige Überschuldungsbegriff gilt auch in Zukunft weiterhin, da die Befristung aufgehoben wurde.

Die Überschuldungsbilanz hat das Vermögen grundsätzlich bei negativer Fortführungsprognose mit den Liquidationswerten anzugeben, nicht mit den Fortführungswerten.

---

62 *Altmeppen* in: Roth/Altmeppen, GmbHG 8. Aufl. § 64 Rn. 35 ff.; *Altmeppen/Wilhelm* NJW 1999, 673, 678; *Altmeppen* ZIP 2015, 949, 955 f.

3. Das Verhalten des Vorstands war mindestens **fahrlässig.** Gründe dafür, dass die Überschuldung nicht hätte bemerkt werden können, bestehen nämlich nicht.
4. Für die Berechnung des konkreten Schadens des L sind die §§ 249 ff. BGB entscheidend. Der Umfang des Schadens ist dabei zugleich durch den Schutzbereich des § 15a InsO umrissen. Die frühere Rechtsprechung sah insoweit nur den **Gesamtgläubigerschaden** (sog. **Quotenschaden**) als ersatzfähig an. Als solcher wird der Schaden bezeichnet, der dadurch entsteht, dass sich durch Eingehen neuer Verbindlichkeiten die Quote jedes einzelnen Gläubigers an der Insolvenzmasse verringert. Der Ersatz sollte durch Zahlung des Vorstands in die Insolvenzmasse stattfinden. Ausgeglichen werden sollte mit anderen Worten derjenige Schaden, der dem Gläubiger durch die Verminderung der zu erzielenden Quote im Insolvenzverfahren entstand.

Die heutige Rechtsprechung unterscheidet demgegenüber zwischen **„Alt"- und „Neugläubigern"**, wobei sie als „Altgläubiger" diejenigen Gläubiger versteht, deren Forderung vor der Insolvenzreife begründet war, als „Neugläubiger" diejenigen, die erst nach Eintritt eines Insolvenzgrundes Gläubiger der Gesellschaft wurden. Sie orientiert sich insoweit an einem anderen hypothetischen Kausalverlauf: Während die frühere Rechtsprechung unterstellt hatte, dass der Gläubiger bei hinzu gedachtem ordnungsgemäßen Verhalten des Vorstands eine höhere Quote erzielt hätte, legt die heutige Rechtsprechung zugrunde, dass es bei ordnungsgemäßem Verhalten des Vorstands *gar nicht* mehr zu einem Vertragsschluss mit Neugläubigern hätte kommen können. Das ist konsequent. Ersatzfähig aus Sicht des L ist mithin das gesamte negative Interesse, der **„Kontrahierungsschaden"**. Das ist jedenfalls deshalb anzunehmen, weil es sich bei L um einen *vertraglichen* (nicht deliktischen) Neugläubiger handelt.

Die von L zu erzielende Insolvenzquote ist nach der Rechtsprechung des BGH nicht in Abzug zu bringen.[63] Der BGH begründet dies mit dem Argument, dass es unbillig sei, einem Vorstand diesen Vorteil zukommen zu lassen. Er kann sich jedoch die Insolvenzforderung gem. § 255 BGB von dem Neugläubiger abtreten lassen.

Hinweis: **Gesetzliche Neugläubiger** erhalten nach richtiger Ansicht entgegen diesen Grundsätzen nur den Quotenschaden. Bei dem Kontrahierungsschaden handelt es sich, wie oben gezeigt, um einen Vertrauensschaden. Niemand lässt sich jedoch im Vertrauen auf die Solvenz schädigen.

63 BGH Urt. v. .2.2007 – II ZR 234/05, ZIP 2007, 676; *Klöhn* in: MüKo InsO, 3. Aufl. 2013, § 15a Rn. 188.

5. Für die Geltendmachung des Anspruchs bei Eröffnung eines Insolvenzverfahrens gilt § 92 S. 1 InsO: Altgläubigeransprüche sind vom Insolvenzverwalter geltend zu machen, und zwar gerichtet auf Zahlung in die Masse. Allerdings haben Neugläubiger wie L nach Auffassung des BGH keinen Quotenschaden, damit keinen Gesamtschaden i.S.d. § 92 InsO. Sie können mithin gegen die Organwalter direkt vorgehen. Das gilt auch für L.
6. Ergebnis: L hat demnach als Neugläubiger einen Anspruch auf Zahlung von € 7.000,– gegen die Vorstandsmitglieder, die gesamtschuldnerisch (§§ 421 ff. BGB) haften.

III. L gegen den Vorstand auf Zahlung € 7.000,– aus § 826 BGB

Für eine vorsätzliche Schädigung der Gläubiger, mithin auch des L, durch den Vorstand fehlt es an Hinweisen.

B. Ansprüche des H gegen den Vorstand

I. H gegen den Vorstand auf Zahlung von € 10.000,– aus c.i.c., §§ 280 Abs. 1, 311 Abs. 2, Abs. 3, 241 Abs. 2 BGB

Zur Zeit des Vertragsschlusses zwischen H und der AG bestand noch keine Aufklärungspflicht über eine etwaige Insolvenzreife der AG. Diese war noch nicht eingetreten oder absehbar. Auch eine Konstellation der Eigenhaftung des Vorstands ist nicht gegeben (s oben).

II. H gegen den Vorstand auf Zahlung von € 10.000,– aus § 823 Abs. 2 BGB i.V.m. § 15a InsO

1. Die Anspruchsvoraussetzungen sind erfüllt.[64] Fraglich ist, in welcher Höhe H ein Schaden entstanden ist. Dazu ist zu prüfen, wie H ohne das schädigende Ereignis, hier das Unterlassen der Stellung eines Insolvenzantrags, stünde. Für den hypothetischen Kausalverlauf i.S.d. §§ 249 ff. BGB ist dabei zu unterstellen, dass der Vorstand der AG direkt bei Erfüllung der tatbestandlichen Voraussetzungen für die Insolvenzantragspflicht entsprechend gehandelt

64 s. oben A. II. 2.

hätte. Zu diesem Zeitpunkt war noch eine Quote auf die Forderungen von 73 % erhältlich. Demgegenüber ergibt sich nach dem realen Kausalverlauf lediglich noch eine Quote von 3 %. Das ergibt einen Ausfall i.H.v. 70 % der Forderung, im Fall € 7.000,–. In dieser Höhe ist dem H somit ein Schaden entstanden. Als **Altgläubiger** bekommt H, anders als L, damit lediglich den „**Quotenschaden**" ersetzt.

2. Für die Geltendmachung des Anspruchs gilt Folgendes: Bei Eröffnung eines Insolvenzverfahrens gilt § 92 S. 1 InsO, da es sich bei dem Schaden um einen sog. Gesamtschaden handelt. Die Gläubiger der AG haben diesen Schaden nämlich gemeinschaftlich erlitten.
3. Der Anspruch des H besteht in Höhe von € 7.000,–, kann aber nur vom Insolvenzverwalter geltend gemacht werden.

C. Ergebnis

L hat als Neugläubiger einen Anspruch auf Zahlung von € 7.000,– (direkt) gegen die Vorstandsmitglieder, die gesamtschuldnerisch (§§ 421 ff. BGB) haften.

H hat als Altgläubiger einen Anspruch in Höhe von € 7.000,–, der aber als Quotenschaden vom Insolvenzverwalter geltend gemacht werden muss.

Lösung zu Frage 2

I. Anspruch der Aerospatial AG gegen den Vorstand auf Zahlung von € 5.000,– aus § 93 Abs. 3 Nr. 6 i.V.m. § 92 Abs. 2 S. 1 AktG

Möglicherweise haftet der Vorstand der AG in Höhe von € 5.000,– wegen der Einzahlung der € 5.000,– auf das debitorische Konto der Bank.

1. Dazu müsste zunächst eine Auszahlung im Sinne des § 93 Abs. 3 Nr. 6 i.V.m. § 92 Abs. 2 S. 1 AktG vorliegen. Nach herrschender Meinung ist der Begriff der Zahlung im weitesten Sinne zu verstehen und erfasst jeden das Gesellschaftsvermögen belastenden Transfer. Zweck des § 92 Abs. 2 S. 1 AktG ist die Sicherung der Insolvenzmasse zur gleichmäßigen Befriedigung aller Gläubiger (**par conditio creditorum**). Daher sind grundsätzlich alle Schmälerungen der Insolvenzmasse durch Leistungen der Geschäftsführer aus dem Gesellschaftsvermögen verboten. Dadurch wird verhindert, dass einzelne Gläubiger bevorzugt befriedigt werden. Im vorliegenden Fall zahlte der Vorstand im Zeitpunkt der Überschuldung der Gesellschaft die € 5.000,– auf ein debitorisches Konto bei der B-Bank ein, wodurch das Aktivvermögen der Gesellschaft zu Lasten ihrer Gläubigergesamtheit (und zum Vorteil der Bank) in gleicher Weise geschmälert wurde, wie bei einer Auszahlung aus dem Barvermögen der Gesellschaft. Damit lag eine nach § 92 Abs. 2 S. 1 AktG verbotene Auszahlung in Höhe von € 5.000,– vor.
2. Möglicherweise ist die Haftung aber gem. § 92 Abs. 2 S. 2 AktG ausgeschlossen. Demnach müsste die Zahlung mit der Sorgfalt eines ordentlichen Geschäftsmannes vereinbar sein. Das ist nach (neuerer) Ansicht des BGH dann der Fall, wenn in **unmittelbarem Zusammenhang** mit der Zahlung ein **Massezufluss** besteht, der wertmäßig demjenigen des Masseabflusses entspricht. Denn in diesem Fall kommt es nicht zu einer Masseverkürzung zulasten der Gläubiger, es handelt sich vielmehr um einen reinen **Aktivtausch.** Ob der Gegenstand des Massezuflusses auch bei Eröffnung des Insolvenzverfahrens noch vorhanden ist, spielt nach Ansicht des BGH keine Rolle. Nach Sinn und Zweck der Vorschrift sei dies nicht erforderlich, weil insbesondere dem Gesellschaftsorgan nicht zurechenbare, zufällige Verschlechterungen des Vermögensgegenstandes nicht unter den Schutzzweck des § 92 Abs. 2 S. 1 AktG fallen. Somit stellt der BGH nach wie vor auf jede Zahlung einzeln ab (**sog. Einzelbetrachtung**), prüft aber nun in einem weiteren Schritt, ob ein mit dieser Zahlung in Zusammenhang stehender Zufluss

folgt.[65] Da die AG aufgrund der Einzahlung der € 5.000,– wieder einen Kredit in dieser Höhe von der Bank erhält, liegt ein Zufluss von € 5.000,– vor, der mit der Einzahlung in Zusammenhang steht.

Hinweis: Dass der Geschäftsführer bei angemessenem Leistungsaustausch vollständig entlastet werden soll, ist unbestritten. Neu an der Rechtsprechung des BGH ist, dass es nicht mehr darauf ankommen soll, ob der Gegenstand des Massezuflusses auch bei Eröffnung des Insolvenzverfahrens noch vorhanden ist. Relevant ist nunmehr allein der Zeitpunkt des Massezuflusses.
Ob § 92 Abs. 2 S. 2 AktG dogmatisch als Verankerung für die Anerkennung eines solchen „Ausgleichs" für die Zahlung überzeugt, ist fraglich. Dazu und zu der Frage, ob die Einzelbetrachtungslehre des BGH nicht durch eine Gesamtbetrachtung ersetzt werden sollte s. Altmeppen ZIP 2015, 949.

II. Ergebnis

Eine verbotene Zahlung im Sinne des § 93 Abs. 3 Nr. 6 i.V.m. § 92 Abs. 2 S. 1 AktG liegt nicht vor.

Lösung zu Abwandlung 1 (zu Frage 2):

I. Anspruch der Aerospatial AG gegen den Vorstand auf Zahlung von € 5.000,– aus § 93 Abs. 3 Nr. 6 i.V.m. § 92 Abs. 2 S. 1 AktG

1. Da die Einzahlung des Geldes auf dem debitorischen Konto der Bank nicht zu einer Auszahlung seitens der Bank geführt hat, liegt nunmehr ein sog. **Aktiv-Passiv-Tausch** vor. Denn die Zahlung lag nach Eintritt der Überschuldung vor. Sinn und Zweck des § 92 Abs. 2 S. 1 AktG ist die gleichmäßige Befriedigung aller Gläubiger. Durch die Einzahlung des Geldes auf dem debitorisch geführten Konto erlangt ein Gläubiger, nämlich die Bank, eine Zahlung, die anderen Gläubiger hingegen nicht.
2. Das Verschulden des Vorstands wird entsprechend § 93 Abs. 2 S. 2 AktG vermutet.
3. Die Geltendmachung von Ersatzansprüchen der Gesellschaft gegen Gesellschafter und Geschäftsführer im Rahmen des Insolvenzverfahrens steht dem Insolvenzverwalter zu.

65 Vgl. zum Ganzen BGH, Urt. v. 18.11.2014 – II ZR 231/13, ZIP 2015, 71.

4. Ergebnis: Der AG steht ein Anspruch i.H.v. € 5.000,– gegen den Vorstand zu.

Hinweis: Um der Sorgfalt eines ordentlichen Geschäftsmanns zu entsprechen, muss der Geschäftsführer in einer derartigen Situation ein neues, kreditorisch geführtes Konto bei einer anderen Bank eröffnen und den aktuellen Gesellschaftsschuldnern die geänderte Bankverbindung unverzüglich bekannt geben.

II. Anspruch der Aerospatial AG gegen den Vorstand auf Zahlung von € 5.000,– aus § 93 Abs. 2 S. 1 AktG

Möglicherweise haftet der Vorstand der AG auch aus § 93 Abs. 2 S. 1 AktG. Ein solcher Anspruch scheidet hier aber bereits mangels Schadens der AG aus: Da der Bank eine Forderung i.H.v. € 5.000,– gegen die AG zustand, entsteht durch die Zahlung der € 5.000,– kein Schaden.

III. Anspruch der Aerospatial AG gegen den Vorstand auf Zahlung von € 5.000,– aus dem Anstellungsvertrag i.V.m. § 280 Abs. 1 BGB

Schließlich könnte sich ein Schadensersatzanspruch auch aus dem Anstellungsvertrag ergeben. Nach ganz überwiegender Ansicht wird eine Haftung gemäß § 280 Abs. 1 BGB in Verbindung mit dem Einstellungsvertrag aber durch die Spezialregelung des § 93 Abs. 2 S. 1 AktG verdrängt.[66]

IV. Ergebnis

Die Aerospatial-AG hat einen Anspruch i.H.v. € 5.000,– gegen den Vorstand.

---

66 Einführend dazu *Koch* in: Hüffer/Koch, AktG, 12. Aufl. 2016, § 93 Rn. 36; ausführlich *Hopt/Roth* in: Großkommentar Aktiengesetz, 5. Aufl. 2015, § 93 Rn. 46.

Lösung zu Abwandlung 2 (zu Frage 2):

I. Anspruch der Aerospatial AG gegen den Vorstand auf Zahlung von € 5.000,– aus § 93 Abs. 3 i.V.m. § 92 Abs. 2 S. 1 AktG

Auch hier liegt im Einzug der Forderung der insolvenzreifen GmbH auf ein debitorisches Konto grundsätzlich eine masseschmälernde Zahlung im Sinne des § 92 Abs. 2 S. 1 AktG vor, weil dadurch das Aktivvermögen der Gesellschaft zugunsten der Bank geschmälert wird. Eine Ausnahme hiervon ist nach der Rechtsprechung des BGH für den Einzug von Forderungen zu machen, die an die Bank zur Sicherheit abgetreten waren, wenn die Sicherungsabtretung vor Insolvenzreife vereinbart und die Forderung der Gesellschaft entstanden und werthaltig geworden ist. In diesem Fall wird die Vermögensmasse nämlich nicht geschmälert, weil die zur Sicherheit an die Bank abgetretene und eingezogene Forderung den Gläubigern nie zur Verwertung zur Verfügung steht, weil dem Zessionar ein Absonderungsrecht gemäß § 51 Nr. 1 InsO zusteht. Auch muss der Geschäftsführer die Verwertung zugunsten der Bank als ordentlicher Geschäftsmann nicht verhindern, indem er die Zahlung auf ein anderes, kreditorisch geführtes Konto umleitet.[67]

Hinweis: Eine masseschmälernde Leistung im Sinne des § 92 Abs. 2 S. 1 AktG soll laut BGH aber wiederum vorliegen, wenn die zur Sicherheit abgetretene Forderung erst nach Eintritt der Insolvenzreife entstanden ist oder zwar vor Eintritt der Insolvenzreife entstanden, aber erst danach werthaltig geworden ist und der Geschäftsführer dies verhindern konnte. Ob aber die Unterscheidung zwischen Werthaltigkeit vor und nach Insolvenzreife überzeugt, darf bezweifelt werden, vgl. dazu Altmeppen NZG 2016, 521 m.w.N.
In diesem Zusammenhang ist schließlich auch zu beachten, dass der BGH für diesen Fall (Einziehung einer Forderung auf ein debitorisches Konto, die erst nach Insolvenzreife entstanden oder werthaltig geworden ist) wiederum eine Gegenausnahme annimmt, wenn die als Gegenleistung an den Forderungsschuldner gelieferte Ware im Sicherungseigentum der Bank stand. Denn in diesem Fall stehen aufgrund des nach § 51 Nr. 1 InsO bestehenden Absonderungsrechts des Sicherungsnehmers die zur Sicherheit übereigneten beweglichen Sachen der Gläubiger Gesamtheit nicht als freie Masse zur Verfügung, vgl. dazu BGH, Urt. v. 08.12.2015 – II ZR 68/14, NZG 2016, 225.

Da im vorliegenden Fall durch Globalzessionsvertrag die Schuldnerin der Bank zur Sicherung aller Forderungen sämtliche bestehenden und zukünftigen Forderungen gegen Dritte sicherungshalber abgetreten hatte, bestand in der Zahlung

67 Vgl. BGH, Urt. v. 23.06.2015 – II ZR 366/13, NZG 2015, 998.

auf das debitorische Konto der Bank keine masseschmälernde Zahlung im Sinne des § 93 Abs. 3 i.V.m. § 92 Abs. 2 S. 1 AktG.

II. Ergebnis

Die Aerospatial-AG hat keinen Anspruch i.H.v. € 5.000,– gegen den Vorstand.

Vertiefungshinweise:
Zusammenfassend zu Alternativkonzepten der Insolvenzverschleppungshaftung vgl. Klöhn in: MüKo InsO, 3. Aufl. 2013, § 15a InsO Rn. 257–261.

Fall 8: „Umwandlung" und „Ausgliederung" von Gesellschaftern

Nach dem Ende der Börsenbaisse in Deutschland gelingt es Alf Anselm, Bert Bracht und Carl Coller, ihre im Jahre 2007 gegründete „A to Z Cigars GmbH" (Stammkapital: € 25.000; Sitz: Bielefeld) zum Erfolg zu führen. Die Nachfrage nach kubanischen Luxuszigarren und Rauchutensilien ist wieder so groß, dass die Gesellschafter Anfang 2017 beschließen, ihr Geschäft aus Prestigegründen in eine AG „umzuwandeln". Dazu gründen sie im Januar 2017 die Cubana AG mit einem Grundkapital von € 250.000,– (Sitz Bielefeld), auf die später sämtliche Anteile an der GmbH übertragen werden sollen.

Nach und nach wollen Anselm, Bracht und Coller den Geschäftsbetrieb zudem vollständig auf die Ebene der AG verlagern. Im November 2017 erwirbt die Cubana AG deshalb zum Preis von € 80.000,– und unter Ausschluss der Gewährleistung ein Grundstück in Bielefeld mit einer größeren Lagerhalle von Anselm. Wenig später stellt sich heraus, dass das Grundstück stark schwermetallbelastet ist, wobei nicht nachweisbar ist, dass Anselm hiervon etwas wusste oder wissen konnte. Die zuständige Behörde nimmt die AG auf Dekontaminierung des Bodens in Anspruch. Dadurch entstehen der AG Kosten von € 75.000.

Bracht und Coller erfahren noch im Dezember 2017, dass Anselm in den Jahren 2012 bis 2015 der A to Z Cigars GmbH mehrere Lieferungen edler Zigarren zu weit überhöhten Preisen verkauft hat. Hätte die GmbH diese anderweitig am Markt erworben, hätte sie € 58.000,– sparen können. Bracht und Coller sind empört über die „Unverfrorenheiten" Anselms. Als man schließlich noch erfährt, dass Anselm unlängst Kontakt zu mehreren Konkurrenzunternehmen aufgenommen und dort sein erworbenes know-how, insbesondere die „Mitnahme" von Kundenkontakten und geschäftlichen Verbindungen angeboten hat, um zu lukrativen Konditionen einsteigen zu können, beschließt man, alle geschäftlichen Kontakte zu Anselm abzubrechen und ihn, wenn möglich, „rauszuwerfen".

Bracht und Coller wenden sich an Rechtsanwalt Ralf Rangler. Nach eingehender Beratung wird dieser seitens der AG, der GmbH sowie von Bracht und Coller beauftragt, deren rechtliche Interessen zu vertreten. Auf Nachfrage Ranglers berichten die Gesellschafter noch, dass den Aktiva der GmbH i.H.v. € 70.000,– gerade wegen der diversen nachteiligen Geschäfte mit Anselm zwischenzeitig Verbindlichkeiten von € 110.000,– gegenüber gestanden hätten. Anselm habe die Gesellschaft förmlich „in die Schulden getrieben". Mittlerweile sei jedoch alles wieder „im grünen Bereich", das Stammkapital sei bei weitem gedeckt. Außerdem erfährt Rangler, dass Anselm zu 20 % an der A to Z Cigars GmbH beteiligt ist,

https://doi.org/10.1515/9783110526325-009

Bracht und Coller zu je 40 %. In der AG seien Anselm zu 51 %, Bracht und Coller zu je 24,5 % beteiligt.

Rangler entschließt sich – nachdem ihm eine ordnungsgemäße Prozessvollmacht erteilt ist –, gegen Anselm zu klagen. Er reicht im Januar 2018 beim LG Bielefeld eine Klageschrift ein, die im Folgenden auszugsweise abgedruckt ist:

„Klage

in Sachen

A to Z Cigars GmbH, Bad Salzufler Straße 110, 33719 Bielefeld, vertreten durch den Alleingeschäftsführer Gert Gresig, Wasserstraße 90, 32657 Lemgo

– Klägerin –

Prozessbevollmächtigter der Kläger(innen): Rechtsanwalt Ralf Rangler, Beetstraße 39, 33602 Bielefeld,

gegen

Alf Anselm, Westacker 38, 32689 Kalletal

– Beklagter –

wegen Ausschließung aus einer GmbH sowie wegen Forderungen

Streitwert: [...] €

Namens und im Auftrag der Kläger(innen) erhebe ich hiermit Klage zum LG Bielefeld mit dem Antrag:
1. Der Beklagte wird aus der Klägerin ausgeschlossen.
2. Der Beklagte wird verurteilt, an die Klägerin € 58.000,– nebst Zinsen hieraus seit Klageerhebung zu zahlen.

[*Es folgen die Klagebegründung, in der Rangler dem Gericht alle Informationen gibt, die oben geschildert sind, und die Unterschrift Ranglers.*]“

In der ersten mündlichen Verhandlung am 2. 3. 2018 erscheint Rangler für die Kläger(innen), der Beklagte Anselm erscheint selbst. Rangler beantragt daraufhin den Erlass eines Versäumnisurteils gegen den Beklagten gemäß den Anträgen aus seinem Schriftsatz, die er nochmals verliest.

1. Bereiten Sie die Sachentscheidung (nicht: Entscheidung über Kosten und vorläufige Vollstreckbarkeit) des Gerichts gutachtlich vor. Gehen Sie davon aus, dass die mit „[...]“ gekennzeichneten Passagen der Klageschrift von Rangler ordnungsgemäß ausgefüllt worden sind.
2. In einem Gutachten soll Rangler ebenfalls erläutern, welche Ansprüche der Cubana AG zustehen.

Gliederung

Lösung von Fall 8

Schwerpunkte: Nachgründung; Kapitalerhaltung; Gesellschafterausschluss

Frage 1

Das Gericht hat in der Sache ein Versäumnisurteil (§ 331 Abs. 1 S. 1, Abs. 2 ZPO) zu erlassen, wenn die Voraussetzungen hierfür erfüllt sind:

A. Ordnungsgemäßer Antrag, § 331 Abs. 1 S. 1 ZPO

R hat für die Kläger einen Antrag auf Erlass eines Versäumnisurteils gestellt. Als Rechtsanwalt war er insoweit postulationsfähig, § 78 Abs. 1 ZPO.

B. Säumnis des Beklagten, § 331 Abs. 1 S. 1 ZPO

Säumig im Anwaltsprozess (geklagt wurde vor dem LG) ist wegen § 78 Abs. 1 ZPO auch die Partei, für die kein zugelassener Rechtsanwalt auftritt. A war hier also säumig.

C. Zulässigkeit der Klage

Ein Versäumnisurteil kann nur ergehen, wenn die Klagen zulässig sind:

I. Partei-, Prozessfähigkeit

Die klagende GmbH ist parteifähig nach § 50 Abs. 1 ZPO, § 13 GmbHG. Die GmbH, vertreten durch ihre Geschäftsführer, ist prozessfähig nach §§ 52, 51 Abs. 1 ZPO i.V.m. § 35 GmbHG.

II. Örtliche Zuständigkeit

1. Das LG Bielefeld ist zuständig für die Ausschlussklage nach §§ 2, 12, 17 Abs. 1 S. 1, 22 ZPO. Bei der Ausschlussklage handelt es sich um eine Klage der Gesellschaft gegen ein Mitglied als solches.
2. Für die Zahlungsklage der A to Z Cigars GmbH gelten ebenfalls §§ 12, 17 Abs. 1 S. 1, 22 ZPO. Bei den geltend gemachten Ansprüchen handelt es sich um solche, die gerade aus dem Mitgliedschaftsverhältnis erwachsen, denn es geht um Ansprüche aus einer Auszahlung von Stammkapital bzw. aus der Rückgewähr von Einlagen.

Hinweis: Das darf hier so kurz gehalten werden. Die Ansprüche kommen jedenfalls in Betracht. Ob die Voraussetzungen der genannten Ansprüche wirklich alle erfüllt sind, ist dann eine Frage der Begründetheit.

III. Sachliche Zuständigkeit

Die sachliche Zuständigkeit des LG Bielefeld ergibt sich aus §§ 1 ZPO, 71 Abs. 1, 23 Nr. 1 GVG.

D. Schlüssigkeit der Klagen, § 331 Abs. 2, Abs. 1 S. 1 ZPO

Die Voraussetzungen für den Erlass eines (echten) Versäumnisurteils sind erfüllt, dessen Inhalt richtet sich nach der Rechtslage, wie sie sich aufgrund des klägerischen Tatsachenvortrags darstellt („Geständnisfiktion"). Es ist also auf der Basis des klägerischen Vortrags zu prüfen, ob diejenigen Normen erfüllt sind, auf deren Erfüllung sich das Begehren der Kläger stützt.

I. Die Ausschlussklage aus der GmbH

1. Für den Erfolg der Ausschlussklage ist zunächst Voraussetzung, dass es in der GmbH überhaupt eine Ausschlussmöglichkeit für die Gesellschafter gibt. Das Gesetz sieht verschiedene Fälle der Herbeiführung des Verlusts der Mitgliedschaft vor:

a) § 34 GmbHG befasst sich mit der **Einziehung.** Diese setzt aber eine ausdrückliche gesellschaftsvertragliche Regelung, die insbesondere die Voraussetzungen der Einziehung regeln muss, voraus. Dazu ist nichts vorgetragen.

Hinweis: Neben der Regelung im Gesellschaftsvertrag ist ein sachlicher Grund und die Zahlung einer Abfindung erforderlich. Dabei gilt es Folgendes zu beachten: Die Einziehung ist auch dann wirksam, wenn die Abfindung nicht gezahlt wird. Dies soll verhindern, dass das Ausscheiden zum Beispiel durch gerichtliche Auseinandersetzungen über die Zahlung gezielt hinausgezögert wird.
Hinsichtlich der Abfindung ist § 34 Abs. 3 in Verbindung mit § 30 Abs. 1 GmbHG zu beachten: Führte die Zahlung der Abfindung zu einer Unterbilanz, darf die Abfindung nicht gezahlt werden. Zu der Frage, unter welchen Voraussetzungen in einem solchen Fall eine persönliche Haftung der Gesellschafter infrage kommt, vgl. BGH Urt. v. 24.1.2012 – II ZR 109/11, NZG 2012, 259. Dazu auch *Altmeppen* NJW 2013, 1025.

b) Auch § 21 GmbHG, der den Fall der **Kaduzierung** betrifft, hilft für einen Ausschluss des A nicht weiter, da es im vorliegenden Fall nicht um einen Fall der säumigen Einlageleistung geht.
c) § 61 GmbHG regelt den Fall der **Auflösung**, also letztlich den Verlust sämtlicher Mitgliedschaften in der Gesellschaft. Auch hierum geht es nicht, nur A soll aus der Gesellschaft ausscheiden.
d) Der **Ausschluss** eines Gesellschafters ist aber aus dem Personengesellschaftsrecht bekannt, §§ 737 BGB, 140 HGB. Diese Normen sind möglicherweise im GmbH-Recht entsprechend heranzuziehen. Richtigerweise hat man diese Normen als Ausdruck des allgemeinen Grundsatzes der Lösbarkeit personengebundener Dauerrechtsbeziehungen zu verstehen. Ähnlich wie bei § 314 BGB bringt das Gesetz insoweit zum Ausdruck, dass Personen an persönlich geprägten Dauerbeziehungen nicht festgehalten werden sollen, wenn ihnen dies **unzumutbar** ist. Die Rechtslage in der GmbH ist den genannten Vorschriften insoweit vergleichbar, als auch sie regelmäßig eine von persönlichen Bindungen geprägte Gesellschaftsform ist. Deshalb stellt sich auch die insoweit vorhandene Lücke im GmbHG als planwidrig dar.
e) Festzuhalten ist demnach, dass in Analogie zu § 140 HGB eine **Ausschließungsklage** auch in der GmbH zuzulassen ist.
2. Fraglich ist, welche Voraussetzungen für den Ausschluss vorliegen müssen.
a) Zunächst ist, wie bei § 140 HGB, ein **wichtiger Grund** für den Ausschluss zu verlangen. Es müssen in der Person des betreffenden Gesellschafters Umstände vorliegen, die den anderen Gesellschaftern bei verständiger Abwägung aller in Betracht kommenden Tatsachen die Fortsetzung des Gesellschaftsverhältnisses unzumutbar machen. Als Maßstab kommt insbesondere § 133 HGB in Betracht, auf den § 140 HGB verweist: Es können massive Pflichtverletzungen einen Ausschluss aus der Gesellschaft rechtfertigen.

Im konkreten Fall geht es um einen schwer wiegenden Vertrauensbruch des A. Dieser hat der GmbH nicht nur mehrfach Zigarren zu weit überhöhten Preisen verkauft, sondern hat außerdem mit mehreren Konkurrenzunternehmen der GmbH verhandelt, um dort mit der ursprünglichen Gesellschaft in Konkurrenz zu treten. Ein wichtiger Grund ist somit für den Ausschluss des A vorhanden.

b) Zu fragen ist insoweit jedoch ergänzend, ob eine **weniger einschneidende Maßnahme** denkbar ist, welche die genannten Pflichtverletzungen in effektiver Weise sanktionieren würde. Der Ausschluss eines Gesellschafters muss die ultima ratio, das letzte zur Verfügung stehende Mittel sein. Im Fall ist kein Mittel ersichtlich, das A in vergleichbarer Weise sinnvoll von seinem Verhalten abbringen könnte oder dies wiedergutmachen könnte. Von einem wichtigen Grund ist daher auszugehen.

c) Erforderlich ist weiter ein **Gesellschafterbeschluss** über den Ausschluss. Die Notwendigkeit eines solchen Beschlusses folgt aus dem Rechtsgedanken des § 140 HGB. Die Anforderungen an die insoweit erforderliche **Beschlussmehrheit** sind – sofern sie sich nicht aus der Satzung ergeben – allerdings umstritten: Teilweise wird in Anlehnung an § 60 Abs. 1 Nr. 2 GmbHG eine qualifizierte Dreiviertel-Mehrheit verlangt. Der Ausschluss eines Gesellschafters sei so etwas wie die Teilauflösung der Gesellschaft. Andere lassen die einfache Beschlussmehrheit wie bei der Einziehung (§ 47 Abs. 1 GmbHG) genügen. Im Fall kommt es hierauf nicht an. Ein ordnungsgemäßer Gesellschafterbeschluss, mit welcher Mehrheit auch immer, ist von den Klägern nicht vorgetragen worden.

Auch wenn ein solcher Beschluss im Laufe des Weiteren gerichtlichen Verfahrens möglicherweise noch nachholbar ist, gilt in diesem Stadium, in dem der Erlass eines Versäumnisurteils beantragt ist: Es fehlt an einem Vortrag, der sämtliche tatsächlichen Voraussetzungen für ein Ausschlussurteil des Gerichts abdeckt (§ 331 Abs. 1 S. 1 ZPO).

Hinweis: Bei der Beschlussfassung hat der betroffene Gesellschafter kein Stimmrecht. Das ergibt sich aus § 47 Abs. 4 S. 2 GmbHG, bzw. aus dem allgemeinen Grundsatz, dass kein Gesellschafter als Richter in eigener Sache tätig werden darf.

3. Als erstes **Zwischenergebnis** ergibt sich: Die Klage ist im ersten Klageantrag abzuweisen, wenn R nicht auf (zwingend zuvor vom Gericht zu erteilenden) richterlichen Hinweis ergänzenden Vortrag ankündigt und folglich von einem Antrag auf Erlass eines VU absieht bzw. (soweit er keine Chance auf Nachholung des Gesellschaftsbeschlusses sieht) die Klage insoweit zurücknimmt.

Exkurs: Ausschluss des Aktionärs aus der Aktiengesellschaft:
Für den Ausschluss eines Aktionärs aus der AG steht zunächst grundsätzlich das Squeeze-out-Verfahren nach den §§ 327a ff. AktG zur Verfügung. Dieses scheidet hier aber angesichts der Beteiligungsgröße des A aus.
Auch eine Kaduzierung nach § 64 AktG kommt nicht in Betracht. Sie setzt das Ausstehen von Einlagebeträgen voraus.
Eine Einziehung der Aktien des A (§§ 237 ff. AktG) kommt mangels Vorsehung in der Satzung nicht in Frage. Allerdings wird – ansetzend bei § 237 AktG – diskutiert, ob auch in der AG in gewissem Umfang ein Ausschluss von Aktionären „aus wichtigem Grund" in Betracht kommen kann (vgl. etwa OLG München zum Az. 23 U 3572/15 Rn. 53 m.w.N.).

II. Die Zahlungsklage der GmbH gegen A

1. In Betracht kommt ein Anspruch auf Zahlung von € 58.000,– aus §§ 30 Abs. 1 S. 1, 31 Abs. 1 GmbHG wegen einer „**verdeckten Gewinnausschüttung**" aus der GmbH an A.
a) Das setzt zunächst eine **Zahlung** der Gesellschaft **entgegen § 30 Abs. 1 S. 1 GmbHG** voraus, vgl. § 31 Abs. 1 GmbHG. Mit einer **Zahlung von Vermögen** an den Gesellschafter der GmbH i.S.d. § 30 Abs. 1 S. 1 GmbHG ist jeder Abfluss von Gesellschaftsvermögen gemeint. Das folgt aus dem Kapitalerhaltungsgrundsatz. Für den Vermögensschutz der Gesellschaft ist es unerheblich, ob es um Geldleistungen – also Zahlungen im eigentlichen Sinne – oder um sonstige Vermögensabflüsse geht. Hier geht es um eine Auszahlung von Geld von der GmbH an A.

Der Vermögensabfluss nicht wegen § 134 BGB unwirksam. §§ 30, 31 GmbHG sind nämlich nicht als Verbotsgesetze einzuordnen. Sie sollen nicht das Geschäft an sich verbieten, sondern nur die Vermögensschmälerung. Ein Schutzgehalt wohnt §§ 30, 31 GmbHG also nur insoweit inne; als das Geschäft auch wirklich übervorteilend wirkt. Die Rechtsfolgen eines Verstoßes sind zudem in § 31 GmbHG speziell geregelt. Im Übrigen ist im Fall auch von einer Überweisung des Geldbetrags auszugehen, so dass an einem „wirksamen" Abfluss des Geldes keine Zweifel bestehen.
b) Erforderlich ist weiter, dass das abgeflossene Vermögen **zur Erhaltung des Stammkapitals** der Gesellschaft **erforderlich** war.

Im Falle eines Austauschgeschäfts ist insoweit zum Ersten zu fragen, ob nicht eine **angemessene Gegenleistung** des Gesellschafters dafür gesorgt hat, dass jedenfalls keine Unterbilanz durch die Leistung der Gesellschaft entstehen konnte. Einen solchen Gegenwert hat es im Fall aber nicht gegeben, vielmehr betreffen die klageweise geltend gemachten € 58.000,– gerade dasjenige, was über Marktpreis an den Gesellschafter floss.

Nach dem klägerischen Vortrag wurde die Gesellschaft gerade durch die Geschäfte mit A „in die Schulden getrieben". Das ist dahin auszulegen, dass finanziell eine Überschuldung der Gesellschaft eingetreten ist. Das Stammkapital der Gesellschaft wurde also nicht nur verbraucht, sondern es wurden darüber hinaus Verbindlichkeiten begründet. Insoweit fragt sich, ob überhaupt noch von einem zur „Erhaltung" des Stammkapitals erforderlichen Vermögen der GmbH gesprochen werden kann, das an A geflossen ist.

§ 30 Abs. 1 GmbHG bedarf insoweit der Auslegung: Geschützt ist durch §§ 30, 31 GmbHG nicht allein ein positiver Wert. Das Stammkapital ist ohnehin eine bloße Rechnungsziffer, eine Soll-Eigenkapitalgröße, und kein konkret fassbares und gegenständlich zu bezeichnendes Vermögen. Der Schutzgehalt der Vorschrift erstreckt sich auch auf solche Zahlungen, die eine Unterbilanz noch vertiefen in dem Sinne, dass nach dem Verlust „des Stammkapitals" noch Zahlungen getätigt werden. Das an A geflossene Vermögen fiel also auch insoweit unter § 30 Abs. 1 GmbHG.

c) Es fragt sich jedoch, ob nicht auf der Basis des klägerischen Vortrags von einem **Erlöschen** der ursprünglichen Zahlungspflicht des A aus §§ 30, 31 GmbHG ausgegangen werden muss, weil die Gesellschaft ihr Stammkapital in der Folge wieder erreichte.

Die frühere Rechtsprechung ging in der Tat von einem solchen Erlöschen aus. Dem könnte man deshalb zustimmen wollen, weil der primäre Schutzzweck der §§ 30, 31 GmbHG auf den ersten Blick weggefallen ist, wenn die Gesellschaft wieder über das volle Stammkapital verfügt. Denn dann steht das den Gläubigern versprochene Mindesthaftkapital wieder zur Verfügung.

Diese Sichtweise geht aber fehl. Ein Anspruch kann, dogmatisch gesehen, nicht einfach wegfallen. Insbesondere handelt es sich bei dem Anspruch aus §§ 30, 31 GmbHG um ein Aktivum der Gesellschaft, das gerade zur Auffüllung des Stammkapitals herangezogen werden kann. Als einmal erworbener Vermögensgegenstand muss es den Gläubigern auch weiterhin zur Verfügung stehen.

d) Der GmbH steht gegen A also ein Anspruch auf Zahlung von € 58.000,– zu.

2. Dass – konkurrierend – ein entsprechender Anspruch aus dem **Bereicherungsrecht** (§ 812 Abs. 1 S. 1 Var. 1 BGB) herzuleiten wäre, ist nach dem Vorgetragenen nicht ersichtlich. Die Verträge zwischen der Gesellschaft und dem Gesellschafter über die Lieferung der Zigarren waren auf der Basis des vorgetragenen Sachverhaltes nicht wegen evidenten Missbrauchs der Vertretungsmacht unwirksam.

3. Damit steht ein weiteres **Zwischenergebnis** fest: Der Klage ist im zweiten Klageantrag stattzugeben.

Hinweis: B und C haften bezüglich der Ansprüche der GmbH gegen A grundsätzlich gem. §§ 31 Abs. 1, Abs. 3, 30 Abs. 1 GmbHG mit. Daraus folgt eigentlich ihre volle Haftung auf je eine Hälfte von € 58.000, d. h. € 29.000, bei Ausfall auch des jeweiligen anderen Mitgesellschafters letztlich sogar auf Zahlung der gesamten € 58.000,–.
Allerdings könnte die Mithaftung derjenigen Gesellschafter, die nicht selbst eine Leistung von der GmbH erhalten haben, aus § 31 Abs. 3 GmbHG in der Höhe zu begrenzen ist. Dafür ist die Vorschrift auszulegen. Nach dem Wortlaut spricht nichts für eine solche Beschränkung. Auch aus der Gesetzessystematik ergibt sich insoweit nichts: Abs. 3 knüpft an Abs. 1 des § 31 GmbHG an, der eine unbeschränkte Haftung des Empfängers vorsieht. Das spricht eher noch gegen eine Haftungsbeschränkung. Das Gesetzt löst offenbar den Konflikt zwischen den Haftungsbeschränkungsinteressen der Gesellschafter und den Gläubigerinteresse gerade zu Lasten der Gesellschafter. Auch, dass das GmbHG grundsätzlich eine Nachschusspflicht der Gesellschafter nicht vorsieht, lässt sich nicht als Argument für eine Haftungsbeschränkung anführen.
Aus teleologischen Erwägungen ergibt sich nichts Gegenteiliges. §§ 30, 31 GmbHG dienen dem Gläubigerschutz. Die Gesellschafter stehen, so nimmt es das Gesetz an, der GmbH und ihren wirtschaftlichen Risiken näher als die Gläubiger. Sie können sich ihre Mitgesellschafter aussuchen, denn die GmbH ist personalistisch geprägt.
Zu bedenken ist aber, dass dadurch für die Mitgesellschafter unübersehbare Haftungsrisiken entstünden, zumal in Fällen der Überschuldung zunächst diese ausgeglichen werden müsste und anschließend die fehlende Einlage zu leisten wäre.
Aus diesem Grund wird allgemein eine Haftungsbegrenzung angenommen. Über das „Wie" der Haftungsbegrenzung besteht Streit, vgl. *Ekkenga* in: MüKo GmbHG, § 31 Rn. 62ff. m.w.N.

III. Der Klage ist im zweiten Antrag stattzugeben. Insgesamt wird das Gericht der GmbH also € 58.000,– zusprechen, im Übrigen die Klage (Ausschlussklage) der GmbH aber abweisen.

IV. Die Zinsentscheidung

folgt aus §§ 280 I, II, 286, 288, 291, 247 BGB.

Frage 2: Ansprüche der AG gegen A

1. Darüber hinaus kommt ein Anspruch der AG gegen A auf Zahlung von € 80.000,– aus **§§ 437 Nr. 2, 440, 326 Abs. 5, 346 Abs. 1 BGB** in Betracht.

Im Ergebnis besteht dieser Anspruch aber nicht, da ein wirksamer Gewährleistungsausschluss (§ 444 BGB) vorgetragen ist. Insoweit kommt auch kein

Schadensersatzanspruch in Betracht, § 437 Nr. 3 BGB. Auch für das Bestehen sonstiger Schadensersatzansprüche (z. B. gemäß §§ 823 ff. BGB) findet sich kein Anhalt, da A weder wusste, noch wissen konnte, dass der Boden des von ihm veräußerten Grundstücks kontaminiert war.

2. Ein Anspruch könnte aber auf der Basis des **Bereicherungsrechts** (§ 812 Abs. 1 S. 1 Var. 1 BGB) begründet sein.

a) A hat **etwas erlangt**, nämlich nach der hier zugrunde gelegten Annahme eine Gutschrift bei seiner Bank (abstraktes Schuldversprechen, § 780 BGB) i.H.v. € 80.000,–.

b) Die Gutschrift ist auf eine **Leistung** der AG zurückzuführen.

c) Fraglich ist, ob für die Leistung ein **Rechtsgrund** bestand. Nach **§ 52 Abs. 1 S. 1 AktG** könnte das Verpflichtungsgeschäft unwirksam sein. Bei dem zwischen der Gesellschaft und A vereinbarten Geschäft handelte es sich nämlich um ein unter § 52 AktG fallendes **Nachgründungsgeschäft.** Der Grundstückskaufvertrag zwischen der AG und dem zu 51 % an der AG beteiligten A erreichte eine Vergütung, die 1/10 des Grundkapitals überstieg. Das Geschäft wurde auch in den ersten zwei Jahren seit der Eintragung der AG in das Handelsregister geschlossen. Mithin ist § 52 Abs. 1 S. 1 AktG erfüllt. Folge ist nach S. 2 der Vorschrift, dass sämtliche Rechtshandlungen zur Ausführung des betreffenden Vertrags unwirksam sind. Das gilt nicht nur für Leistung der Gesellschaft (wobei es aufgrund der technischen Besonderheiten der Überweisung im Fall eben doch nicht zur Unwirksamkeit kam). Vielmehr gilt es auch in die umgekehrte Richtung, für die Leistung des Aktionärs an die AG. Nach § 52 Abs. 1 S. 2 AktG war also die Übereignung des A an die Gesellschaft unwirksam.

Damit steht fest, dass dem A Einlagen zurückgewährt worden sind, nämlich i.H.v. € 80.000,–. Der klägerseits geltend gemachte Anspruch besteht also.

d) Ergebnis: A ist deshalb zum **Wertersatz** nach § 818 Abs. 2 BGB verpflichtet. Er muss der AG auch aus diesem Grunde € 80.000,– zahlen.

3. Es könnte zudem ein Anspruch der AG gegen A auf Zahlung von € 80.000,– aus **§§ 57, 62 Abs. 1 S. 1 AktG** bestehen.

Das setzt zunächst eine **Einlagenrückgewähr** an A voraus. Damit ist nicht gemeint, dass dem Gesellschafter ausdrücklich und bar das von ihm als Einlage Geleistete zurückgezahlt werden müsste. § 57 AktG ist vielmehr Ausdruck des allgemeinen Kapitalerhaltungsgrundsatzes. Damit fallen unter die Norm, wie bei §§ 30, 31 GmbHG, sämtliche (teilweise) **gegenwertlos an den Gesellschafter erbrachten Leistungen** aus dem Gesellschaftsvermögen.

An A sind – lebensnah: per Überweisung – € 80.000,– aus dem Gesellschaftsvermögen geflossen. Allerdings knüpfen §§ 57, 62 AktG (und genauso §§ 30, 31 GmbHG) an einen „einseitigen", nur von der Gesellschaft stammenden Vermögensabfluss an. Zu bedenken ist, dass die Gesellschaft bei einem zweiseitigen Austauschgeschäft mit dem Gesellschafter ihrerseits einen Vermögensgegenstand erhalten kann. In einem solchen Fall ist nicht „schematisch" ein Vermögensabfluss i.S.d. Kapitalerhaltungsrechts zu bejahen. Vielmehr müssen die Vorschriften ihrem Sinn und Zweck nach maßgeblich an eine negative **„Endbilanz"** eines Vermögensaustausches zwischen der Gesellschaft und dem Gesellschafter anknüpfen. Von einer Verletzung des Kapitalerhaltungsprinzips kann also nur dann die Rede sein, wenn die Gesellschaft für einen Vermögensabfluss nicht im Gegenzug eine gleichwertige Leistung erhält.

Hier hat die AG für die Zahlung des Kaufpreises bei vordergründiger Betrachtung im Gegenzug ein fast wertloses, weil kontaminiertes Grundstück (bzw.: Eigentum und Besitz an diesem Grundstück) erhalten, dessen Restwert sich auf € 5.000,– belief. Durch die Nichtigkeit sämtlicher (auch dinglicher) Rechtsgeschäfte gem. § 52 Abs. 1 S. 2 AktG entstand der AG in Hinblick auf die an A ausgezahlten Mittel jedoch ein Anspruch aus § 812 Abs. 1 S. 1 Var. 1 BGB gegen A. Da dieser Anspruch vollwertig war (vgl. § 57 Abs. 1 S. 3 AktG), liegt keine verbotene Einlagenrückgewähr vor. Ein Anspruch gem. §§ 57, 62 Abs. 1 S. 1 AktG besteht demnach nicht.

4. Zu prüfen ist als nächstes, ob der AG wegen der Dekontaminierung des Bodens ein Anspruch auf Zahlung **weiterer € 75.000,–** gegen A zusteht.

Als Anspruchsgrundlage für dieses Begehren kommt das Recht der **Geschäftsführung ohne Auftrag** in Frage, §§ 677, 679, 682 S. 1, 670 BGB.

a) Die AG müsste zunächst ein **fremdes Geschäft**, nämlich ein Geschäft des A, geführt haben. Eine Geschäftsführung ist jedes Tätigwerden im fremden Geschäftskreis, wie z. B. das Aufkommen für die Dekontaminierung des Grundstücks. Da die AG selbst von der zuständigen Behörde auf Dekontaminierung in Anspruch genommen wurde, ist ihr Tätigwerden als „auch fremdes" Geschäft einzuordnen. Die Fremdheit ergibt sich daraus, dass das Grundstück nach wie vor im Eigentum des A stand (s. oben).
b) Fraglich ist indessen, ob auf der Basis des Tatsachenvortrags der Kläger angenommen werden kann, dass die AG (bzw. ihr Vorstand, § 166 Abs. 1 BGB analog) **mit Fremdgeschäftsführungswillen** handelte. Zwar wird dieser Fremdgeschäftsführungswille bei objektiv fremden Geschäften grundsätzlich vermutet. Sogar bei „auch fremden" Geschäften soll diese Vermutung greifen. Hier ist sie indessen bereits nach dem (klägerseits vorgetragenen) Sachverhalt als widerlegt anzusehen, weil die AG bzw. ihr Vorstand ersichtlich davon

ausging, das Grundstück gehöre der AG. Insoweit wollte der Vorstand ein eigenes Geschäft der AG führen. Deshalb ist ein Anspruch aus GoA hier abzulehnen.

Hinweis: Die Gegenansicht ist bei entsprechender Argumentation vertretbar.

5. Der Anspruch auf Zahlung weiterer € 75.000,– könnte sich indessen auf **§ 994 Abs. 1 S. 1 BGB** stützen lassen.
a) A war zur Zeit der Dekontaminierung **Eigentümer** des Grundstücks, die AG Besitzerin ohne Recht zum Besitz, da der zugrunde liegende Kaufvertrag unwirksam war. Die AG besitzt insoweit kraft ihrer Organe (die nicht selbst Besitzer sind).
b) Des Weiteren müsste die AG **notwendige Verwendungen** auf die Sache getätigt haben. Als Verwendung ist jede Aufwendung zu verstehen, die der Sache zugute kommen soll, in dem sie ihre Wiederherstellung, ihrem Erhalt oder ihrer Verbesserung dient – wie es bei einer „Reparatur" des Grundstücks durch Entgiftung anzunehmen ist. Notwendig war die Dekontaminierung, wenn sie zur Erhaltung der Sache nach objektiven Maßstäben erforderlich war, also andernfalls der Eigentümer eben diese Verwendung hätte tätigen müssen. Das ist hier schon deshalb der Fall, weil A als Zustandsstörer für die Dekontaminierung des Grundstücks ebenfalls hätte in Anspruch genommen werden können (§ 4 III BBodSchG).
c) Die AG war **unverklagte, gutgläubige Besitzerin.**
d) Die AG hat folglich auf der Basis des vorgetragenen Sachverhalts gegen A einen Anspruch auf Zahlung weiterer € 75.000,– aus § 994 Abs. 1 BGB.
6. Auch aus dem **Bereicherungsrecht** könnte ein entsprechender Anspruch herzuleiten sein, § 812 Abs. 1 S. 1 Var. 2 BGB. Das EBV sperrt allerdings in Bezug auf Verwendungsersatzfragen die Anwendung des Bereicherungsrechts.[68]
7. Ergebnis: Die AG hat gegen A insgesamt einen Anspruch i.H.v. € 155.000,–.

Hinweis:
Zum dogmatischen Hintergrund bzw. zur Funktionsweise eines Gesellschafterausschlusses: Die Wirksamkeit des im Urteil ausgesprochenen Ausschlusses eines Gesellschafters ist aufschiebend bedingt durch die Zahlung einer angemessenen Abfindung, die auf Antrag des Beklagten zusammen mit einer Frist zur Zahlung im Urteil festzusetzen ist. So sieht es jedenfalls die Rechtsprechung.

68 Vgl. *Raff* in: MüKo BGB, § 994 Rn. 66 m.w.H.

Der Anteil des ausgeschlossenen Gesellschafters geht mit dem Urteil nicht etwa unter, der Gesellschafter verliert lediglich seine Gesellschafterrechte. Die Gesellschaft hat nach Zahlung der Abfindung die Wahl, ob sie den Anteil einzieht, oder auf jemanden überträgt (also veräußert). Auch dazu wird die Gesellschaft im Urteil ermächtigt.
Einzelheiten bei: *Baumbach/Hueck/Hueck/Fastrich* GmbHG, 17.Aufl., Anh. § 34 Rn. 1 ff.
Vertiefungshinweise zur Einziehung eines Geschäftsanteils und zum Ausschluss eines Gesellschafters:
- *Raiser/Veil* S. 520 ff. bzw. 526 ff.

Fall 9: Aktionärsrechte

Die IT Sensation AG mit Sitz in Frankfurt ist eine im regulierten Markt an der Frankfurter Wertpapierbörse notierte Gesellschaft, die eine große Suchmaschine im Internet betreibt.

Zur jährlichen Hauptversammlung am 1.10.2017 begibt sich u.a. Aktionär Bolko Blom. Blom hat kurz vor der HV, ohne jemanden davon zu unterrichten, seine Beteiligung an der IT Sensation AG von 15% auf 25,1% der Aktien und Stimmrechtsanteile aufgestockt.

Als der Vorstand die HV auffordert, der Veräußerung des größten Tochterunternehmens der IT Sensation AG, der IT-XXL AG, welche 80% des Gesellschaftsvermögens der Mutter ausmacht, zuzustimmen, verlangt Blom vom Vorstand zunächst einige Informationen. Er fragt u.a. an, ob es zutreffe, dass die Gesellschaft an eine GmbH veräußert werden solle, die einem Schwager des Vorstandsvorsitzenden Volker Völler gehöre. Der Vorstand lehnt eine Stellungnahme hierzu ab. Das sei privat und tue nichts zur Sache. Wenn Blom Zweifel an der Angemessenheit des Kaufpreises habe, solle er das äußern, man werde ihm dann im Einzelnen erläutern, wie dieser zustande gekommen sei. Insoweit sei eine ganze Reihe Unterlagen verfügbar, mit Hilfe derer man Bloms Informationsbedürfnis entgegenkommen könne.

Bei der anschließenden Abstimmung stimmen Blom sowie Aktionäre, die 11% des Grundkapitals auf sich vereinigen, gegen den Verkauf, die restlichen Aktionäre, die 63,9% des Grundkapitals halten, stimmen dafür. Der Versammlungsleiter stellt daraufhin fest, dass die erforderliche Mehrheit für den Beschluss zustande gekommen sei. Zum einen werde nur die einfache Stimmenmehrheit benötigt, die erreicht sei, zum anderen sei Blom nicht stimmberechtigt.

1. Hat der Vorstand sich zu Recht geweigert, Blom die geforderte Information zu geben?
2. War der Vorstand der IT Sensation AG verpflichtet, die Zustimmung der Hauptversammlung zur Veräußerung der Tochtergesellschaft einzuholen?
3. Ist der Hauptversammlungsbeschluss über die Veräußerung mit der erforderlichen Mehrheit zustande gekommen?

https://doi.org/10.1515/9783110526325-010

Gliederung

Lösung zu Fall 9

Schwerpunkte: Auskunftsrecht des Aktionärs; ungeschriebene Hauptversammlungskompetenzen; Mitteilungspflichten nach §§ 21ff. WpHG

Frage 1: Verweigerung der Auskunft durch den Vorstand

Die Rechtmäßigkeit der Verweigerung der Auskunftserteilung hängt davon ab, ob ein Anspruch des Aktionärs B auf die Erteilung der begehrten Information bestand. Als Rechtsgrundlage eines solchen Anspruchs kommt **§ 131 Abs. 1 S. 1 AktG** in Betracht.

1. Dessen tatbestandliche Voraussetzungen sind zumindest insoweit erfüllt, als es um eine von B **in der Hauptversammlung begehrte Auskunft** geht.
2. Auch handelt es sich um eine Information, die **in Angelegenheiten der Gesellschaft** verlangt wird. Es geht nämlich um die Verwaltung von Gesellschaftsvermögen der AG in Form der Anteile an einem anderen Unternehmen. Dass zugleich ein möglicherweise privates Verhältnis – dasjenige des Vorstandsvorsitzenden zum Käufer – betroffen sein könnte, ändert nichts.
3. Es ist aber die Frage, ob die von B verlangte Auskunft **zur sachgemäßen Beurteilung** des in Rede stehenden TOP (Verkauf der Anteile) **erforderlich** war.

a) Dazu, was in diesem Sinne erforderlich ist, lässt sich aus dem **Wortlaut** der Norm nichts ableiten.

b) Mehr dazu lässt sich möglicherweise der **Gesetzessystematik** entnehmen: Die Vorschriften aus dem BGB über den Verbraucherschutz, insbesondere über dem Verbraucher zu überlassende Informationen (etwa § 312d oder § 491a BGB) helfen insoweit nicht weiter. Sie sind auf das besondere Übermachtverhältnis des Unternehmers zugeschnitten und passen für die AG nicht. Auch ein Rekurs auf allgemeine Grundsätze zu den Informations- und Aufklärungspflichten gegenüber einem Vertragspartner beim Vertragsschluss kommt nicht in Betracht. Worüber ggf. aufzuklären ist, erklärt sich insoweit aus der besonderen, vertragsspezifischen Interessenlage. Bei der AG geht es hingegen um eine gesellschaftsinterne Rechenschaftspflicht.

Zur Informationspflicht in einem Auftragsverhältnis verhält sich § 666 BGB, der aber ebenso wenig Erkenntnisgewinn bringt. Dort ist lediglich angeordnet, dass der Auftragnehmer die „erforderlichen" Nachrichten zu geben und über den

„Stand" des Geschäfts, welches Gegenstand des Auftrags ist, Auskunft zu geben hat.

Auch aus § 131 Abs. 3 AktG e contrario lassen sich keine Schlüsse dafür ziehen, welche Informationen für den Aktionär „erforderlich" sind. In Abs. 3 sind lediglich einige Ausnahmefälle geregelt, in denen der Vorstand in jedem Falle die Auskunft verweigern kann.

Als weiterführend erweist sich § 293 g Abs. 3 AktG: Dort ist normiert, dass der Vorstand alle für den Vertragsschluss – d.h. für den Abschluss eines Unternehmensvertrags – wesentlichen Angelegenheiten aufzudecken hat. Allgemeiner ausgedrückt, muss der Vorstand alle für denjenigen Gegenstand, der zur Abstimmung in der Hauptversammlung steht, wesentlichen Umstände mitteilen.

Hinweis: Die Ausführungen zur Gesetzessystematik dürften auch kürzer ausfallen. § 293 g Abs. 3 AktG muss nicht bekannt sein.

c) Diese Erkenntnis deckt sich mit der **Teleologie** der Norm: Der Aktionär soll einerseits über sein Informationsrecht in die Lage versetzt werden, eine informierte und sachkundige Entscheidung zu treffen. Dafür muss er in der Tat alles wissen, was für die anstehende Entscheidung wesentlich ist. Andererseits hat § 131 AktG den zweckmäßigen Ablauf der Hauptversammlung vor Augen. Vom Informationsrecht darf nicht ausufernd Gebrauch gemacht werden, nicht alles, was einem Aktionär wesentlich erscheint, kann er vom Vorstand verlangen. Vielmehr ist ein objektiver Maßstab anzulegen.

Auf den Fall angewendet ergibt das Folgendes: Die mögliche Verschwägerung des Vorstandsvorsitzenden mit dem Käufer lässt den „Anfangsverdacht", es könnte ein zu niedriger Preis ausgehandelt worden sein, als nicht völlig abwegig erscheinen. Andererseits entscheidet i.d.R. nicht der Vorstandsvorsitzende allein über den Verkauf, zudem lässt sich die Angemessenheit des Kaufpreises auch auf anderem Wege (mehr oder weniger) objektiv feststellen, nämlich über eine Unternehmensbewertung. Das Auskunftsrecht des Aktionärs, der sich über die Angemessenheit des Kaufpreises informieren will, muss sich auf solche sachlichen Informationen beziehen. Nur sie sind in dem Sinne wesentlich, dass der Aktionär ohne sie keine vernünftige Entscheidung treffen kann.

Die Frage nach der Verschwägerung des Vorstandsvorsitzenden mit dem Käufer ist deshalb nicht als zur sachgemäßen Beurteilung des TOP betreffend den Unternehmensverkauf erforderlich anzusehen.

4. Ob Aktionär B möglicherweise sein Auskunftsrecht aufgrund von **§ 28 WpHG** verloren hat, braucht hier mithin nicht mehr erörtert zu werden.

5. Ergebnis: Der Vorstand durfte die Auskunft verweigern.

Frage 2: Verpflichtung des Vorstands, die Zustimmung der Hauptversammlung zur Veräußerung der Tochtergesellschaft einzuholen

I. Zuständigkeit der Hauptversammlung gemäß § 179a AktG

Die Verpflichtung des Vorstands, die Hauptversammlung der AG an der Entscheidung über die Veräußerung zu beteiligen, könnte zunächst aus § 179a AktG folgen. Dort ist allerdings lediglich die Veräußerung des ganzen Vermögens der AG an die Zustimmung der Hauptversammlung gebunden. Zu überlegen ist insoweit, ob das im Wege der Auslegung der Norm so verstanden werden kann, dass auch die Veräußerung eines **wesentlichen Teils** des Gesellschaftsvermögens zustimmungspflichtig sein soll.

Der Vergleich zu anderen Vorschriften spricht teils für, teils gegen diese Annahme: Die Rechtsprechung sieht Verfügungen eines Ehegatten über wesentliche Teile seines Vermögens als Verfügung über sein Vermögen „im ganzen" an und unterwirft sie deshalb nach § 1365 BGB der Zustimmung des anderen Ehegatten. In § 37 Abs. 1 Nr. 1 GWB hingegen wird unterschieden zwischen dem Erwerb eines anderen Unternehmens „ganz oder zu einem wesentlichen Teil". Insoweit lässt sich also keine letzte Klarheit gewinnen.

Berücksichtigt man jedoch, dass § 179a AktG ursprünglich den Fusionstatbeständen zuzuordnen ist, so wird klar, dass in der Tat nur die Übertragung des gesamten Vermögens der AG zur Zustimmung der Hauptversammlung führen kann. Denn ein fusionsähnlicher Tatbestand setzt die vollständige Aufgabe des vormals selbstständigen Unternehmens voraus. Zudem lässt sich auch schwer abgrenzen, was ein wesentlicher und was noch kein wesentlicher Teil des Gesellschaftsvermögens sein soll.

§ 179a AktG ist demnach weder direkt, noch bei einer extensiven Interpretation oder im Wege der Analogie anwendbar.

II. Zuständigkeit der Hauptversammlung gemäß § 119 Abs. 2 AktG

Nach § 119 Abs. 2 AktG kann der Vorstand, dem Wortlaut der Norm nach freiwillig Fragen der Geschäftsführung der Hauptversammlung zur Entscheidung vorlegen. § 119 Abs. 2 AktG eröffnet, so verstanden, allerdings keine zwingend vom Vorstand zu beachtende Kompetenz der Hauptversammlung, sondern eine vom Vorstand abgeleitete Entscheidungsbefugnis.

Die Rechtsprechung hat § 119 Abs. 2 AktG in der grundlegenden „**Holzmüller**"-Entscheidung demgegenüber unter bestimmten Umständen eine Vorlagepflicht des Vorstands entnommen.[69] Der Vorstand müsse die Hauptversammlung nach § 119 Abs. 2 AktG über bestimmte grundlegend wichtige Angelegenheiten entscheiden lassen und hat dies insbesondere an dem Merkmal eines „tiefen Eingriffs" in Aktionärsrechte und an der grundlegenden Bedeutung einer Entscheidung (im Fall: einer Ausgliederung von Vermögen auf eine Tochtergesellschaft) festgemacht.

Gegen diesen Ansatz sprechen indessen, wie die Rechtsprechung im späteren sog. **Gelatine**-Urteil eingeräumt hat, dogmatische Bedenken.[70] § 119 Abs. 2 AktG ist als Recht des Vorstands ausgestaltet. Die Norm gestattet es dem Vorstand, sich bei wichtigen Entscheidungen bei den Aktionären „rückzuversichern", um auf diesem Wege der Haftung aus § 93 Abs. 2 AktG zu entgehen, vgl. § 93 Abs. 4 S. 1 AktG. Dieses Recht kann nicht in eine Pflicht umgedeutet werden.

§ 119 Abs. 2 AktG bietet deshalb keinen überzeugenden Ansatzpunkt für ein Beteiligungsrecht der Hauptversammlung bei der Frage der Veräußerung der Tochter.

III. Zuständigkeit der Hauptversammlung aus offener Rechtsfortbildung (gesetzesübersteigender Rechtsfortbildung)

Der BGH hat sich im Gelatine-Urteil, in dem die materiellen Kriterien der Holzmüller-Entscheidung für eine Beteiligung der Hauptversammlung im Wesentlichen übernommen werden, für eine (ausnahmsweise) Anerkennung von ungeschriebenen Hauptversammlungskompetenzen auf der Basis offener Rechtsfortbildung ausgesprochen. Jedenfalls bei Maßnahmen, die in ihrer Bedeutung den Kernbereich der Gesellschaft beträfen und die Unternehmensverfassung, also die Satzung, berührten, gebühre den Aktionären ein gesellschaftsintern wirkendes (also nach außen für die Wirksamkeit der fraglichen Maßnahme unerhebliches) Entscheidungsrecht.

Allerdings ist die Gesamtanalogie als gesetzesimmanente Rechtsfortbildung der gesetzesübersteigenden Rechtsfortbildung vorrangig, so dass zunächst geprüft werden muss, ob nicht eine Gesamtanalogie in Betracht kommt.

---

69 BGH, Urt. v. 25.02.1982 – II ZR 174/80, BGHZ 83, 122 – Holzmüller.
70 BGH, Urt. v. 26.04.2004 – II ZR 155/02, NJW 2004, 1860 – Gelatine.

Hinweis: Die gesetzesübersteigende Rechtsfortbildung vor der Gesamtanalogie zu erwähnen ist genau aus dem letztgenannten Grund nicht ganz „schulmäßig". Da sich die Lösung am Ende aber für den Gesamtanalogieansatz entscheidet und mithin für den „Gelatine"-Ansatz andernfalls nur das Hilfsgutachten bliebe, wird er hier vorangestellt.

IV. Zuständigkeit der Hauptversammlung aus einer Gesamtanalogie zu den „Grundlagenkompetenzen" der Hauptversammlung (§§ 179, 179a, 182ff., 222ff., 262, 274, 293ff., 319 AktG, 123ff., 13, 63 UmwG analog)

1. Die Analogie setzt zunächst eine **planwidrige Regelungslücke** im Kompetenzgefüge des Gesetzes voraus. § 119 Abs. 1 AktG scheint insoweit auf den ersten Blick für eine abschließende Regelung zu sprechen. Dort heißt es ausdrücklich, dass die Hauptversammlung nur in den gesetzlich oder satzungsmäßig bestimmten Fällen zu entscheiden hat. Zu verstehen ist diese Anordnung aber lediglich als Abkehr von der vorher – d. h. vor dem AktG 1937 – geltenden Zuständigkeit der Hauptversammlung als weisungsbefugtes oberstes Organ der AG. Eine unbedingt abschließende Regelung findet sich deshalb in § 119 Abs. 1 AktG nicht.
2. Als zweites ist zu klären, ob der Verkauf der Tochteranteile, die einen wesentlichen Teil des Gesellschaftsvermögens der AG ausmachen, denjenigen Fallgestaltungen **vergleichbar** ist, die gesetzlich geregelt sind.

Eine starke Literaturansicht hat sich für eine generelle Zuständigkeit der Hauptversammlung betreffend alle grundlegend wichtigen **„strukturändernden" Entscheidungen** ausgesprochen. Es solle nach dem Gesetz der Hauptversammlung die Entscheidungsmacht über alle Grundlagenentscheidungen vorbehalten bleiben, die für den „Aufbau" der AG und damit für die Rechtsposition der Aktionäre von einschneidender Bedeutung seien. Insbesondere bei der Ausgliederung von beträchtlichem Vermögen auf Tochtergesellschaften oder bei der Veräußerung erheblicher Anteile des Gesellschaftsvermögens sei von einer solch einschneidenden Bedeutung auszugehen.

Gegen diese Lehre lässt sich die Unbestimmtheit ihrer Kriterien vorbringen. Was genau eine „Strukturmaßnahme" sein soll, ab welcher Schwelle hiervon zu sprechen ist und ob insbesondere vor dem Hintergrund von § 179a AktG die bloße wirtschaftliche Tragweite einer Maßnahme entscheidend für die Annahme einer Hauptversammlungskompetenz sein kann, ist durchaus zweifelhaft.

Berücksichtigt man andererseits lediglich die Fallgruppe der Veräußerung von Gesellschaftsvermögen, so ist nicht zu leugnen, dass eine Gefährdung des satzungsmäßigen Unternehmensgegenstands droht, wenn die AG weite Teile ihres Vermögens aus der Hand gibt. Insoweit ist eine Beteiligung der Aktionäre an dieser „Strukturmaßnahme" sinnvoll. Die erforderliche Rechtssicherheit lässt sich zumindest in Bezug auf *diese* Fallgruppe durch eine strikte Schwellenwertbildung in der Rechtsprechung schaffen. Vergleichbares ist etwa i.R.v. § 1365 BGB längst geschehen. Überzeugend ist es insoweit, mit dem Gelatine-Urteil hohe Anforderungen zu stellen und von einem Schwellenwert bei etwa 80% des Gesellschaftsvermögens anzusetzen.

Legt man diesen Wert zugrunde, so ist die Ausgangsfrage letztlich dahin zu beantworten, dass die Beteiligung der Hauptversammlung an der in Rede stehenden Maßnahme erforderlich war.

V. Ergebnis: Die Beteiligung der Hauptversammlung war erforderlich.

Hinweis: Die Lehre von den Strukturmaßnahmen ist inhaltlich nicht voll überzeugend (s. im Einzelnen *Brauer* Die Rechte der Aktionäre beim Börsengang und Börsenrückzug ihrer Aktiengesellschaft, S. 129ff.). Es spricht mehr dafür, die Hauptversammlung generell bei allen Maßnahmen für zuständig zu halten, die einer Satzungsänderung gleichkommen (*Brauer* a.a.O. S. 161ff.; mit anderer Argumentation auch *Fleischer* NJW 2004, 2335ff.). Der Nachweis ist allerdings in einer Klausur nur schwer zu führen. Daher wird hier eine klausurmäßig leichter darzustellende Argumentation vorgeschlagen.

Frage 3: Richtige Mehrheit

Fraglich ist, ob der Hauptversammlungsbeschluss über die Veräußerung der IT-XXL AG mit der erforderlichen Mehrheit zustande gekommen ist.

1. Geht man von einer ungeschriebenen Hauptversammlungszuständigkeit für die Frage der Veräußerung der Tochtergesellschaft aus, so bedurfte der Beschluss der qualifizierten Mehrheit, d.h. der Mehrheit der abgegebenen Stimmen sowie der Mehrheit von 3/4 in Bezug auf das bei der Beschlussfassung vertretene Grundkapital.

Die einfache Stimmenmehrheit ist im Fall erreicht (vgl. § 134 Abs. 1 S. 1 AktG), vom vertretenen Grundkapital haben indessen scheinbar nur 63,9% des Grundkapitals für den Beschluss gestimmt statt der erforderlichen mindestens 75%. Zutreffend ist das allerdings nur dann, wenn die Stimmen des Aktionärs B auch tatsächlich als gültige Gegenstimmen – nämlich als vertretenes Grundkapital – gewertet werden können. Möglicherweise ist dies wegen **§ 28 WpHG** indessen ausgeschlossen. B hat dann keine Rechte aus seinen Aktien, insbesondere keine

Stimmrechte, wenn er gegen Mitteilungspflichten aus den §§ 21 ff. WpHG verstoßen hat:

<u>Hinweis</u>: Der Rechtsverlust auf gesellschaftsrechtlicher Ebene soll dazu führen, dass die kapitalmarktrechtlichen Mitteilungspflichten eingehalten werden. Ihm kommt somit Präventivwirkung zu. Der Rechtsverlust umfasst dabei alle Vermögens-, Verwaltungs- und Sonderrechte des Aktionärs, vgl. *Zimmermann* in: Fuchs WpHG, 2. Aufl. 2016, § 28 Rn. 1 ff.
Von erheblicher Bedeutung ist in der Praxis die **Stimmzurechnung** von Dritten gem. § 22 Abs. 1 S. 1 WpHG. Hintergrund der Zurechnung ist der Umstand, dass zwischen demjenigen, dem Stimmrechte zugerechnet werden und dem Aktieneigentümer ein Rechtsverhältnis besteht, kraft dessen der Meldepflichtige als „Hintermann" des Aktieneigentümers erscheint. Davon ist das sog. **acting in concert** (§ 22 Abs. 2 WpHG) zu unterscheiden. Als solches wird koordiniertes Verhalten auf Aktionärsebene verstanden. Die Mitteilungspflichten sollen hierbei dazu beitragen, das gemeinsame Einflusspotential der sich abstimmenden Personen zu erfassen und kenntlich zu machen, Vgl. dazu *Zimmermann* in: Fuchs WpHG, § 22 Rn. 79 ff.

a) B hat durch **Erwerb 25 %** der **Stimmrechte** an der IT Sensation AG überschritten.
b) Bei der IT Sensation AG handelt es sich um eine **börsennotierte Gesellschaft** i.S.v. § 21 Abs. 2 WpHG, denn ihre Anteile werden an einem „organisierten Markt" (§ 2 Abs. 5 WpHG), dem Geregelten Markt des Frankfurter Wertpapierbörse, gehandelt.
c) Den Erwerb musste B sowohl der Gesellschaft, als auch der BaFin mitteilen, § 21 Abs. 1 S. 1 WpHG.

<u>Hinweis</u>: § 25 WpHG erweitern die Mitteilungspflicht auf weitere Finanzinstrumente, sog. **Derivatgeschäfte**, also vor allem auf **Optionsgeschäfte**, bei denen ein Anspruch auf Verschaffung von Eigentum an den Aktien besteht. Nicht umfasst sind dagegen Optionsgeschäfte, bei denen die Möglichkeit eines Barausgleichs besteht (sog. **Cash settled equity swaps**). Dies ermöglichte es Unternehmen in der Vergangenheit, durch verdeckten Beteiligungsaufbau Unternehmensübernahmen entgegen den kapitalmarktrechtlichen Transparenzvorschriften durchzuführen, vgl. etwa die Fälle **Schaeffler/Continental** und **Porsche/Volkswagen.** Diese Gesetzeslücke hat der Gesetzgeber nunmehr mit § 25a WpHG geschlossen.

d) Gemäß § 28 WpHG standen B seit Beginn der Verletzung seiner Handlungspflicht keine Rechte mehr aus seinen Aktien zu. Erfasst sind von dieser Sanktion ausweislich des eindeutigen Wortlauts des § 28 WpHG nicht nur die zuletzt erworbenen, sondern *alle* Aktien des B.

2. Damit gilt für die Frage, ob die qualifizierte Mehrheit beim Beschluss erreicht war: Es mussten 3/4 des bei der Beschlussfassung vertretenen *und stimmberechtigten* Grundkapitals – und das sind 74,9 % des vollen Grundkapitals – erreicht sein. Dreiviertel von 74,9 % sind rund 56 %, d. h. 56 % des gesamten

Grundkapitals mussten für die Veräußerung stimmen, um die qualifizierte Mehrheit zu erreichen. Tatsächlich haben 63,9 % des vollen Grundkapitals für die Veräußerung gestimmt, die erforderliche Mehrheit war also jedenfalls erreicht.

3. Ergebnis: Damit lässt sich festhalten, dass der Beschluss ordnungsgemäß zustande kam.

Hinweis: Weitere Stimmverbote sind in § 136 AktG geregelt. Darüber hinaus gibt es kein Stimmrecht aus eigenen Aktien (§ 71b AktG).
Vertiefungshinweise:
Zu den ungeschriebenen Hauptversammlungskompetenzen:
- *Raiser/Veil* S. 233 ff.
Zu den Stimmrechtsmitteilungspflichten:
- *Buck-Heeb* S. 160 ff.

Fall 10: Börsengang im Überschwang

Die Anteilseigner der IT Sensation AG mit Sitz in Hamburg streben die Notierung ihrer Aktien im regulierten Markt an der Frankfurter Wertpapierbörse an. Im Rahmen des geplanten Börsengangs ist auch eine Kapitalerhöhung für Dezember 2016 vorgesehen. Um hierfür möglichst viele neue Investoren zu gewinnen, werden seitens des Vorstandsvorsitzenden der AG, Volker Völler, gewaltige Umsätze fingiert und über die Tagespresse in der Öffentlichkeit lanciert. Auch im Emissionsprospekt, den die AG Ende November 2016 zwecks Zulassung der neu zu emittierenden Aktien zum Handel im regulierten Markt veröffentlicht hat, finden sich Angaben über die angeblichen Millionenumsätze, die es in dieser Form nie gegeben hat.

Die U-Invest OHG, welche die Emission als Emissionsbank begleitet und den Emissionsprospekt mit ausgearbeitet und unterzeichnet hat, zeichnet Mitte November 2016 die 750.000 Aktien aus der Kapitalerhöhung zum Nennbetrag (€ 5,-) auf der Basis eines „Übernahmevertrags" („Underwriting Agreement"). Ein Rückgaberecht hinsichtlich nicht verkaufter Anteile ist nicht im Vertrag vorgesehen. Die Börsenzulassung für die Aktien wird erteilt und die Aktien werden an der Börse eingeführt.

Der U-Invest OHG gelingt es, noch im Dezember 90 % der Anteile öffentlich zu einem Preis von je € 15,– im eigenen Namen (i. d. R. unter der aufschiebenden Bedingung einer Mindestzeichnung im Bookbuilding-Verfahren bzw. im hier vorliegenden Festpreisverfahren) an das Publikum weiter zu veräußern. Dafür erhält sie auf der Basis des Übernahmevertrags eine Provision von € 1,– pro verkaufter Aktie, den überschießenden Betrag leitet die Bank umgehend an die Emittentin weiter. Von den Anlegern, die (außer über die fingierten Umsätze) ordnungsgemäß aufgeklärt werden, verlangt die U-Invest OHG zudem (übliche) „Gebühren" i.H.v. 1 % des Auftragsvolumens.

Bevor der U-Invest OHG die vollständige Weiterveräußerung der bis dahin rege nachgefragten Aktien gelingt, verdichten sich öffentlich die Gerüchte um einen Schwindel bei der IT Sensation AG, so dass die Bank die übrigen 10 % der Anteile nicht mehr am Markt unterbringen kann. Der Kurs der Papiere der IT Sensation AG stürzt von € 20,– (Kurs bei Börseneinführung) über € 10,– (mehrere Tage lang nach Bekanntwerden des Schwindels) auf schließlich € 5,– im Januar 2017 (was dem wahren Marktwert der Anteile, unter Berücksichtigung der tatsächlichen, viel niedrigeren Umsatzzahlen, entspricht).

1. Anleger Knut Karlsen, der sich vom Prospekt hat überzeugen lassen, 500 Aktien zum Emissionspreis von der U-Invest OHG zu erwerben, fragt nach seinen Ansprüchen gegen die IT Sensation AG und gegen die U-Invest OHG.

https://doi.org/10.1515/9783110526325-011

Bei der IT Sensation AG ist man der Ansicht, die AG hafte nicht, weil schon im November 2016 die betreffenden Umsatzzahlen in der bekannten Tageszeitung „Passauer Neue Presse“ angezweifelt worden seien. Zudem stünden gar keine ungebundenen Mittel jenseits des Grundkapitals zur „Abfindung“ der Anleger (oder sonst potentiell Schadensersatzberechtigter) zur Verfügung, eine Begleichung der Ersatzpflichten würde damit gegen das Kapitalerhaltungsrecht verstoßen. Jedenfalls könne nur ein Schaden ersetzt werden, der bis zum ersten Kurssturz auf € 10,– gehe. Die „Schlafmützigkeit“ derjenigen Anleger, die zu diesem Zeitpunkt nicht veräußert hätten, wolle und könne man nicht ausbaden.

2. Auch die Geschäftsführer der U-Invest OHG fragen nach Ansprüchen gegen die IT Sensation AG.
3. Bei der BaFin überlegt man, ob und inwieweit eine Richtigstellung des Prospekts erreicht werden kann und ob die BaFin diese erzwingen kann. Erörtern Sie kurz hierfür in Betracht kommende Rechtsgrundlagen.

Hinweise: Der „Übernahmevertrag“ zwischen der Emittentin und der emissionsbegleitenden Bank ist als Vertrag eigener Art mit Kauf- und Geschäftsbesorgungselementen anzusehen. Der Vertrag zwischen der IT Sensation AG und der U-Invest OHG enthält folgende Klausel:

VI. Garantie

Die Gesellschaft (IT Sensation AG) garantiert der Emissionsbank (U-Invest OHG) unabhängig von einem etwaigen Verschulden der Gesellschaft und ungeachtet des Umstandes, dass die Emissionsbank gewisse Aspekte des Geschäftsbetriebs der Gesellschaft geprüft hat:

1. Die in den Platzierungsdokumenten (insbes. den Dokumenten für die Erstellung des Emissionsprospekts) enthaltenen Zahlen und Angaben über die wirtschaftlichen Verhältnisse der Gesellschaft sind jeweils richtig, vollständig und nicht auf anderem Wege irreführend und enthalten keine unrichtigen Erklärungen zu wesentlichen Tatsachen […].

Gliederung

Lösung zu Fall 10

Schwerpunkte: Kapitalmarktrecht: Haftung am Primärmarkt, insbesondere Prospektpflichten

Frage 1: Ansprüche des K gegen die I-AG und gegen die U-OHG

A. Ansprüche des K gegen die I-AG

I. K gegen die I-AG auf Zahlung von € 7.500,– aus §§ 453 Abs. 1, 434, 437 Nr. 2, 326 Abs. 5, 346 BGB

Ob die kaufrechtlichen Gewährleistungsvorschriften auf den Erwerb von Aktien überhaupt Anwendung finden, kann hier dahin stehen, weil K seine Aktien jedenfalls nicht unmittelbar von der I-AG erworben hat. Deshalb scheidet der bezeichnete Gewährleistungsanspruch – ebenso wie sonstige Gewährleistungsansprüche im Verhältnis des K zur I-AG – aus.

II. K gegen die I-AG auf Zahlung von € 7.500,– aus §§ 453 Abs. 1, 434, 437 Nr. 2, 326 Abs. 5, 346 BGB i.V.m. den Grundsätzen über den Vertrag mit Schutzwirkung zugunsten Dritter

1. Möglicherweise kann K sich aber auf einen gewährleistungsrechtlichen Anspruch stützen, der seine unmittelbare Begründung im Verhältnis der U-Invest OHG zur I-AG findet.
2. Die Wirkung fremder Ansprüche zugunsten des „Dritten" K kommt nur dann in Betracht, wenn diese Ansprüche als solche bestehen. Es ist also im ersten Schritt zu prüfen, ob der U-Invest OHG Gewährleistungsansprüche gegen die I-AG zustehen.

a) Zunächst müsste das Gewährleistungsrecht dafür **anwendbar** sein, der Erwerb der Aktien durch die U-Invest OHG von der I-AG müsste als Kauf einer Sache (§ 433 BGB) oder eines anderen Gegenstands (§ 453 Abs. 1 BGB) einzuordnen sein.

Die U-Invest OHG hat die jungen Aktien der AG gezeichnet, also einen Zeichnungsvertrag abgeschlossen, der „eingebettet" war in einen großen Rahmenvertrag, den (typengemischten) Übernahmevertrag. Dieser Vertrag hat nach der Angabe im Sachverhalt u. a. kaufrechtlichen Charakter. Dies ist insbesondere auf die Übernahme, den Erwerb der Anteile, zu beziehen. Insoweit dürfen die kaufrechtlichen Vorschriften zumindest analog herangezogen werden, wo es um mögliche Mängel der „Kaufsache" geht. Insbesondere ist **§ 453 BGB** zu entnehmen, dass der Erwerb von **Rechten** nach den §§ 433 ff. BGB behandelt werden soll. Der Erwerb von (heute regelmäßig nicht mehr einzeln verkörperten) „Aktien" stellt sich im Allgemeinen als Erwerb von Miteigentumsanteilen an einer „Globalurkunde" dar, mithin als Rechtskauf. Auch wenn die Aktien einzeln verbrieft sein sollten, gälte nichts anderes. Dann würde es sich um eine Mischform aus einem Sachkauf (bezogen auf das Wertpapier) und einem Rechtskauf (bezogen auf die Mitgliedschaftsposition Aktie) handeln, der ebenfalls unter § 453 BGB zu subsumieren wäre.

b) Die von K erworbenen Aktien müssten bei Gefahrübergang **mangelhaft** sein, § 434 BGB. Ein **Rechtsmangel** scheidet insoweit aus. Die Anteile an der AG sind uneingeschränkt zugunsten der U-Invest OHG entstanden. Ebenso wenig führt das Sachmängelrecht weiter. Es bedeutet keinen **Sachmangel** der Aktien, dass das *Bezugsobjekt* des Rechts Aktie, also das Unternehmen, möglicherweise einen Mangel – nämlich weniger Umsatz als versprochen – aufweist. Dies ist eine Frage der „Bonität" der veräußerten Rechtposition, die vom Gewährleistungsrecht nicht erfasst ist.

Hinweis: Das Sachmängelrecht wird nach herkömmlicher Ansicht ausnahmsweise auch dann angewendet, wenn (fast) alle Anteile an einer Gesellschaft veräußert werden (Unternehmenskauf – hier als share deal) und nicht die Anteile, sondern wesentliche Bestandteile des Unternehmensvermögens, also Sachen, fehlerhaft sind. Um eine solche Konstellation handelt es sich hier aber nicht. Zum Unternehmenskauf *Westermann* in: MüKo BGB, 7. Aufl., § 453 Rn. 17 ff.

3. Auf die Grundsätze des **Vertrags mit Schutzwirkung zugunsten Dritter** kommt es mithin nicht mehr an. K stehen keine Gewährleistungsansprüche gegen die I-AG zu.

III. K gegen die I-AG auf Übernahme der Aktien und Zahlung von € 7.500,– aus § 357a Abs. 1 BGB analog i.V.m. §§ 8 Abs. 1 S. 5, 16 Abs. 3 S. 1, 4 WpPG

K könnte einen Anspruch auf Rücknahme der Aktien verbunden mit der Rückzahlung der Kaufpreises aus § 357a Abs. 1 BGB analog i.V.m. §§ 8 Abs. 1 S. 5, 16 Abs. 3 S. 1, 4 WpPG in Folge eines Widerrufs nach Veröffentlichung eines Nachtrags i.S.d. § 16 Abs. 1 WpPG haben. Emittenten von Wertpapieren haben bei wesentlichen Unrichtigkeiten in Bezug auf die im Prospekt enthaltenen Angaben diese vor dem endgültigen Schluss des öffentlichen Angebots bzw. der Einführung in den Handel am organisierten Markt durch einen Nachtrag zu korrigieren. Im Anschluss an die Veröffentlichung dieses Nachtrags steht den Anlegern nach § 16 Abs. 3 WpPG ein mindestens zweitägiges Widerrufsrecht zu, sofern die Unrichtigkeit vor dem endgültigen Schluss des öffentlichen Angebots oder der Einführung in den Handel am regulierten Markt eingetreten ist.

1. Der Anspruch setzt zunächst einen Prospekt i.S.d. § 1 Abs. 1 WpPG voraus. Die I-AG hat einen solchen (Börsenzulassungs)Prospekt, wie er vor der erstmaligen Zulassung von Anteilen (die Aktien stellen Wertpapiere i.S.d. § 2 Nr. 1 lit. a WpPG dar) zum Handel im regulierten Markt erforderlich ist (§ 32 Abs. 3 Nr. 2 BörsG), im Rahmen ihres Börsengangs veröffentlicht.
2. Auch wurden die Aktien öffentlich angeboten, sodass der Nachtrag einen Prospekt für ein öffentliches Angebot von Wertpapieren betreffen würde.
3. Da im Dezember 2016 nur 90 % der Aktien im öffentlichen Angebot veräußert werden konnten und die Aktien des K wohl auch im Dezember 2016 auf sein Depot gebucht worden sind, die Unrichtigkeit der im Prospekt angegebenen Umsatzzahlen aber bereits im November bestand, wäre grundsätzlich der Zeitrahmen für einen Widerruf des K eröffnet.
4. Allerdings fehlt es an einem von der I-AG zu veröffentlichenden Nachtrag, der erst die Widerrufsfrist auslöst und seinerseits auch erst den Widerrufsgrund darstellt. Ein Anspruch aus § 357a Abs. 1 BGB analog in Folge eines Widerrufs nach § 16 Abs. 3 WpPG kommt daher nicht in Betracht.

IV. K gegen die I-AG auf Übernahme der Aktien und Zahlung von € 7.575,– aus § 21 Abs. 1 S. 1 Nr. 1 WpPG

K könnte die Übernahme der Aktien gegen Erstattung des Erwerbspreises aus § 21 Abs. 1 S. 1 Nr. 1 WpPG verlangen.

1. Zu klären ist dafür zunächst die Anwendbarkeit der Prospekthaftung der §§ 21 ff. WpPG neben dem unter III. erläuterten Widerrufsrecht. Grundsätzlich beseitigt ein Nachtrag i.S.d. § 16 Abs. 1 WpPG die Prospekthaftung gegenüber Anlegern nicht, die bereits vor dessen Veröffentlichung im Vertrauen auf den unrichtigen Prospekt Wertpapiere erworben haben. Zum Zeitpunkt der Kaufentscheidung lag kein Nachtrag vor und dessen bloße Veröffentlichung (sollte sie in casu noch geschehen) ändert erstmal nichts an der aufgrund eines unrichtigen Prospekts unmittelbar nach dem Wertpapiererwerb entstandenen Prospekthaftung nach §§ 21 ff. WpPG. Mit Blick auf die Widerrufsmöglichkeit nach § 16 Abs. 3 WpPG, die nun sogar noch nach der Erfüllung des Kaufvertrags besteht, nimmt die h.M. allerdings einen Ausschluss der Prospekthaftung an, wenn ein Nachtrag veröffentlicht wird, der den An-

leger zum Widerruf berechtigt und er von diesem Recht dennoch keinen Gebrauch macht. In diesem Fall sei der Rechtsgedanke des § 23 Abs. 2 Nr. 4 WpPG anwendbar.[71] Da hier mangels Nachtrag aber gar kein Widerrufsrecht des K vorlag, bestehen an der Anwendbarkeit der §§ 21 ff. WpPG keine Zweifel.

2. K ist **Erwerber** von **Wertpapieren**, die **aufgrund dieses Prospekts** zum Börsenhandel zugelassen worden sind.
3. Der Prospekt war auch **unrichtig.** Er enthielt falsche Angaben über die Höhe des Umsatzes der AG. Solche falschen Angaben darf der Prospekt aber nicht enthalten, wie sich mittelbar aus der nach § 5 Abs. 1 S. 1 WpPG bestehenden Verpflichtung, im Prospekt sämtliche für die Beurteilung der relevanten Wertpapiere wesentliche tatsächliche und rechtliche Verhältnisse richtig und vollständig darzustellen, ergibt.

Die Frage ist nur, ob die (unrichtige) Angabe des Umsatzes für die Beurteilung der Wertpapiere auch **wesentlich** war. Dieser Begriff ist auszulegen. Auszugehen ist insoweit vor allem vom Regelungsziel der Vorschrift: Der Prospekt soll die Anleger in die Lage versetzen, sich ein wahrheitsgemäßes Bild von dem betreffenden Unternehmen zu machen und auf dieser Basis die Anlageentscheidung zu fällen. Andere Informationen als die im Prospekt enthaltenen stehen dem Anleger nämlich in aller Regel nicht zur Verfügung. Als wesentlich sind vor diesem Hintergrund all diejenigen Angaben anzusehen, die für die Anlageentscheidung eines verständigen Anlegers erheblich sind. Das ist bei den Umsatzzahlen anzunehmen, da sie aussagekräftig für die Wirtschaftskraft und das Potenzial eines Unternehmens sind.

4. Die I-AG ist auch **Prospektverantwortliche** (§ 21 Abs. 1 S. 1 Nr. 1 WpPG), sie hat durch ihre Unterschrift im Prospekt (§ 5 Abs. 3 S. 2 i.V.m. § 32 Abs. 2 S. 1 BörsG) die Gewähr für dessen Inhalt übernommen. Die I-AG ist Emittentin mit **Sitz im Inland**, sodass es auf die Voraussetzungen des § 21 Abs. 3 WpPG nicht ankommt.
5. K hat die Papiere **nach** der **Veröffentlichung** des Prospekts erworben, wobei es insoweit auf den Abschluss des schuldrechtlichen Geschäfts ankommt. Dieser Erwerb lag auch innerhalb des **6-Monats-Zeitraums nach Einführung** der Wertpapiere. Zwar äußert sich der Sachverhalt nicht dazu, wann die Wertpapiere der I-AG an der Börse eingeführt worden sind (§ 38 BörsG). Es ist denkbar, dass K seine Papiere sogar noch vor der Einführung erwarb. Das wäre aber nicht von Bedeutung. Die 6-monatige Frist soll nämlich lediglich im

71 Vgl. zum Ganzen *Groß* in: Groß, Kapitalmarktrecht, § 16 WpPG Rn. 17 ff.

Interesse des Emittenten eine zeitliche Haftungsbegrenzung nach „hinten“ festlegen.

6. Dass der fehlerhafte Prospekt für die Anlageentscheidung des K **kausal** war, wird vermutet, § 23 Abs. 2 Nr. 1 WpPG. Ebenfalls vermutet wird die Kenntnis oder grob fahrlässige Unkenntnis der I-AG, § 23 Abs. 1 WpPG. Die AG wird im Fall in beiderlei Hinsicht voraussichtlich das Gegenteil auch nicht darlegen können.
7. Die AG schuldet K, dem **Inhaber** der Wertpapiere, grundsätzlich die Erstattung des Erwerbspreises (€ 7.500,–) sowie der üblichen Erwerbskosten (Naturalrestitution). Diese betragen hier 1% des Kaufpreises, also € 75,–. Laut Sachverhalt handelt es sich um in der Höhe übliche Gebühren. Die haftungsausfüllende Kausalität ist wiederum vermutet, § 23 Abs. 2 Nr. 2 WpPG.
8. Es fragt sich jedoch, ob nicht der Anspruch des K wegen **Mitverschuldens** zu kürzen ist, § 254 BGB. Das kommt in Betracht, wenn K angesichts fallender Kurse veräußern musste, um den Schaden möglichst gering zu halten. Diese Obliegenheit traf ihn jedoch nicht. Zum einen ist stets unsicher, wie sich Aktienkurse zukünftig entwickeln. Zum anderen würde es für die AG auch gar keinen Vorteil bedeutet haben, wenn K veräußert hätte, da sie jedem Folgeerwerber wieder haftete, dies zudem inklusive der (üblichen) Erwerbskosten. Eine Veräußerung durch K hätte den Schaden letztlich also sogar noch *erhöhen* können, siehe § 21 Abs. 2 WpPG.
9. Ein Haftungsausschluss zugunsten der I-AG könnte sich aus § 23 Abs. 2 Nr. 3 WpPG ergeben. Allerdings hatte K keine Kenntnis von der Fehlerhaftigkeit. Allenfalls begründete die Nachricht in der „Passauer Neuen Presse“ die *Möglichkeit* einer **Kenntnis**, eher aber wohl eines bloßen Verdachts. Für einen Haftungsausschluss ist das nicht ausreichend.
10. Als Letztes stellt sich noch die Frage, ob der Anspruch aus der Prospekthaftung deshalb ausgeschlossen ist, weil K als Aktionär durch die Geltendmachung letztlich seine Einlage zurückerhalten würde. Das könnte zu einem **Verstoß gegen §§ 57, 62 AktG** oder gegen **§§ 71 ff. AktG** führen.

Ein gänzlicher Ausschluss der Haftung des Emittenten unter Hinweis auf das Kapitalerhaltungsrecht, insbesondere auf §§ 57, 62 AktG, kommt sicher nicht in Betracht. Auf diese Weise wäre die Prospekthaftung bedeutungslos. Man könnte allerdings daran denken, eine Ersatzpflicht nur insoweit zu befürworten, als die AG im Rahmen der §§ 71 ff. AktG Anteile zurückerwerben darf, und/oder die Möglichkeit von Ersatzleistungen auf Beträge zu beschränken, die aus freien Rücklagen und Überschüssen der AG bestritten werden können.

Überzeugender ist aber eine andere Argumentation: Die Kollision der Prospekthaftung mit dem Kapitalerhaltungsrecht besteht, ist aber mit dem Eintreten des Gesetzgebers für die Börsenprospekthaftung letztlich auch gelöst: Er hat die Haftung in Kenntnis der strengen Vermögensbindung (die im Übrigen das gesamte Vermögen der AG betrifft, auch die Rücklagen und Überschüsse) und des nur eingeschränkt zulässigen Erwerbs eigener Anteile in Kraft gesetzt und damit den **Vorrang** des Anlegerschutzes durch die Börsenprospekthaftung zum Ausdruck gebracht.

Hinweis: Die Gegenansicht ist vertretbar. Wichtig ist, dass das Problem als ein Schwerpunkt der Klausur erkannt und dementsprechend argumentativ aufbereitet wird. Wichtig ist dabei die Differenzierung zwischen dem Verhältnis der Kapitalerhaltungsvorschriften zur Börsenprospekthaftung als möglicher lex specialis einerseits und zu den allgemeinen bürgerlichrechtlichen Ansprüchen andererseits (dazu mehr sogleich unter V.).
Zum Streit siehe die übersichtliche Zusammenfassung von *Bayer* in: MüKo AktG, 4. Aufl., § 57 Rn. 19ff. Häufig wird in der Literatur und Rechtsprechung – im Anschluss an die Rechtsprechung des RG – unterschieden zwischen solchen Anlegern, die durch Zeichnung und Übernahme der ursprünglichen Beteiligung Aktionär wurden (und bei denen ein Schadensersatzanspruch wegen Vorrangs des Kapitalerhaltungsrechts nicht in Betracht kommen soll) und solchen Anlegern, die erst „derivativ" ihre Aktionärsstellung einnahmen (mit der grundsätzlichen Möglichkeit eines Schadensersatzanspruchs). Der Gesetzgeber (BT-Drucks 13/8933, S. 78) hat sich mittlerweile für einen generellen Vorrang der Prospekthaftung vor dem Kapitalerhaltungsrecht ausgesprochen.

11. Nach alldem kann K von der I-AG die Übernahme der Anteile und Zahlung von € 7.575,– verlangen.

V. K gegen die I-AG auf Zahlung von € 7.575,– aus c.i.c. i.V.m. den Grundsätzen über die Eigenhaftung Dritter, §§ 311 Abs. 2, 3, 280 Abs. 1 BGB

1. K kann daneben nur dann einen Anspruch aus c.i.c. gegen die I-AG haben, wenn nicht die Prospekthaftungsregeln das allgemeine Haftungsinstitut des BGB verdrängen.

§ 25 Abs. 2 WpPG gibt für diese Konkurrenzfrage dahin Auskunft, dass bürgerlich-rechtliche Anspruchsnormen „auf Grund von Verträgen" **anwendbar** bleiben. Das ist für die c.i.c. zwar nicht nach dem Wortlaut anzunehmen, doch handelt es sich um einen vertragsähnlichen Anspruch, welcher der Sache nach ebenfalls nicht ausgeschlossen sein kann.

2. Allerdings ist zu bedenken, dass eine c.i.c.-Haftung der I-AG nur als Vertrauenshaftung gerade bezogen auf die Angaben im Prospekt und damit als „allgemeine bürgerlich-rechtliche Prospekthaftung" in Betracht käme. Die

Rechtsprechung hat gesetzesergänzende Grundsätze entwickelt, nach denen bei einer Emission bestimmter Anlageprodukte (speziell des damaligen sog. „Grauen Kapitalmarkts“, mithin vor allem (GmbH & Co.) KG-Anteile) die „eigentlich Verantwortlichen“ kraft typisierten Vertrauens der Anleger haften. Was jedoch die Haftung gerade wegen Angaben in einem Prospekt und des Vertrauens auf diese Angaben angeht, ist die Börsenprospekthaftung als abschließend anzusehen.[72]

Hinweis: Kapitalanlageverfahren, namentlich Klageverfahren, in denen Prospektfehler in Bezug auf diverse Anlageprodukte (z. B. Beteiligungen an Publikums-KGs) gerügt worden sind, haben in den letzten Jahren enorme praktische Bedeutung gehabt; die Gerichte sind instanzenübergreifend von Klagewellen überrollt worden, in denen zumeist Fragen der allgemeinen bürgerlich-rechtlichen Prospekthaftung im Vordergrund standen. Eine kurze Darstellung dieser Rechtsprechung findet sich bspw. im Urteil BGH NJW 2004, 2666 f. (m.w.N.). Nachdem sich heute besondere Prospekthaftungstatbestände in §§ 21 ff. WpPG, §§ 20 ff. VermAnlG und § 306 KAGB finden, die so ziemlich jede Form der Kapitalanlage abdecken, wird zukünftig für die allgemeine bürgerlich-rechtliche Prospekthaftung nur wenig Raum bleiben.

3. Ein Anspruch des K gegen die I-AG aus c.i.c. besteht nicht.

VI. K gegen die I-AG auf Zahlung von € 7.575,– aus § 823 Abs. 2 BGB i.V.m. § 263 Abs. 1 StGB

1. § 263 StGB ist ein **Schutzgesetz** i.S.d. § 823 Abs. 2 BGB.
2. Das **Schutzgesetz** müsste auch **verletzt** sein:

a) Der Vorstand der I-AG hat über **Tatsachen getäuscht**, nämlich über die Höhe des Umsatzes der Gesellschaft. Durch die Täuschung ist ein **Irrtum** bei den Anlegern erregt worden. Diese haben aufgrund des Irrtums die Anteile gezeichnet, also eine „**Vermögensverfügung**“ vorgenommen, und es ist ihnen dadurch auch ein **Vermögensschaden** entstanden, denn die Anteile sind weniger wert als gedacht. Das Verhalten des Vorstands ist der Gesellschaft über § 31 BGB analog zurechenbar.

b) Der Vorstand hat insoweit **vorsätzlich** gehandelt. Fraglich ist lediglich, ob er die **Absicht** hatte, sich oder einem Dritten rechtswidrig einen „stoffgleichen“ Vermögensvorteil zu verschaffen. In Hinblick auf sich, den Vorstand, selbst und in Bezug auf die AG scheidet dies aus. Denn beide erhalten keinen un-

72 Str., siehe *Schwark*, Kommentar zum Kapitalmarktrecht, 4.Aufl., § 45 Rn. 73 mwN.

mittelbaren Vermögensvorteil aus dem Vermögen der geschädigten Anleger.[73] Der höhere Kurs der Aktien mag ein Vorteil für den Vorstand oder jedenfalls die AG sein, dieser ist aber nicht die „Kehrseite" des Schadens der Anleger. Notwendig hatte der Vorstand indessen Drittbereicherungsabsicht zugunsten der Emissionsbank (U-OHG). Denn der Vorstand wollte auf dem „Umweg" über die Bank durch seine Angaben eine größere Nachfrage nach den Aktien der I-AG erzielen und damit einen Verkaufserfolg der Bank „ankurbeln".

c) Damit ist § 263 Abs. 1 StGB verletzt.

3. K ist auch ein **Schaden** entstanden. Zu berechnen ist dieser nach den §§ 249 ff. BGB. Insoweit ist allerdings nicht eindeutig, von welchem „ordnungsgemäßen" hypothetischen Kausalverlauf ausgegangen werden muss:

a) Es ist zum einen vorstellbar, dass K bei ordnungsgemäßem Publikationsverhalten der AG die Anteile zu einem geringeren, angemessenen Preis erworben hätte. Sein Schaden bzgl. der Anteile beliefe sich dann auf € 5.000,– (500 Anteile mal € 10,– Überzahlung gegenüber angemessenem Preis) aus der Kursdifferenz sowie € 25,– aus der niedriger anzusetzenden „Gebühr" der Bank beim Verkauf der Anteile.

b) Denkbar ist aber auch, dass er überhaupt keine Aktien gezeichnet hätte, wenn er zutreffend über die Umsätze der AG informiert worden wäre. Der Schaden des K beträgt dann € 7.500,–, wobei K verpflichtet wäre, die Anteile an die AG zurückzugewähren (Naturalrestitution), zzgl. € 75,–, da überhaupt keine Erwerbskosten angefallen wären.

Hinweis: Der Schaden beträgt bei dieser Betrachtungsweise nicht etwa nur € 5.000,–, weil K noch einen „Restwert" von Aktien in seinem Vermögen hat. Vielmehr ist es Inhalt des Naturalrestitutionsanspruchs, dass die I-AG dem K diese Anteile abnehmen muss.

c) Welchen Schaden K liquidieren kann, ist eine Frage der **Beweislast:** Er muss darlegen, dass er die Aktien überhaupt nicht erworben hätte, will er den höheren Schadensersatz erzielen.

4. Zu fragen ist allerdings auch insoweit, ob das bisher gefundene Ergebnis vor dem **Kapitalgesellschaftsrecht** und seinen **Prinzipien** Bestand haben kann. Könnte K unter Hinweis auf die fehlerhafte Information den vollen Schadensersatz gegen Rückgabe seiner Anteile durchsetzen, so könnte er der AG Kapital entziehen und damit letztlich seine Einlage zurückerhalten. Die AG müsste unter Umständen entgegen §§ 71 ff. AktG und unter Verstoß gegen §§ 57, 62 AktG Anteile zurücknehmen.

---

73 Siehe allgemein BGH, *Urt.* v. 19.7.2004 – II ZR 218/03, NJW 2004, 2666.

Dieses Bedenken ist schon oben im Zusammenhang mit der Börsenprospekthaftung aufgeworfen worden. Anders als dort, lässt sich hier mit dem lex specialis-Gedanken aber *nicht* operieren. Das Deliktsrecht ist nicht spezieller gegenüber den §§ 57, 62, 71 ff. AktG. So gesehen, muss der Anspruch aus § 823 Abs. 2 BGB, soweit K auf den vollen Schadensersatz i.H.v. € 7.575,– gegen Rücknahme der Anteile geht, unter den Vorbehalt gestellt werden, dass die AG die Anteile überhaupt zurückerwerben darf. Sodann müssen die §§ 57, 62 AktG Beachtung finden, es darf also ggf. nur ein angemessener Preis für die Aktien bezahlt werden.

Die Rechtsprechung hat solche Einschränkungen in jüngerer Zeit zumindest für den Anspruch aus § 826 BGB beiseitegeschoben.[74] Es gehe bei Erwerbsvorgängen am Kapitalmarkt nicht im eigentlichen Sinne um eine gesellschaftsrechtliche, sondern um eine kapitalmarktrechtliche Beziehung zwischen Anleger und Gesellschaft. Das überzeugt aber nicht. §§ 57, 62 und §§ 71 ff. AktG knüpfen schlicht an die Eigenschaft als Gesellschafter an. *Wie* diese erlangt ist, kann keinen Unterschied machen. Es bedarf einer im Grundsatz einheitlichen Lösung der Problematik von Schadensersatzforderungen des Gesellschafters gegen die AG aus der Übernahme von Anteilen. Die Grenzen solcher Forderungen zeigt eben das Kapitalerhaltungsrecht – vorbehaltlich einer Spezialregelung wie der Prospekthaftung nach §§ 21 ff. WpPG – auf.

Hinweis: Diese Rechtsprechung muss nicht bekannt sein. Wichtig ist, dass das Problem – deliktische Haftung trotz Kapitalerhaltungsrechts? – erkannt wird.

5. Als **Ergebnis** ist demnach festzuhalten: K hat gegen die I-AG einen Schadensersatzanspruch. Die genaue Höhe dieses Anspruchs ist aufgrund der Angaben im Sachverhalt nicht ermittelbar, sondern bedarf weiterer Darlegungen. Es gelten die §§ 71 ff. sowie §§ 57, 62 AktG als Begrenzung des Anspruchs.

VII. K gegen die I-AG auf Zahlung von € 7.575,– aus § 823 Abs. 2 BGB i.V.m. § 264a StGB

Auch bei § 264a StGB handelt es sich um ein Schutzgesetz. Dieses ist auch verletzt, die Verletzung ist der AG über § 31 BGB analog zuzurechnen. Dass der Kaufent-

74 OLG Frankfurt Urt. v. 17.3.2005 – 1 U 149/04, NZG 2005, 516 = ZIP 2005, 710 (Comroad).

schluss des K jedenfalls auch auf den fehlerhaften Mitteilungen des Vorstands beruhte, ist nach dem Sachverhalt eindeutig.

Hinsichtlich des Schadens des K gelten die eben (unter *VI. 3., 4.*) angestellten Überlegungen entsprechend.

VIII. K gegen die I-AG auf Zahlung von € 7.575,– aus § 823 Abs. 2 BGB i.V.m. § 400 AktG

1. Auch bei § 400 AktG handelt es sich um ein Schutzgesetz.
2. V als Mitglied des Vorstands hat § 400 AktG verletzt, indem er die Verhältnisse der Gesellschaft hinsichtlich des Umsatzes in einer „Darstellung über den Vermögensstand", nämlich im Emissionsprospekt, vorsätzlich unrichtig wiedergegeben hat. Dieses Verhalten ist der AG zuzurechnen, § 31 BGB analog.
3. Zum Schaden gilt wieder das bereits oben (*VI. 3., 4.*) Ausgeführte.

IX. K gegen die I-AG auf Zahlung von € 7.575,– aus § 823 Abs. 2 BGB i.V.m. § 399 Abs. 1 Nr. 4 AktG

Dieser Anspruch besteht nicht, weil die Angaben zum Umsatz nicht „zum Zwecke der Eintragung" der Kapitalerhöhung gemacht worden sind.

X. K gegen die I-AG auf Zahlung von € 7.575,– aus § 826 BGB

1. K ist seitens des Vorstands der AG **geschädigt** worden, dies ist der Gesellschaft über § 31 BGB zurechenbar. Die **Kausalität** der Falschangaben des Vorstands für den Erwerb der Papiere durch K ist im Sachverhalt vorgegeben, K hat nämlich aufgrund der Angaben im Prospekt gekauft.

Hinweis: In der Praxis ist die Kausalitätsfrage häufig ein „Knackpunkt", weil der Anleger insoweit häufig in Beweisnot ist. Deshalb wird diskutiert, dem Anleger hier mit einem Anscheinsbeweis zu helfen, und zwar in Anlehnung an die Rechtsprechung zur „Anlagestimmung" bei der gesetzlichen Prospekthaftung aF (vor Einführung der Beweislastumkehr in § 23 Abs. 2 Nr. 1 WpPG – siehe zu dieser Frage vertiefend BGH NJW 2004, 2666). In einer Klausurlösung dürften dazu keine Ausführungen erwartet werden.

2. V schädigte die Anleger, unter ihnen K, **vorsätzlich.** Ihm war klar, dass die Erfindung von Umsätzen zu einer Überbewertung der Aktien führen musste.
3. Diese Schädigung müsste als **sittenwidrig** einzustufen sein, sie müsste also gegen das Anstandsgefühl aller billig und gerecht Denkenden verstoßen. Besonders verwerflich war das Vorgehen des V deshalb, weil er sich eines Massenmediums bediente, um auf diese Weise einen großen Kreis von Anlegern mit der – direkt vorsätzlich lancierten – Fehlinformation zu erreichen. Zu berücksichtigen ist dabei auch, dass gerade der Kapitalmarkt auf Informationen von Unternehmensseite in besonderem Maße angewiesen ist.
4. Zum **Schaden** gilt wieder: Wie hoch dieser ausfällt, ist eine Beweislastfrage. Die Einschränkungen des Kapitalerhaltungsrechts haben Vorrang (näher oben *VI. 3.*, *4.*).

B. Ansprüche des K gegen die U-OHG

I. K gegen die U-OHG auf Zahlung von € 7.575,– aus §§ 453 Abs. 1, 434, 437 Nr. 2, 326 Abs. 5, 346 BGB

1. Gemäß § 25 Abs. 2 WpPG sind gewährleistungsrechtliche Ansprüche neben etwaigen Börsenprospekthaftungsansprüchen **nicht ausgeschlossen.**
2. K hat Aktien, also Wertpapiere, von der U-OHG erworben. In welcher Form – ob als tatsächlich verbriefte Papiere oder wie heute üblich in Form von Miteigentumsanteilen an einer „Globalurkunde" – ist nach dem Sachverhalt nicht bekannt. In jedem Fall bestehen aber an der prinzipiellen **Anwendbarkeit** des Gewährleistungsrechts auf den Kauf keine Bedenken: Über § 453 BGB erfasst das Kaufrecht nicht nur den Sach-, sondern auch den Rechtskauf und den Kauf sonstiger Gegenstände. Auch wenn also der Kauf „echter" Wertpapiere als Mischform von Sach- und Rechtskauf in Rede stünde, wären §§ 433 ff. BGB anwendbar.
3. Allerdings fehlt es an einem **Mangel** der verkauften Rechtsposition. Dass die I-AG als Bezugsobjekt der Rechtsposition nicht den versprochenen Umsatz vorweisen kann, ist jedenfalls kein Mangel der Aktie bzw. des Miteigentumsanteils.

Deshalb scheiden gewährleistungsrechtliche Ansprüche zugunsten K aus.

II. K gegen die U-OHG auf Zahlung von € 7.575,– aus c.i.c. (§§ 311 Abs. 2, 280 Abs. 1 BGB)

1. Auch hinsichtlich der c.i.c. stellt sich zunächst die Frage der **Anwendbarkeit** des Rechtsinstituts.
a) Die gewährleistungsrechtlichen Vorschriften des **Kaufrechts** sind u.U. vorrangig, soweit es um Rechte aus einem Mangel des Kaufgegenstands geht. Das ist hier aber nicht der Fall.
b) Auch mit einem möglichen **Anfechtungsrecht** des K gegenüber der U-OHG kollidiert die c.i.c. nicht. Denn in Betracht kommt allenfalls eine Anfechtung wegen arglistiger (also vorsätzlicher) Täuschung. Diese schließt die Anwendung der c.i.c. nicht aus. Zum einen ist in einem solchen Fall keine Aushebelung der Beschränkung des Anfechtungsrechts auf vorsätzliche Täuschungen durch die c.i.c. zu befürchten, zum anderen ist auch der arglistig Täuschende generell nicht zu privilegieren. Auch besteht keine Kollision mit einem Widerrufsrecht aus § 16 Abs. 3 WpPG, welches vorliegend mangels Nachtrags schon nicht in Frage kommt.
c) Schließlich stellt sich auch wieder die Frage des Verhältnisses zur **Prospekthaftung gem. §§ 21 ff. WpPG.** Insoweit gilt wieder: Ansprüche des K gegen die U-OHG, gestützt auf das Rechtsinstitut der c.i.c., könnten nur mit Blick auf die fehlerhaften Prospektangaben und damit im Sinne einer allgemeinen bürgerlich-rechtlichen Prospekthaftung in Betracht gezogen werden. Insoweit ist aber die gesetzlich normierte Prospekthaftung das vorrangige Institut.
2. Ein Anspruch des K aus c.i.c. besteht deshalb nicht.

III. K gegen die U-OHG auf Zahlung von € 7.575,– gegen Rückgabe der Anteile aus § 21 Abs. 1 S. 1 Nr. 1 WpPG

Auch die U-OHG ist Prospektverantwortliche i.S.v. § 5 Abs. 3 S. 2 i.V.m. § 32 Abs. 2 S. 1 BörsG. Zu den übrigen tatbestandlichen Voraussetzungen gilt das oben zum Verhältnis des K zur I-AG Ausgeführte entsprechend: Die Haftungserfordernisse sind sämtlich erfüllt, der Anspruch des K besteht also.

Ein möglicher Vorrang des Kapitalerhaltungsrechts vor dem Recht der Prospekthaftung spielt im Verhältnis K zur U-OHG dabei keine Rolle.

IV. K gegen die U-OHG auf Zahlung von € 7.575,– aus § 812 Abs. 1 S. 1 Alt. 1 BGB

1. Die U-OHG hat entweder Eigentum und Besitz an Geldscheinen oder – wahrscheinlicher – ein **Guthaben** von € 7.575,– **erlangt**, und zwar durch **Leistung** des K.
2. Diese Leistung ist ihr auf der Grundlage eines Kaufvertrags zugeflossen, der – als **Rechtsgrund** – allerdings möglicherweise im Wege der Anfechtung durch K beseitigt werden kann, § 142 Abs. 1 BGB. K kann nämlich die erforderliche Anfechtungserklärung (§ 143 BGB) innerhalb der Frist des § 124 BGB noch abgeben, wenn ein Anfechtungsgrund nach § 123 BGB besteht.
   Eine arglistige Täuschung des K ist hier nicht seitens der U-OHG, wohl aber seitens des Vorstands der I-AG festzustellen. Es fragt sich deshalb, ob der Vorstand „**Dritter**" i.S.v. § 123 Abs. 2 BGB ist oder ob das Verhalten des Vorstands auch gegen die U-OHG wirkt. Wer Dritter i.S.d. Vorschrift ist, lässt sich am einfachsten negativ darstellen: *Nicht* als Dritter i.S.d. Anfechtungsregel anzusehen sind all diejenigen, die als Verhandlungsführer oder Gehilfen des potentiellen Anfechtungsgegners auftreten oder sonst seinem „Lager" zuzurechnen sind. Denn in diesem Fall ist es gerechtfertigt, das Verhalten des „Nicht-Dritten" wie eigenes wirken zu lassen. So ist es auch hier: Der Emittent (insbesondere dessen Vorstand) wirkt mit der Emissionsbank bei der Emission und vor allem bei der Verfassung des Prospekts, um den es hier geht, eng zusammen. Der Emittent ist, wirtschaftlich betrachtet, der eigentliche „Verkäufer" der Aktien, die Bank lediglich als Hilfsperson „zwischengeschaltet". Beide treten als Einheit am Markt auf. Das rechtfertigt es, den Vorstand des Emittenten im Verhältnis zur Emissionsbank nicht als „Dritten" einzuordnen. Die U-OHG muss also die vorsätzliche Täuschung des Vorstands gegen sich gelten lassen.
3. Ficht K an, so muss die U-OHG das von K geleistete Geld **zurückgewähren** bzw. **Wertersatz** hierfür leisten (§ 818 Abs. 2 BGB).

Frage 2: Ansprüche der U-OHG gegen die I-AG

I. U-OHG gegen I-AG auf Zahlung von € 3,75 Mio. aus §§ 453 Abs. 1, 434, 437 Nr. 2, 326 Abs. 5, 346 BGB

Wie schon oben im Verhältnis des K zur U-OHG festgestellt: Ein Mangel der (wie auch immer rechtlich zu erfassenden) Anteile liegt im zu niedrigen Umsatz nicht begründet.

II. U-OHG gegen I-AG auf Zahlung von € 3,75 Mio. aus § 21 Abs. 1 S. 1 Nr. 1 WpPG

Der Anspruch besteht nicht, da die U-OHG die Anteile nicht aufgrund des Prospekts erworben hat. Sie hat die Anteile vielmehr unabhängig hiervon auf der Basis eines Übernahmevertrags gezeichnet.

III. U-OHG gegen I-AG auf Freistellung von Schadensersatzansprüchen der Anleger gegen die U-OHG (bzw. auf Zahlung, soweit diese schon beglichen sind), auf Zahlung von € 375.000,– gegen Rücknahme der 10 % bei der U-OHG verbliebenen Anteile sowie auf Zahlung von € 86.250,– aus der Garantieklausel im Übernahmevertrag

Hinweis: Als Anspruchsgrundlage ist nicht § 280 Abs. 1 BGB zusätzlich zu zitieren. Die Schadensersatzpflicht ergibt sich als Folge der Garantie und mithin aus dem Vertrag selbst.

1. Bei der einschlägigen Klausel *VI.* des Übernahmevertrags handelt es sich um eine **selbstständige Garantieabrede.** Der Emittent soll die U-OHG auf der Basis der Vereinbarung nämlich erkennbar – §§ 133, 157 BGB – von allen negativen Folgen aus unzutreffenden Darstellungen über das Unternehmen, die auf Angaben des Emittenten basieren, freistellen.
2. Bevor auf die einzelnen in Betracht kommenden Schadensposten eingegangen wird, ist jedoch die **Wirksamkeit** der Garantieklausel kurz zu überprüfen. In Betracht kommt hier allenfalls ein Verstoß gegen § 138 BGB.

a) Was das **fehlende Verschuldenserfordernis** angeht, so ist dies unproblematisch. Dies ist typischer Inhalt einer Garantieabrede und, wie man § 276 Abs. 1 S. 1 BGB entnehmen kann, ohne Weiteres zulässig.

b) Auch dass der U-OHG Schadensersatz **unbeschadet eigener Prüfungen** der Bank zugestanden wird, ist rechtlich unbedenklich (§ 138 BGB). Eine solche Klausel, die die Berücksichtigung eines etwaigen Mitverschuldens der U-OHG ausschließt, ist ebenfalls Ausdruck des besonderen *garantiemäßigen* Einstehenwollens des Erklärenden.

3. Damit ist zum zu ersetzenden **Schaden** zu kommen: Die Reichweite des wegen der – klauselwidrigen – Fehlinformationen seitens der I-AG zu leistenden Schadensersatzes richtet sich nach dem Inhalt der Garantieabrede. Diese ist auszulegen. Im Grundsatz kann davon ausgegangen werden, dass für die Schadensberechnung die allgemein gültigen Grundsätze der **§§ 249 ff. BGB**, herangezogen werden sollen.

a) Zu ersetzen ist der Bank zunächst ihr **„Haftungsschaden"**. Dadurch, dass die I-AG der U-OHG unzutreffende Umsatzzahlen nannte und diese in den Prospekt übernommen wurden, geriet die Bank in die (Prospekt-) Haftung gegenüber den Anlegern. Von den betreffenden Ansprüchen muss die I-AG die Bank freistellen. Soweit die Bank schon Schadensersatz geleistet hat, kann sie die Zahlung des entsprechenden Geldbetrags verlangen.
b) Des Weiteren ist grundsätzlich Schadensersatz hinsichtlich der noch von der U-OHG gehaltenen **Anteile** an der I-AG zu leisten. Insoweit fragt sich wiederum, ob der Anspruch auf Ausgleich des Minderwerts der Anteile gerichtet ist – dann hätte die I-AG keinen Ersatz zu leisten, da die U-OHG ja zum Nennwert von € 5,– gezeichnet hat, was dem wahren Wert der Anteile entspricht – oder ob Schadensersatz dahin zu leisten ist, dass die AG die komplette Einlage gegen Rücknahme der Anteile schuldet.

Im Verhältnis des K zur I-AG ist dies oben unter Hinweis auf den Grundsatz der Naturalrestitution grundsätzlich angenommen worden, zumindest wenn der Geschädigte darlegen kann, dass er bei ordnungsgemäßem Verhalten des Schädigers nicht erworben hätte. Für die U-OHG gilt an sich nichts anderes: Kann sie beweisen, dass sie bei zutreffendem Informationsverhalten der AG die Anteile nicht übernommen hätte, so kann sie die Übernahme grundsätzlich rückgängig machen.

Fraglich ist jedoch, ob sich daraus etwas anderes ergibt, dass im Übernahmevertrag eine „feste Übernahme" der Anteile vereinbart worden ist, die eine Rücknahme der Anteile durch die AG an sich ausschließt. Dieser Ausschluss ist aber auf den regulären Geschäftsverkehr (also in Hinblick auf das Absatzrisiko der Bank) getroffen und hat für die Schadensersatzpflicht aus der Garantieabrede keine Bedeutung. Damit kann die U-OHG grundsätzlich auch Rückzahlung der auf die noch gehaltenen 10 % der Anteile geleisteten Einlage verlangen (also 75.000,– Anteile à € 5 = € 375.000,–).
c) Schließlich kann die Bank im Grundsatz noch Ersatz **entgangener Provisionen und Gebühren** verlangen (entsprechend § 252 BGB). Der U-OHG ist es aufgrund der Falschinformationen durch den Vorstand der I-AG nicht mehr gelungen, die restlichen Anteile am Markt unterzubringen. Sie kann insoweit den entgangenen Gewinn ersetzt verlangen (1 % Gebühren bei 75.000 noch zu verkaufenden Anteilen à € 15,–, also € 11.250,–, sowie € 1,– Gebühr pro verkaufter Aktie, d. h. weitere € 75.000,–).
4. Die U-OHG kann also grundsätzlich zum Ersten Freistellung von Haftungsansprüchen verlangen. Sie kann zum Zweiten, entsprechende Beweise vorausgesetzt, Zahlung von € 375.000,– gegen Rückgabe der noch gehaltenen

Aktien verlangen. Zum Dritten schuldet die I-AG der Bank € 86.250,– entgangene Provisionen und Gebühren.

5. Auf der Basis der oben zu *Frage 1* angestellten Überlegungen ergibt sich auch hier, dass die Schadensersatzpflichten der AG im Grundsatz vor dem **Kapitalerhaltungsrecht** des AktG müssen bestehen können.

a) Das bedeutet zum Einen, dass das etwaige Verlangen eines Rückerwerbs durch die U-OHG sich im Rahmen der Vorgaben der **§§ 71 ff. AktG** halten muss.

b) Zahlungen der AG an den Aktionär, denen kein angemessener Gegenwert gegenüber steht, sind zum anderen vor dem Hintergrund von **§§ 57, 62 AktG** an sich ausgeschlossen. Das gilt auch hinsichtlich der Schadensersatzforderungen der U-OHG gegen die I-AG. Insoweit darf auch nicht etwa das Erlöschen einer vermeintlichen Schadensersatzforderung des Aktionärs als Gegenwert betrachtet werden. Das wäre ein Zirkelschluss. Es bleibt dabei: Zahlungen der AG, für die sie keinen angemessenen Gegenwert erhält, sind grundsätzlich unzulässig.

c) Eine **Ausnahme** von der Anwendung der §§ 57, 62 AktG lässt sich jedoch daraus herleiten, dass die Bank von vornherein nur aus „technischen" Vertriebsgründen, durchgangsmäßig, Anteilseignerin wird. Wie § 186 Abs. 5 AktG in anderem Zusammenhang zeigt, soll die bloß technische Einschaltung von Banken bei der Emission von Aktien auch als solche behandelt werden, eine in jeder Hinsicht „vollwertige" Aktionärsstellung resultiert daraus nicht. Das lässt sich als Argument dafür verwenden, auch schadensersatzrechtlich die Bank wie einen Dritten zu stellen. Die U-OHG kann mithin unabhängig vom Kapitalersatzrecht die Zahlung von Schadensersatz fordern.

An den Schranken des §§ 71 ff. AktG ist in Bezug auf die übrig gebliebenen Anteile allerdings nicht zu rütteln. Insoweit ist es nämlich objektiv bei der Aktionärsstellung der Bank geblieben. Sie kann insoweit, da sie nun einmal die Anteile rechtlich gesehen erworben hat und auch zurückgeben möchte, nicht einfach als „Dritte" behandelt werden. Eine Ausnahme kommt hier also nicht in Betracht.

d) Die Bank kann mithin ungeachtet der Kapitalerhaltungsgrundsätze Freistellung bzw. Zahlung von der I-AG verlangen.

Hinweis: Es ist auch gut vertretbar, die einmal eingeschlagene Richtung – grundsätzlich Haftungsausschluss angesichts des Kapitalerhaltungsrechts – konsequent zur Anwendung zu bringen und eine Haftung der I-AG gegenüber der U-OHG auszuschließen. Wie hier *Groß* Kapitalmarktrecht, 2. Aufl., §§ 45, 46 BörsG Rn. 8 m.w.N.; zweifelnd *Bayer* in: MüKo AktG, § 57 Rn. 89 f.

IV. U-OHG gegen I-AG auf Ersatz des von der U-OHG an Anleger geleisteten Schadensersatzes aus § 426 Abs. 1 BGB

Die I-AG und die U-OHG sind hinsichtlich des Prospekthaftungsanspruch Gesamtschuldner (§ 21 Abs. 1 WpPG). Soweit die U-OHG bereits pflichtgemäß Schadensersatz an Anleger bezahlt haben sollte, kann sie Regress bei der I-AG nehmen. Die Höhe dieses Regresses weicht aufgrund der vertraglichen Regelung im Übernahmevertrag vom Grundsatz hälftiger Teilung (§ 426 Abs. 1 S. 1 BGB) ab. Da die Haftung aus Fehlinformationen der AG beruht, ist diese im Innenverhältnis alleine verpflichtet, den Schaden zu tragen.

Zur möglichen Kollision von Zahlungspflichten der AG mit dem Kapitalerhaltungsrecht ist das Notwendige eben (*III.*) gesagt worden.

V. U-OHG gegen I-AG auf Freistellung von Schadensersatzansprüchen der Anleger gegen die U-OHG (bzw. auf Zahlung, soweit diese schon beglichen sind), auf Zahlung von € 375.000,– gegen Rücknahme der 10 % bei der U-OHG verbliebenen Anteile sowie auf Zahlung von € 86.250,– aus § 823 Abs. 2 BGB i.V.m. § 264a StGB

Das Schutzgesetz ist verletzt, das Verhalten des Vorstands ist der AG zurechenbar, § 31 BGB analog.

Zum **Umfang** der Schadensersatzverpflichtung der AG kann auf die Ausführungen unter *III. 3.–5.* verwiesen werden. Diese ergeben:

Die Bank kann die Zahlung von € 375.000,– gegen Rücknahme der 10 % Anteile verlangen, wenn sie beweisen kann, dass sie bei zutreffenden Angaben des Vorstands die Anteile nicht gezeichnet hätte.

Des Weiteren kann sie die Freistellung von Schadensersatzansprüchen, die Anleger gegen die Bank haben, verlangen (bzw. Zahlung, soweit Schadensersatz geleistet worden ist).

Schließlich steht ihr ein Ersatzanspruch i.H.v. € 86.250,– zu, weil ihr Provisionen und Gebühren entgangen sind.

Es gelten jedoch die Grenzen der §§ 71 ff. AktG.

VI. U-OHG gegen I-AG auf Freistellung von Schadensersatz-ansprüchen der Anleger gegen die U-OHG (bzw. auf Zahlung, soweit diese schon beglichen sind), auf Zahlung von € 375.000,– gegen Rücknahme der 10 % bei der U-OHG verbliebenen Anteile sowie auf Zahlung von € 86.250,– aus § 823 Abs. 2 BGB i.V.m. § 400 AktG

Auch dieser Anspruch besteht. § 400 AktG ist ein Schutzgesetz, welches der Vorstand der AG verletzt hat. Das ist der AG über § 31 BGB analog zurechenbar. Zum Umfang des Anspruchs gilt das bereits Gesagte.

VII. U-OHG gegen I-AG auf Freistellung von Schadensersatzansprüchen der Anleger gegen die U-OHG (bzw. auf Zahlung, soweit diese schon beglichen sind), auf Zahlung von € 375.000,– gegen Rücknahme der 10 % bei der U-OHG verbliebenen Anteile sowie auf Zahlung von € 86.250,– aus § 826 BGB

Auch dieser Anspruch ist erfüllt. Vorsätzlich und sittenwidrig geschädigt sind nicht nur die Anleger am Kapitalmarkt (dazu oben *Frage 1 A. X.*), sondern ist auch die Emissionsbank.

VIII. U-OHG gegen I-AG auf Zahlung von € 3,75 Mio. aus § 812 Abs. 1 S. 1 Alt. 1 BGB

1. Möglicherweise kann die Bank darüber hinaus sogar den vollen Einlagebetrag aus Bereicherungsrecht herausverlangen. Die I-AG hat eine Zahlung in entsprechender Höhe – genauer: ein Guthaben bei ihrer Bank in entsprechender Höhe – **erlangt.**
2. **Ohne rechtlichen Grund** ist diese **Leistung** der U-OHG geflossen, wenn der zugrunde liegende Vertrag – das ist der „Zeichnungsvertrag" mit der AG – unwirksam ist. Das ist denkbar kraft einer **Anfechtung**, die die Bank freilich bisher nicht erklärt hat (§ 143 Abs. 1 BGB), möglicherweise aber noch erklären kann. Insoweit bedürfte sie eines Anfechtungsgrundes:

Dass der Vorstand der I-AG hinsichtlich der Umsatzzahlen arglistig getäuscht hat i.S.v. § 123 Abs. 1 BGB, ist bereits an anderer Stelle erörtert worden. Fraglich ist indessen, ob eine Anfechtung mit Blick auf kapitalgesellschaftsrechtliche Prinzipien, insbesondere mit Blick auf das Gebot vollständiger Kapitalaufbringung in Betracht kommen kann. Grundsätzlich handelt es sich beim Zeichnungsvertrag um einen schuldrechtlichen Vertrag, der nach den allgemeinen Vorschriften des BGB zu beurteilen ist und als solcher auch angefochten werden kann, §§ 119 ff. BGB. Bei dieser Beurteilung kann es bleiben, soweit lediglich das Innenverhältnis zwischen Gesellschaft und Gesellschafter betroffen ist. Ab dem Zeitpunkt der Eintragung der Kapitalerhöhung in das Handelsregister treten indessen Verkehrsschutzinteressen hinzu. Denn in diesem Zeitpunkt darf der Rechtsverkehr auf die volle und effektive Aufbringung des erforderlichen Haftungskapitals vertrauen. Aus Gründen des Verkehrsschutzes kann eine Anfechtung ab Eintragung keinen Erfolg mehr haben.

Es ist auch keine Ausnahme von diesem Prinzip denkbar, wie sie oben (III.5.) für die Leistung von Schadensersatz durch die AG (teilweise) befürwortet worden ist. Dass das Kapitalerhaltungsrecht teilweise keine Anwendung finden sollte, wurde unter Hinweis auf die nur „technische" Einschaltung der Bank bei der Emission begründet. Diese Sichtweise kann es aber der Bank nicht gestatten, sich gänzlich aus der Aktionärsstellung „heraus zu stehlen". Insoweit gebührt der Rechtssicherheit der Vorrang.

Hinweis: Hier eine in sich schlüssige Argumentation beizubehalten ist durchaus schwierig. Man sollte sich an dieser Stelle von einem Blick auf das „richtige Ergebnis" leiten lassen. So wie oben die Anwendung der §§ 71 ff. AktG trotz der nur „technischen" Einschaltung der Bank befürwortet worden ist, weil die Bank eben doch rechtlich Anteilseignerin wurde, sollte man hier die allgemeinen Regeln betreffend die (unzulässige)Anfechtung von Zeichnungsverträgen zum Zuge kommen lassen.

3. Damit besteht *kein* Anspruch der U-OHG gegen die I-AG aus § 812 Abs. 1 S. 1 Alt. 1 BGB.

Frage 3: „Richtigstellung" des Prospekts; Hinwirken durch die BaFin

A. Richtigstellung des Prospekts

Zu unterscheiden ist hinsichtlich der Richtigstellung des Prospekts wie folgt:

I. Eine Richtigstellung des Prospekts im Wege eines Nachtrags nach § 16 Abs. 1 S. 1 WpPG wird erforderlich, wenn sich wichtige neue Umstände oder wesentliche Unrichtigkeiten in Bezug auf die im Prospekt enthaltenen Angaben, die die Beurteilung der Wertpapiere beeinflussen könnten, bis zum endgültigen Schluss des öffentlichen Angebots oder, falls diese später erfolgt, bis zur Einführung in den Handel auftreten.

1. Die h.M. versteht unter dem Schluss des öffentlichen Angebots den Ablauf der Zeichnungs- oder Angebotsfrist.[75] Nachdem im Dezember 2016 nur 90 % der Aktien verkauft werden konnten, war der Zeichnungsprozess noch nicht beendet, das öffentliche Angebot bestand daher über die Börseneinführung Ende November hinaus und war nicht beendet. Der zeitliche Rahmen für die Nachtragspflicht ist daher eröffnet.
2. Es müsste weiterhin eine wesentliche Unrichtigkeit im Prospekt bestehen. Ob ein Umstand wichtig ist, oder eine wesentliche Unrichtigkeit vorliegt, bestimmt sich anhand des Maßstabes § 5 Abs. 1 S. 2 WpPG. Entscheidend ist demnach, ob der neue Umstand oder die Unrichtigkeit das zutreffende Urteil des verständigen, durchschnittlichen Anlegers über die Vermögenswerte und Verbindlichkeiten, die Finanzlage, die Gewinne und Verluste oder die Zukunftsaussichten der Emittentin beeinflussen könnte.[76] Die fingierten Umsätze sind damit zweifelsohne der Berichtigungspflicht unterliegende wesentliche Unrichtigkeiten.
3. Nach § 16 Abs. 1 S. 3 WpPG ist der Nachtrag von der BaFin innerhalb von sieben Tagen zu billigen, bevor er von der Emittentin veröffentlicht werden darf.

II. Zu denken ist aber darüber hinaus an die allgemeinen Verpflichtungen der Gesellschaft aus der Marktmissbrauchsverordnung. Hier kommt eine Ad-hoc-Pflicht nach Art. 17 Abs. 1 der VO (EU) Nr. 596/2014 (Marktmissbrauchsverordnung, im folgenden: MAR) in Betracht:

1. Die I-AG ist (Inlands-)Emittentin von Aktien, also von einem Finanzinstrument i.S.v. Art. 3 Abs. 1 Nr. 1 MAR i.V.m. Art. 4 Abs. 1 Nr. 15 der Richtlinie 2014/65/EU (MiFID II). Die Aktien sind **zum Handel** an einem inländischen or-

75 *Groß* in: Groß, Kapitalmarktrecht, § 16 WpPG Rn. 5a mwN.
76 RegBegr. Prospektrichtlinie-Umsetzungsgesetz, BT-Drucks. 15/4999, S. 25, 36; *Groß* in: Groß, Kapitalmarktrecht, § 16 WpPG Rn. 2.

ganisierten Markt (Art. 2 Abs. 1 lit. a MAR), der Frankfurter Wertpapierbörse (Regulierter Markt) **zugelassen.**

2. Die Kenntnis von den falschen Umsatzzahlen müsste eine **Insiderinformation** (Art. 7 MAR) sein. Damit ist (u. a.) eine präzise Information über nicht öffentlich bekannte Umstände gemeint, die sich direkt oder indirekt auf einen oder mehrere Emittenten oder deren Finanzinstrumente beziehen und die geeignet sind, im Falle ihres öffentlichen Bekanntwerdens den Börsenpreis der Papiere erheblich zu beeinflussen. Bei den unzutreffenden Umsatzzahlen handelt es sich auch um präzise Informationen i.S.v. Art. 7 Abs. 2 S. 1 MAR über einen nicht öffentlich bekannten Umstand. Dass diese Information im Falle ihres öffentlichen Bekanntwerdens auch den Kurs der Papiere erheblich zu beeinflussen vermochte, dass also – Art. 7 Abs. 4 MAR – ein verständiger Anleger die Information bei seiner Kaufentscheidung berücksichtigen würde, zeigt bereits die Auswirkung der Gerüchte auf den Kursverlauf. Zudem ist im Sachverhalt von der Fiktion „gewaltiger" Umsätze die Rede, die überhaupt nicht existierten. Da Umsatzzahlen für die Wirtschaftskraft von Unternehmen und damit für ihre Bewertung von erheblicher Bedeutung sind, ist von einem erheblichen Kursbeeinflussungspotential auszugehen.
3. Die Insiderinformation bezieht sich auf Umstände, die im Tätigkeitsbereich der Emittentin eingetreten sind (vgl. § 15 Abs. 1 S. 3 WpHG aF) und **betrifft** die I-AG daher **unmittelbar** (Art. 17 Abs. 1 MAR).
4. Daraus folgt, dass die AG sowohl die Fehlerhaftigkeit der im Prospekt veröffentlichten Umsatzzahlen, als auch die zutreffenden Zahlen im Wege einer Ad-hoc-Meldung in der vorgeschriebenen Form zu publizieren hat.

B. Hinwirken durch die BaFin

Werden der BaFin bei einem Prospekt Umstände bekannt, auf Grund derer begründete Anhaltspunkte für die wesentliche inhaltliche Unrichtigkeit oder wesentliche inhaltliche Unvollständigkeit des Prospekts bestehen, die zu einer Übervorteilung des Publikums führen, stehen ihr die Befugnisse des § 26 Abs. 2 WpPG zu (§ 26 Abs. 8 S. 1 WpPG). Sie kann also zunächst Auskünfte und die Überlassung von Unterlagen und Kopien von der I-AG verlangen. Steht wie im vorliegenden Fall die inhaltliche Unrichtigkeit des Prospekts fest, so kann die BaFin zudem die Billigung der Prospektes (vgl. § 13 Abs. 1 WpPG) widerrufen und das öffentliche Angebot der Aktien untersagen (§ 26 Abs. 8 S. 3 WpPG). Als zuständige Verwaltungsbehörde i.S.d. § 36 Abs. 1 Nr. 1 OwiG (vgl. § 35 Abs. 4 WpPG) kann die BaFin im Übrigen gegen die I-AG ein Bußgeld von bis zu fünfzigtausend Euro (§ 35 Abs. 3 WpPG) verhängen, sofern die I-AG nicht, nicht vollständig oder nicht rechtzeitig einen Nachtrag gem. § 16 Abs. 1 S. 5 WpPG in der oben beschriebenen Weise veröffentlicht (§ 35 Abs. 1 Nr. 9 WpPG).

Auch bei vorsätzlicher oder leichtfertiger nicht oder nicht rechtzeitiger Veröffentlichung einer Ad-hoc-Mitteilung gem. Art. 17 Abs. 1 MAR kann die BaFin ein Bußgeld verhängen (§ 39 Abs. 3d WpHG). Die Bußgeldhöhe kann dabei bis zu eine Million Euro betragen (§ 39 Abs. 4a S. 1 WpHG), wobei gegen die I-AG als juristischer Person gem. § 39 Abs. 4a S. 2 Nr. 2 WpHG auch höhere Bußgelder möglich sind, die maximal zweieinhalb Millionen Euro betragen bzw. 2% des Geschäftsumsatzes nicht überschreiten dürfen. Zudem kann die BaFin die nach Art. 17 Abs. 1 MAR gebotene Veröffentlichung auf Kosten des Pflichtigen selbst vornehmen (§ 4 Abs. 4 WpHG).

Vertiefungshinweise:
- *Buck-Heeb* S. 54 ff. (zur Prospektpflicht und Prospekthaftung)

Fall 11: Kreativ am Kapitalmarkt

Die IT Sensation AG ist börsennotiert im regulierten Markt an der Frankfurter Wertpapierbörse. Um für die Emission von Aktien im Wege einer Kapitalerhöhung ausreichend Investoren zu gewinnen, fingiert Vorstand Volker Völler gewaltige Umsätze, die er im Wege einer sog. Ad-hoc-Meldung an die Öffentlichkeit lanciert. Eine Prospektpflicht besteht für die Emission nicht, ein Prospekt wird auch nicht freiwillig veröffentlicht. Die neu zu emittierenden Anteile werden – wie im Fall 10 – von der U-Invest OHG an das Publikum veräußert. Es kommt zu dem in Fall 10 beschriebenen Kurseinbruch.

1. Anleger Arnd Arnold, der schon länger Aktien der IT Sensation AG als potentielles Anlageobjekt im Auge hatte, hat wenige Tage nach der Ad-hoc-Meldung, die ihn vollends überzeugte, „zugeschlagen“: Er hat 100 Aktien bei der U-Invest OHG erworben und möchte nun wissen, ob er die AG oder Volker Völler persönlich in die Haftung nehmen kann. Im Verhältnis des Arnold zur IT Sensation AG sind Ansprüche aus Gewährleistungsrecht, Delikt und Prospekthaftung nicht zu prüfen.
2. Hat sich Volker Völler nach Vorschriften des WpHG strafbar gemacht? Kann oder muss die Ad-hoc-Meldung „widerrufen“ werden? Wer kann die Befolgung einer solchen Pflicht ggf. erzwingen?

Variante 1

Kurz bevor der Umsatzschwindel (siehe Fall 10) auffliegt, verkauft Volker Völler noch schnell sämtliche von ihm gehaltenen Aktien zum Kurs von € 20,–. Ist dieses Vorgehen aus kapitalmarktrechtlicher Sicht zu beanstanden?

Variante 2

Der bekannte „Börsen-Guru“ Jens Peter Morgen beobachtet seit längerem die IT Sensation AG, die im regulierten Markt an der Frankfurter Wertpapierbörse notiert ist und die er für ein interessantes Anlageobjekt hält. Als er dringend Geld benötigt, entschließt er sich, einige Aktien der Gesellschaft zu erwerben, um sie wenig später – er schreibt eine regelmäßig erscheinende Rubrik für eine renommierte Anlagezeitschrift – auch öffentlich zum Kauf zu empfehlen. Morgen erwartet, dass auf seine Empfehlung hin die Papiere verstärkt geordert werden und

https://doi.org/10.1515/9783110526325-012

er folglich sein Aktienpaket nach einer deutlichen Kurssteigerung mit Gewinn veräußern kann.

Rechtlich völlig unbedenklich erscheint ihm das geplante Vorgehen jedoch nicht. Er entschließt sich daher vor der Veröffentlichung seiner Empfehlung (aber nach dem Kauf der Papiere), einen Rechtsanwalt um Rat zu fragen.

Welche Auskunft hat dieser ihm zu geben?

Gliederung

Lösung des Ausgangsfalls

Schwerpunkte: Haftung am Sekundärmarkt; Ad-hoc-Mitteilungspflicht; Insiderhandelsverbot; Marktmanipulation

Frage 1: Ansprüche des K gegen die I-AG und gegen V

A. Ansprüche des A gegen die I-AG

I. A gegen die I-AG auf Zahlung von € 1.515,– aus c.i.c. (§§ 311 Abs. 1, 2, 280 Abs. 1 BGB – „allgemeine bürgerlich-rechtliche Prospekthaftung")

Bei der allgemeinen Prospekthaftung handelt es sich um ein in der Rechtsprechung entwickeltes, auf „typisiertem" Vertrauen basierendes Haftungsinstitut.[77] Die Ad-hoc-Meldung ist allerdings kein – umfassend informierender – „Prospekt" i.S. dieser Rechtsprechung, ein Anspruch des A scheidet deshalb aus.

Hinweis: Während es in Fall 10 um Ansprüche im Rahmen des sog. **Primärmarktes** ging, also dem Markt, an dem Finanzinstrumente erstmalig angeboten werden, geht es nunmehr um Ansprüche im Rahmen des **Sekundärmarktes.** Dieser betrifft den Handel mit den emittierten Wertpapieren.

II. A gegen die I-AG auf Zahlung von € 1.515,– aus § 37c Abs. 1 Nr. 1 WpHG

Möglicherweise steht dem A jedoch gegen die I-AG ein Anspruch auf Zahlung von € 1.515,– aus § 37c Abs. 1 Nr. 1 WpHG zu. Dazu müsste die I-AG ein Emittent von Finanzinstrumenten sein, der eine unwahre Insiderinformation, die ihn unmittelbar betrifft, veröffentlicht hat und hierdurch bei einem Dritten, der auf die Richtigkeit der Insiderinformation vertraut hat, einen Schaden verursacht haben.

1. Die I-AG ist Emittentin von Aktien, also **Finanzinstrumenten** i.S.d. Vorschrift (§ 2 Abs. 1 Nr. 1 WpHG).
2. Die Aktien sind auch zum Handel an einer inländischen Börse **zugelassen**, wie es § 37c Abs. 1 WpHG voraussetzt.

77 Siehe etwa BGH Urt. v. 24.4.1978 – II ZR 172/76, NJW 1978, 1625 und sodann ständige Rechtsprechung.

3. Die vom Vorstand mittels Ad-hoc-Mitteilung veröffentlichten Umsatzzahlen I-AG waren allesamt fingiert. Der Vorstand der AG hat damit eine **Ad-hoc-Mitteilung** publiziert, die **unwahre** Insiderinformationen (Art. 7 MAR) enthält, welche den Emittenten (I-AG) **unmittelbar betrafen.**
4. A hat die Aktien nach der Veröffentlichung der Ad-hoc-Meldung **erworben.**
5. Ob die fehlerhafte Meldung für den Erwerb der Papiere **kausal** sein muss, sagt das Gesetz nicht ausdrücklich. Der Vergleich zur Prospekthaftung im WpPG (§ 21 Abs. 1 S. 1 Nr. 1 WpPG) legt dieses Erfordernis einerseits nahe, weil die Haftung von der Struktur her ähnlich ist. Andererseits lässt sich argumentieren, dass der Gesetzgeber diese Ähnlichkeit gesehen haben dürfte und offenbar gerade *keine* Kausalität fordern wollte. Jedenfalls sieht § 37c WpHG insoweit keine Beweislastumkehr zugunsten der Anleger vor. Dies wollen einige Stimmen in der Literatur vor allem in Hinblick darauf, dass der zu positive Emissionsprospekt (§§ 21 ff. WpPG) ebenso wie die wahrheitswidrig positive oder zurückgehaltene negative Ad-hoc-Mitteilung gleichermaßen Kursbeeinflussungspotential hat, durch teleologische Korrektur der Beweislastverteilung umgehen. Dazu werden entweder die ehemals zur Prospekthaftung entwickelten Grundsätze der Anlagestimmung oder die Erkenntnisse der US-amerikanischen **Fraud-on-the-market-Theorie** herangezogen. Diesen Beweiserleichterungen erklärte der BGH jedoch in seinem **IKB-Urteil**[78] eine Absage. Auch die **Figur der Anlagestimmung** ist nach Ansicht des BGH nicht auf das deutsche Recht übertragbar, weshalb der Anspruchssteller den vollen Kausalitätsbeweis erbringen muss.[79]

Hier kann all das dahinstehen, denn jedenfalls wollte A die Aktien schon länger erwerben, die Ad-hoc-Meldung gab dann aber den Ausschlag, so dass die Meldung kausal war.

<u>Hinweis</u>: Nach der „fraud-on-the-market"-Theorie braucht der Anleger nicht darzulegen oder zu beweisen, dass seine Anlageentscheidung auf der Falschinformation beruhte. Ausreichend ist der Beweis, dass der Markt insgesamt in die Irre geführt wurde. Dann wird angenommen, dass der Kläger auf die Integrität der Preisbildung vertraut hat. Der BGH hat der Anwendung dieser Theorie im deutschen Kapitalmarktrecht zu Recht eine Absage erteilt. Sie entstammt der Besonderheit des amerikanischen Rechtssystems und ist nicht auf das deutsche Recht übertragbar, vgl. *Möllers/Leisch* in: KölnKomm WpHG, §§ 37b, c Rn. 357 f.

78 BGH Urt. v. 13.12.2011 – XI ZR 51/10 , NJW 2012, 1800.
79 Eingehend dazu *Langenbucher* Aktien- und Kapitalmarktrecht, 3. Aufl. 2015, S. 394 ff.

6. A ist auch noch zum Zeitpunkt des Bekanntwerdens der Unrichtigkeit der Meldung **Inhaber** der Papiere.
7. Ein **„Haftungsausschluss"** zugunsten der Gesellschaft nach § 37c II, III WpHG kommt nicht in Betracht. Weder wird die Gesellschaft nachweisen können, dass sie (d. h. ihr Vorstand – § 166 Abs. 1 BGB analog) die Unrichtigkeit der publizierten Insiderinformation nicht kannte, noch wird sie darlegen können, dass A die Unrichtigkeit der Umsatzzahlen bei Erwerb der Papiere kannte.
8. Die I-AG schuldet A daher Ersatz des **Schadens**, der durch das Vertrauen auf die Richtigkeit der Information entstanden ist, §§ 249 ff. BGB. A ist mit anderen Worten zu stellen, wie er beim Nichteintritt des schädigenden Ereignisses stünde.

Insoweit sind wieder mehrere Lösungen denkbar: Zum einen könnte A so zu stellen sein, als hätte er vom Vertrag ganz Abstand genommen (sog. **Vertragsabschlussschaden**). Als Zweites kommt ein bloßer Ausgleich der Kursdifferenz in Betracht (sog. **Kursdifferenzschaden**). Der BGH gewährt dem Anleger ein Wahlrecht. Dagegen sprechen sich viele Stimmen in der Literatur für eine Begrenzung auf den Kursdifferenzschaden aus.[80] So wird vorgebracht, dass Anleger durch den Ersatz des Vertragsabschlussschadens auch Verluste geltend machen könnten, die gar nichts mit der falschen Ad-hoc-Mitteilung in Verbindung stünden, die also ohnehin entstanden wären.

Richtigerweise ist mit dem BGH auch hier nach der Beweislast zu entscheiden: Kann A beweisen, dass er ohne die Ad-hoc-Meldung nicht gekauft hätte, schuldet die AG den vollen Schadensersatz (Erwerb von 100 Anteilen à € 15,– zzgl. Emissionsgebühr), ansonsten nur die Kursdifferenz. Diese Lösung überzeugt vor allem deshalb, weil sie für die Praxis Rechtssicherheit und Rechtsklarheit gewährleistet.

9. Wie die Börsenprospekthaftung sind auch die §§ 37b, 37c WpHG als leges speciales gegenüber dem Kapitalgesellschaftsrecht mit seinen **Kapitalerhaltungsprinzipien** (insbesondere den §§ 71 ff. AktG) anzusehen. Die Europarechtskonformität dieser Lösung hat der EuGH in der Sache **Immofinanz**[81] bestätigt.
10. Ergebnis: Der Anspruch des A gegen die I-AG aus § 37c WpHG besteht.

80 *Möllers/Leisch* in: KölnKomm WpHG, §§ 37b, c Rn. 267 ff. m.w.N.
81 EuGH Rs. C-174/12, NZG 2014, 215, 217.

B. Ansprüche des A gegen V persönlich

I. A gegen V auf Zahlung von € 1.515,– aus § 93 Abs. 2 AktG

§ 93 AktG normiert eine reine Innenhaftung des Vorstands. Die Voraussetzungen einer Geltendmachung des Haftungsanspruch der AG gegen ihren Vorstand durch Aktionär A (§ 148 AktG) sind nicht erfüllt.

II. A gegen V auf Zahlung von € 1.515,– aus § 823 Abs. 2 BGB i.V.m. Art. 17 MAR

Möglicherweise besteht auch ein Anspruch aus § 823 Abs. 2 BGB.

1. Fraglich ist hier insbesondere die Schutzgesetzeigenschaft der Ad-hoc-Publizitätspflicht. Schutzgesetze sind nur Rechtsnormen mit individualschützendem Charakter, die also nicht nur den Schutz der Allgemeinheit verfolgen.[82] Die Ad-hoc-Publizität dient dem Schutz der Funktionsfähigkeit des Kapitalmarkts und soll dessen allokative Effizienz steigern, indem auf dem Sekundärmarkt eine realistische Preisbildung stattfindet und Insiderhandel vorgebeugt wird. Der Schutz der einzelnen Anleger – beispielsweise durch eine verbesserte Vergleichbarkeit der Anlagen – stellt einen bloßen Reflex da, weswegen zumindest nach alter Rechtslage die Schutzgesetzeigenschaft von § 15 WpHG von der herrschenden Literatur und Rechtsprechung verneint wurde.[83] Gestützt wurde diese Ansicht auch mit Blick auf § 15 Abs. 6 WpHG a.F.

Nachdem es § 15 WpHG in dieser Form nicht mehr gibt und die Gesetzesmaterialien zur MAR insbesondere den Schutz des individuellen Anlegers betonen, ist möglicherweise die Schutzgesetzeigenschaft von Art. 17 MAR anders zu beurteilen.[84] Nachdem der deutsche Gesetzgeber aber auch nach Inkrafttreten der MAR an der Haftung infolge unwahrer Ad-hoc-Mitteilungen nach § 37c WpHG festhält, wäre es eine unzulässige Umgehung der bewussten Haftungsbeschränkung des § 37c Abs. 2 WpHG auf Kenntnis oder grob fahrlässige Unkenntnis, zöge man die allgemeinen deliktsrechtlichen Anspruchsvoraussetzungen des § 823

82 BGH Urt. v. 4.12.1956 – VI ZR 161/55, NJW 1957, 500.

83 *Zimmer/Kruse* in: Schwark/Zimmer, Kapitalmarktrechtskommentar, 4. Aufl. 2010, § 15 WpHG Rn. 135 m.w.N.

84 Allgemein zur Schutzgesetzeigenschaft der neuen Marktmissbrauchsregelungen *Poelzig* NZG 2016, 492, 501.

Abs. 2 BGB i.V.m. Art. 17 MAR für einen Anspruch heran, der speziell in der kapitalmarktrechtlichen Sondervorschrift des § 37c WpHG vorgesehen ist.

2. Ergebnis: Ein Anspruch aus § 823 Abs. 2 BGB in Verbindung mit Art. 17 MAR besteht damit nicht.

III. A gegen V auf Zahlung von € 1.515,– aus § 823 Abs. 2 BGB i.V.m. Art. 15 MAR

Hinweis: Meist liegt – wegen der ähnlichen Tatbestandsvoraussetzungen – bei einem Verstoß gegen die Ad-hoc-Mitteilungspflicht auch ein Verstoß gegen das Verbot der Marktmanipulation vor, vgl. dazu *Hellgardt* ZIP 2005, 2000ff.

1. Möglicherweise hat A gegen V einen Anspruch auf Zahlung von € 1.515,– aus § 823 Abs. 2 i.V.m. Art. 15 MAR. Dazu müsste das Verbot der Markmanipulation gem. Art. 15 MAR ein **Schutzgesetz i.S.d. § 823 Abs. 2 BGB** sein.

a) Bislang war umstritten, ob § 20a WpHG, die bisher geltende Regelung des Marktmanipulationsverbotes, ein Schutzgesetz darstellt. In seinem IKB-Urteil hat der XI. Zivilsenat des BGH entschieden, dass das Verbot der Marktmanipulation gemäß § 20a Abs. 1 S. 1 Nr. 1 WpHG kein Schutzgesetz im Sinne des § 823 Abs. 2 BGB sei. In der Literatur wurde die Frage nach der Schutzgesetzeigenschaft des § 20a Abs. 1 S. 1 Nr. 1 WpHG in der Vergangenheit bereits kontrovers diskutiert. Die damals wohl herrschende Ansicht verneinte die Schutzgesetzeigenschaft. Dies wurde mit dem Zweck des Marktmanipulationsverbotes begründet. Dieses solle den Kapitalmarkt allgemein vor Missbrauch schützen, **nicht** aber den **einzelnen Anleger.** Dieser profitiere allenfalls **reflexartig** von der Verbotsnorm. Eine nicht unbedeutende Anzahl von Autoren sprach sich dagegen für eine Haftung nach § 823 Abs.2 BGB im Falle von Marktmanipulation aus.

b) Hinsichtlich Art. 15 MAR, der den § 20a WpHG als Verbotsnorm ablöst, ist höchst fraglich, ob diese Ansicht noch Bestand hat. Hintergrund ist die neuere **Rechtsprechung des EuGH** zum Wettbewerbs- und Kartellrecht[85], nach der die nationalen Staaten stets dann einem Geschädigten Schadensersatzansprüche zur Verfügung stellen müssen, wenn nur durch die zivilrechtliche Verfolgungsmöglichkeit die **Durchsetzung von europäischen Rechtsnormen effektiv** gewährleistet ist. Eine neue Ansicht im Schrifttum spricht sich für eine Übertragung dieser Grundsätze auf das Kapitalmarkt-

85 Vgl. nur EuGH, Urt. v. 20.09.2001 – Rs. C-453/99, EuZW 2001, 715 (Courage).

recht aus.[86] Dem ist zuzustimmen. Auch im Falle der Marktmanipulation wäre die Durchsetzung des Verbotes der Marktmanipulation effektiver ausgestaltet, könnten Geschädigte ihre Ansprüche auf dem Zivilrechtsweg geltend machen. Dies ist zwar auch nach jetziger Rechtslage gem. § 826 BGB möglich. Allerdings erfasst diese Norm nur vorsätzliche sittenwidrige Schädigungen, die in den meisten Fällen kaum zu beweisen sind, weshalb § 826 BGB keine Präventivwirkung in ausreichendem Maße entfaltet.

c) Zwischenergebnis: Somit kommt es nach allem Gesagten nicht mehr auf die Abgrenzung zwischen individualschützender oder objektiv marktschützender Norm an. Vielmehr ist hinsichtlich der Frage nach der Schutzgesetzeigenschaft allein die Tatsache entscheidend, ob private Rechtsdurchsetzung eine effektivere Wirkung hinsichtlich der Rechtsbefolgung der EU-Norm erreichen kann. Dies ist im Falle der Marktmanipulation der Fall.[87]

Hinweis: Die Kenntnis dieser Literaturmeinungen wird in der Klausur keinesfalls vorausgesetzt werden. Das Problem – Schutzgesetz oder nicht – sollte aber angesprochen werden.

2. Fraglich ist, ob auch ein Verstoß gegen das Verbot der Marktmanipulation vorliegt. Gem. Art. 12 Abs. 5 MAR i.V.m. Art. 4 Nr. 2 VO 2016/522 i.V.m. Anhang II zur VO 2016/522 liegt eine verbotene Marktmanipulation vor, wenn falsche Marktinformationen über die Medien oder mit anderen Mitteln verbreitet werden und es dadurch zu einer Verschiebung des Aktienkurses kommt. Die Verschiebung des Aktienkurses muss dabei für die Position, die von der manipulierenden Person gehalten wird, von Vorteil sein. Im vorliegenden Fall wurden die Bilanzen der AG gefälscht und per Ad-hoc-Mitteilung veröffentlicht, um für die Emission von Aktien im Wege einer Kapitalerhöhung ausreichend Investoren zu gewinnen. Nach Bekanntwerden der Fälschung kam es zu einem Kurseinbruch, was darauf schließen lässt, dass der Kurs zuvor durch die Veröffentlichung der Berichte nach oben verschoben wurde. Damit liegt eine verbotene Marktmanipulation vor.
3. Der Verstoß war auch rechtswidrig, zumal gegen ein Strafgesetz verstoßen wurde und Rechtfertigungsgründe nicht ersichtlich sind.
4. Auch handelte der Vorstand vorsätzlich, weshalb von einem Verschulden auszugehen ist.

86 Vgl. *Hellgardt* AG 2012, 154; *Poelzig* ZGR 2015, 801.
87 Vgl. dazu *Altenhofen* Die Europäisierung des Marktmissbrauchsrechts (im Erscheinen).

5. Zum entstandenen Schaden gelten die oben im Rahmen der Prüfung des Verstoßes gegen die Ad-hoc-Mitteilungspflicht gemachten Ausführungen.[88]
6. Ergebnis: Somit besteht auch ein Anspruch auf Schadensersatz nach § 823 Abs. 2 BGB i.V.m. Art. 15 MAR.

IV. A gegen V auf Zahlung von € 1.515,– aus § 823 Abs. 2 BGB i.V.m. § 400 AktG

Zwar handelt es sich bei § 400 AktG um ein Schutzgesetz. Eine Ad-hoc-Meldung enthält aber keine Darstellung über den Vermögensstand der AG, die Norm ist also nicht verletzt.

V. A gegen V auf Zahlung von € 1.515,– aus § 823 Abs. 2 BGB i.V.m. § 264a StGB

Auch dieser Anspruch ist nicht erfüllt, weil keine fehlerhafte Information in Prospekten oder in Darstellungen oder Übersichten über den Vermögensstand der AG geliefert worden ist.

VI. A gegen V auf Zahlung von € 1.515,– aus § 823 Abs. 2 BGB i.V.m. § 263 StGB

Wie oben schon in Fall 10 in entsprechender Weise gesehen (*vgl. Frage 1 A.VI.*), handelt der vorsätzlich fehlinformierende Vorstand betrügerisch. Der Anspruch besteht also.

Zur Schadenshöhe ist wieder die Beweisbarkeit des Verhaltens des A bei ordnungsgemäßem Verhalten des Vorstands entscheidend. Die Fall 10 bestehende Problematik der Begrenzung eines Schadensersatzanspruches aufgrund der §§ 57, 62, 71 ff. AktG (*vgl. dazu Frage 1 A.VI.4.*) kommt im Verhältnis A zu V nicht zum Tragen.

88 Vgl. oben A. II. 8.

VII. A gegen V auf Zahlung von € 1.515,– aus § 826 BGB

V fällt eine vorsätzliche sittenwidrige Schädigung zur Last (vgl. Fall 10 entsprechend *Frage 1 A.XI.*). Die falsche Mitteilung war insbesondere kausal für den Erwerb der Anteile durch A.

Der Schaden des A ist auch insoweit von dem abhängig, was er als hypothetischen Kausalverlauf darlegen kann.

Frage 2: Strafbarkeit des V; „Widerruf" der Ad-hoc-Meldung

1. Nach § 39 Abs. 3d Nr. 6 WpHG handelt es sich bei der fehlerhaften Ad-hoc-Meldung des V um eine Ordnungswidrigkeit, die nach § 39 Abs. 4a S. 1 WpHG mit bis zu € 1 Mio. Geldbuße bzw. gegen juristischen Personen nach Satz 2 einer höheren Geldbuße, die maximal € 2,5 Mio. bzw. 2% des Gesamtumsatzes betragen darf, belegt werden kann. Darüber hinaus kann ein Verstoß gegen die Ad-hoc-Mitteilungspflicht mit einer Geldbuße bis zum Dreifachen des aus dem Verstoß gezogenen wirtschaftlichen Vorteils geahndet werden, vgl. § 39 Abs. 4a S. 1 WpHG a.E.

Da die Veröffentlichung der Ad-hoc-Mitteilungspflicht auch eine strafbare Marktmanipulation darstellt, wird das Verhalten des Vorstands gemäß § 38 Abs. 1 Abs. 1 Nr. 1 in Verbindung mit § 39 Abs. 2 Nr. 3 WpHG mit Freiheitsstrafe bis zu 5 Jahren oder mit Geldstrafe bestraft, weil die Handlung vorsätzlich begangen wurde und durch die Handlung auf einen der in § 38 WpHG genannten Preise eingewirkt wurde.

2. Eine nach alter Rechtslage vorgesehene Widerrufspflicht (vgl. § 15 Abs. 2 S. 2 WpHG a.F. i.V.m. § 4 Abs. 3 WpAIV) ist in der MAR nicht mehr vorgesehen. Trotzdem ist eine Berichtigung der Ad-hoc-Mitteilung durch eine weitere Ad-hoc-Mitteilung eine Möglichkeit, den Zeitraum für haftungsrelevante Geschäfte nach § 37c WpHG einzugrenzen und um zudem den Kapitalmarkt vor fortan falscher Preisbildung und der damit zusammenhängenden Störung seiner Allokationsfunktion zu schützen.
3. Zur schnellen Wiederherstellung der Markttransparenz kann die BaFin die Veröffentlichung einer korrekten Ad-hoc-Mitteilung für die I-AG selbst vornehmen (§ 4 Abs. 2, 6 WpHG).

Lösung der Variante 1

Es kommt ein Verstoß gegen Art. 14 i.V.m. Art. 8 MAR (**Insiderhandel**) in Betracht, insbesondere könnte V das Verbot des Art. 14 lit. a MAR verletzt haben. Dafür müsste V ein Insidergeschäft i.S.d. Art. 8 MAR getätigt haben.

1. Zunächst müsste es sich dafür bei der Information über die Höhe des wahren Umsatzes der Gesellschaft um eine **Insiderinformation** nach Art. 7 MAR handeln. Das Gesetz verlangt zunächst eine präzise Information über nicht öffentlich bekannte Umstände. Solche „Umstände" können Tatsachen, aber auch Werturteile und Prognosen sein, die Gesetzesfassung ist insoweit sehr weit. Die Höhe des Umsatzes ist eine Tatsache. Diese bezieht sich auf die I-AG als eine Emittentin von Insiderpapieren. Die Information ist auch geeignet, im Falle ihres Bekanntwerdens den Börsenpreis der Aktien der I-AG erheblich zu beeinflussen, wie nicht zuletzt der später tatsächlich erfolgende Kursausschlag nach unten im Anschluss an das Bekanntwerden der wahren, um ein vielfaches niedrigeren Umsatzhöhe belegt. Denn ein „verständiger Anleger" berücksichtigt diese Information bei seiner Anlageentscheidung (Art. 7 Abs. 4 MAR).

Hinweis: Art. 7 Abs. 3 MAR regelt nunmehr auch die **Problematik der zeitlich gestreckten Vorgänge.** Hierbei handelt es sich um die Frage, ob bei mehrstufigen Entscheidungsprozessen (zum Beispiel M&A Transaktionen) bereits vor der Vollendung des Vorhabens eine konkrete Information vorliegen kann. Der EuGH hatte dies in seiner **„Geltl/Daimler"**-Entscheidung bejaht.[89] Dieser Auffassung folgte auch der BGH.[90] Demnach waren nach Ansicht der Gerichte auch künftige, hinreichend wahrscheinlich bevorstehende Zwischenschritte Insiderinformationen. Diese Rechtsprechung ist nunmehr vom europäischen Gesetzgeber in Art. 7 Abs. 3 MAR übernommen worden.

2. Als Vorstand und Initiator der falschen Umsatzzahlen verfügte V auch über diese Insiderinformation und hat seine Aktien für eigene Rechnung unter Nutzung der Insiderinformation veräußert.
3. Wenn V Vorsatz nachzuweisen ist, kann er für eine Straftat nach § 38 Abs. 3 Nr. 1 WpHG mit Freiheitsstrafe bis zu fünf Jahren oder mit einer Geldstrafe belangt werden.

---

89 EuGH, NJW 2012, 2787 ff. (Geltl/Daimler).
90 BGH, NJW 2013, 2114.

Lösung der Variante 2

1. Das Vorgehen des M (sog. „**scalping**") ist möglicherweise ein verbotenes **Insidergeschäft** i.S.d. Art. 8 MAR. Dann müsste es sich bei der Empfehlung oder bei dem Wissen um die Empfehlung oder die Empfehlungsabsicht um eine **Insiderinformation** handeln, Art. 7 MAR.

Zutreffenderweise lässt es sich aber nicht als „präzise Information" ansehen, wenn eine Person über etwas Bescheid weiß, das sie selbst erst noch tun will. Man „informiert" sich nämlich nicht über eigene Gedanken, der Vorgang des Sich-Informierens setzt vielmehr ein externes Vorgehen, einen irgendwie gearteten Bezug zur „Außenwelt" voraus.

2. Das Verhalten des M könnte aber das Verbot der **Kurs- und Marktpreismanipulation** verletzen, Art. 15 MAR. Einschlägig ist Art. 12 Abs. 1 lit. b MAR, wenn M eine Empfehlung ausspricht. Die Täuschungshandlung des M liegt dann darin, dass die Empfehlung *mit dem Ziel der Kursbeeinflussung* ausgesprochen würde, während die Anleger von einer objektiven Bewertung der Anteile ausgehen. Insoweit kommt es nicht darauf an, dass die jeweiligen Aktien auch bei sachgerechter Beurteilung durchaus empfehlenswert und „ihr Geld wert" sind.[91]

Das Verhalten des M wäre also nach Art. 15 MAR i.V.m. § 38 Abs. 1 Nr. 2 bzw. § 39 Abs. 3d Nr. 2 WpHG zu beanstanden.

Vertiefungshinweis:
Ein sehr guter Überblick über das Kapitalmarktrecht findet sich bei *Raiser/Veil* S. 923ff.
Zur Vertiefung *Buck-Heeb* Kapitalmarktrecht, S. 85ff.

91 So auch der BGH, NJW 2004, 302ff.

Fall 12: (Ver)schiebung

Hans Halmig ist seit 2000 Inhaber mehrerer Textilunternehmen in Köln. Er betreibt unter anderem eine Textilfabrik in der HaTex Produktionsgesellschaft mbH (im Folgenden: HaTex GmbH), welche zu 70% ihm, zu 30% seiner Frau Frida gehört. Sie ist dort auch Geschäftsführerin. In der Fabrik lässt Halmig Stoffe färben und nähen. Des Weiteren ist er Alleingesellschafter der HaTex Design AG, in der teure Designerbekleidung verkauft wird. Schließlich gehört ihm auch noch die „HaTex Direct", über die er als Einzelkaufmann Zweite-Wahl-Ware in Form eines Fabrikverkaufs vertreibt.

Die Bekleidungsproduktion rentiert sich wegen des zurückhaltenden Konsumverhaltens der Deutschen ab dem Jahre 2001 immer weniger, so dass Halmig seine Kräfte bald vor allem auf die HaTex Design AG konzentriert. Insgeheim erscheint es ihm als gar nicht so schlechte Lösung, die GmbH zu vernachlässigen und am Ende möglicherweise „ausbluten" zu lassen, um auf diese Weise lästige Gläubiger loszuwerden. Um für sich noch das Mögliche zu retten, spricht Halmig folgendes Vorgehen mit seiner Frau F ab:

Die gut gehende Designerware aus der HaTex GmbH wird in einer Vielzahl von Fällen, die später im Einzelnen nicht mehr nachvollziehbar sind, unter den Produktionskosten an die HaTex Design AG veräußert. Die Zweite-Wahl-Ware aus der Produktion der GmbH wird umgehend zu den Geschäftsräumen der HaTex Direct gefahren, die Erlöse verbleiben in diesem Unternehmen. In welchem Umfang dies geschieht, ist später nicht rekonstruierbar. Außerdem zieht Halmig einige verdiente Mitarbeiter aus zentralen Positionen der GmbH zur HaTex Design AG ab, so dass in der GmbH auch aus diesem Grund das Wirtschaften erschwert wird.

Wegen bald eintretender finanzieller Engpässe bei der GmbH wird es immer schwieriger, noch Lieferanten zu finden. Allein Sigfried Seta, der Halmigs GmbH schon lange mit Stoffen beliefert, lässt sich im September 2017 von Halmig, der auf die langjährige gute Geschäftsverbindung sowie darauf hinweist, dass Seta sein Geld noch immer bekommen habe, überreden, nochmals eine größere Lieferung hochwertiger Stoffe zum Preis von € 75.000,– zur Verfügung zu stellen.

Am 1.12.2017 wird die Eröffnung eines Insolvenzverfahrens über das Vermögen der HaTex GmbH mangels Masse abgelehnt. Seta, der mit seinen Forderungen gegen die GmbH ausgefallen ist, fragt, ob es doch noch eine Chance für ihn gibt, an Geld zu kommen. Dafür möchte er einen Überblick über alle ihm irgendwie nützlichen Ansprüche. Gegen F möchte er hingegen nicht vorgehen.

Bereiten Sie die Auskunft gutachtlich vor.

https://doi.org/10.1515/9783110526325-013

Gliederung

Lösung zu Fall 12

Schwerpunkte: Konzernrecht; sog. qualifiziert faktischer Konzern; Existenzvernichtungshaftung

A. Ansprüche des S gegen die HaTex GmbH (im Folgenden: H-GmbH)

Die GmbH schuldet den Kaufpreis i.H.v. € 75.000,– aus Kaufvertrag (§ 433 Abs. 2 BGB). Der Anspruch ist aber, wie die Ablehnung der Eröffnung eines Insolvenzverfahrens mangels Masse zeigt, wohl nicht realisierbar. Dies gilt jedenfalls vorbehaltlich der Prüfung von Ansprüchen der H-GmbH, die das Gesellschaftsvermögen „auffüllen" könnten (und die bei der negativen Entscheidung über die Eröffnung des Insolvenzverfahrens, aus welchem Grund auch immer, außer Betracht geblieben sein könnten).

B. Ansprüche der H-GmbH gegen H

I. H-GmbH gegen H auf Herausgabe von Waren bzw. auf Ersatz für die Warenlieferungen in noch zu beziffernder Höhe aus §§ 31 Abs. 1, 30 Abs. 1 GmbHG

Gleich mehrere Verstöße gegen § 30 GmbHG könnten hier darin liegen, dass H in einer Vielzahl von Fällen Waren der H-GmbH ohne Gegenleistung an die HaTex Direct liefern und an die HaTex Design AG unter den Produktionskosten veräußern ließ.

1. Zunächst müsste eine verbotene Auszahlung i.S.d. § 30 Abs. 1 GmbHG vorliegen. Dafür müssten diese Leistungen zunächst als **„Auszahlungen"** von **Vermögen der Gesellschaft** i.S.v. § 30 Abs. 1 GmbHG zu qualifizieren sein. § 30 Abs. 1 GmbHG basiert – wie § 57 AktG – auf dem Gedanken der Kapitalerhaltung im Gläubigerinteresse. Weil den Gläubigern nur ein beschränkter Haftungsfonds zur Verfügung gestellt wird, soll dieser nicht von den Gesellschaftern einseitig zu Lasten der Gesellschaft geschmälert werden können. Dieses Regelungsziel erklärt, dass zum einen nicht nur „Auszahlungen" im wörtlichen Sinne von der Vorschrift erfasst sein können, sondern dass jeder **Abfluss von Gesellschaftsvermögen** eine „Zahlung" sein kann. Zum Anderen ergibt sich aus dem Sinn und Zweck des § 30 Abs. 1 GmbHG, dass nur solche Leistungen der Gesellschaft, denen – bei bilanzieller Betrachtung –

kein ausreichender Gegenwert gegenüber steht (der das Gesellschaftsvermögen also wieder auffüllen würde), eines Ausgleichs bedürfen. In beiden Punkten scheint der Sachverhalt eindeutig: Es sind durch die nicht oder zu gering vergüteten Warenlieferungen im dargelegten Sinne „Zahlungen" an die HaTex Direct einerseits und an die HaTex Design AG andererseits geflossen.

2. Nachdem der Sinn und Zweck der Kapitalerhaltungsvorschriften oben bereits dargelegt worden sind, lässt sich die Frage, ob diese Leistungen als Zahlungen **an einen Gesellschafter** i.S.v. § 30 Abs. 1 GmbHG erfolgten, ebenfalls beantworten:

a) Für die Leistungen an die HaTex Direct ist dies von vornherein unproblematisch, da H diese als Einzelkaufmann betreibt und folglich auch rechtlich in Person – und mithin: als Gesellschafter – die Leistungen der H-GmbH erhält.

b) Etwas schwieriger ist es auf den ersten Blick hinsichtlich der Leistungen an die HaTex Design AG, die nicht selbst Gesellschafterin der GmbH ist. Erinnert man sich aber an die von § 30 GmbHG geschützten Interessen, so wird klar, dass auch Zahlungen an Personen, die mit einem Gesellschafter *wirtschaftlich identisch* sind, sanktioniert sein müssen. Denn verhindert werden soll eine Übervorteilung der Gläubiger durch die Gesellschafter der Kapitalgesellschaft. Da H Alleinaktionär in der AG ist und die Leistungen mithin wirtschaftlich ihm zufließen, ist ohne Weiteres von einer Leistung an H auszugehen.

3. Die nächste Frage ist, ob und in welchem Umfang durch die Leistungen der H-GmbH an H bzw. an die AG Vermögen aus der Gesellschaft geflossen ist, welches **zur Deckung des Stammkapitals erforderlich** war. Damit ist die Frage aufgeworfen, ob zum Zeitpunkt der jeweiligen Vermögensverschiebung stets noch Eigenkapital (also ein Überschuss der Aktiva über die Passiva der GmbH) in der Gesellschaft vorhanden war, welches im Wert die Stammkapitalziffer erreichte, also das Stammkapital „deckte".

Laut Sachverhalt lässt sich aber im Nachhinein die Zahl und der Umfang der Vermögensverschiebungen, die letztlich zur Zahlungsunfähigkeit der GmbH führten, nicht mehr rekonstruieren. Zu welchem Zeitpunkt und aufgrund welcher konkreten Maßnahmen die Gesellschaft in die Unterdeckung geriet, ist also offen. Damit ist die **Beweislast** entscheidend: Nach allgemeinen prozessualen Grundsätzen obliegt es im Grundsatz der GmbH als Anspruchstellerin, sämtliche anspruchsbegründenden Tatsachen – also auch für die Frage der Unterschreitung des Stammkapitals – vorzutragen und ggf. den Beweis für sie zu erbringen. Dieser Beweis wird ihr aus den angeführten Gründen nicht gelingen.

4. Ergebnis: Vor diesem Hintergrund kommt eine erfolgreiche Geltendmachung von Ansprüchen der GmbH aus §§ 30, 31 GmbHG gegenüber H nicht in Betracht.

II. H-GmbH gegen H auf Schadensersatz wegen „Treuepflichtverletzung" aus § 280 Abs. 1 BGB

Durch seine Einwirkungen könnte H eine Treupflicht gegenüber seiner Gesellschaft verletzt haben.

1. Zu ermitteln ist zunächst, inwieweit es eine solche Treuepflicht der GmbH-Gesellschafter, soweit es um Einwirkungen auf die Geschäftsführung der GmbH geht, überhaupt geben kann. Die Rechtsprechung hat sich im Zusammenhang mit Einwirkungen eines Gesellschafters im Konzern schon früh zu einer Treuepflicht in der GmbH bekannt (vgl. das „**ITT-Urteil**"). Sie hat angenommen, dass eine Treuepflicht sowohl im Verhältnis des Mehrheitsgesellschafters zum Minderheitsgesellschafter als auch im Verhältnis des Gesellschafters zu seiner Gesellschaft bestehen könne.
2. Allerdings ist mit der Rechtsprechung des BGH eine Ausnahme für Fallgestaltungen wie der vorliegenden zu machen: Der BGH geht nämlich davon aus, dass bei einer Vielzahl von im einzelnen **nicht mehr isolierbaren Einwirkungen** mit einer Haftung wegen „Treuepflichtverletzung" nicht mehr operiert werden kann. Denn ein Schadensersatzanspruch wegen Verletzung der Treuepflicht setzt stets voraus, dass die eingetretenen Schäden substantiiert dargelegt werden. Dies ist hier aber nicht möglich.
3. Ergebnis: Ein Schadensersatzanspruch wegen Verletzung der Treuepflicht scheidet daher aus.

III. H-GmbH gegen H auf Schadensersatz in noch zu beziffernder Höhe aus §§ 311, 317 I 1 AktG (analog)

In Betracht kommt ein konzernspezifischer Ausgleichsanspruch der GmbH gegen H. Erste Voraussetzung dieses Anspruchs ist, dass § 317 AktG überhaupt auf die im Sachverhalt angegebene Konstellation **Anwendung** finden kann.

Hinweis: Das AktG unterscheidet zwischen **Unterordnungs-** und **Gleichordnungskonzernen.** Bei den Unterordnungskonzernen wird im Wesentlichen zwischen zwei Arten unterschieden: Den **Vertragskonzernen** (§§ 291 ff. AktG) und den **faktischen Konzernen** (§§ 311 ff. AktG). Im Vertragskonzern wird die Herrschaft des herrschenden Unternehmens über das abhängige

Unternehmen durch den Abschluss eines Beherrschungsvertrags (meist in Verbindung mit einem Gewinnabführungsvertrag) begründet. Im faktischen Konzern fehlt es an einem solchen Beherrschungsvertrag. Hier beruht die Leitungsmacht des herrschenden Unternehmens auf der Mehrheitsbeteiligung des herrschenden Unternehmens an dem abhängigen Unternehmen. Dabei wird gemäß § 17 Abs. 2 AktG von einem in Mehrheitsbesitz stehenden Unternehmen vermutet, dass es von dem an ihm mit Mehrheit beteiligten Unternehmen abhängig ist. Vgl. zum Konzernrecht *Raiser/Veil* S. 689 ff.

1. Das Aktienkonzernrecht kennt einige rechtsformunabhängige Vorschriften (§§ 15 ff. AktG). Zu diesen zählt § 317 AktG jedoch nicht.
2. Das Konzernrecht der §§ 291 ff. und der 311 ff. ist sodann auf die GmbH insoweit direkt anwendbar, als die genannten Vorschriften lediglich zugrunde legen, dass die jeweilige *Untergesellschaft* die Rechtsform einer AG hat, während die *Obergesellschaft* durchaus in einer anderen Rechtsform, wie z. B. der GmbH, betrieben sein kann. Hier ist aber gerade die *Untergesellschaft* eine GmbH.
3. In Frage kommt somit nur eine **analoge** Anwendung der Vorschriften.[92] Eine Regelungslücke im GmbHG besteht. Fraglich ist, ob diese planwidrig ist. Zwar hat es Pläne zur Schaffung eines GmbH-Konzernrechts gegeben, doch sind diese seinerzeit zugunsten weiterer Ausbildung des Rechtsgebiets durch die Praxis vom Gesetzgeber verworfen worden. Auch die Vergleichbarkeit der Interessenlagen lässt sich feststellen: Das Konzernrecht reagiert auf bestimmte Gefährdungen der Untergesellschaft, ihrer Gesellschafter und ihrer Gläubiger durch den von einer Obergesellschaft ausgehenden „Druck“, im Konzerninteresse statt ausschließlich im eigenen Interesse zu wirtschaften. Das ist in der konzernierten GmbH nicht anders als in einer AG als Untergesellschaft. Wie gesehen, ersetzen auch nicht etwa Überlegungen zu einer „Treuepflicht“ der Gesellschafter in sinnvoller Weise die analoge Anwendung der speziell für die beschriebene Konstellation geschaffenen Konzernvorschriften.

Gegen eine analoge Anwendung spricht allerdings ein zentraler struktureller Unterschied der beiden Gesellschaftsformen: Während in einer AG der Vorstand die Geschäfte unter eigener Verantwortung leitet (vgl. § 76 Abs. 1 AktG) und damit nicht Weisungen der Hauptversammlung unterliegt, sind in einer GmbH Weisungen der Gesellschafterversammlung an den Geschäftsführer grundsätzlich

92 Vgl. zum Streitstand *Altmeppen* in: Roth/Altmeppen, GmbHG, 8. Aufl. 2015, Anh. § 13 Rn. 166 ff.

zulässig. Dies ergibt sich aus den §§ 37, 45 ff. GmbHG. Da also die Gesellschafterversammlung ohnehin immer in die Leitung der Gesellschaft eingreifen kann, ergeben sich hieraus keine Unterschiede zum Fall einer konzernierten GmbH.

4. Ergebnis: Mangels planwidriger Regelungslücke scheidet eine analoge Anwendung der Vorschriften über den faktischen Konzern aus.

IV. H-GmbH gegen H auf Verlustausgleich aus § 302 AktG analog

Möglicherweise besteht ein Anspruch der H-GmbH gegen H aus § 302 AktG analog. Dazu müsste die Regelung hinsichtlich der Ausgleichspflicht auf den GmbH-Konzern analoge Anwendung finden.

Hinweis: Da dem herrschenden Unternehmen im Vertragskonzern ein umfassendes Weisungsrecht gegenüber dem abhängigen Unternehmen besteht, dass sogar nachteilige Weisungen erfasst, sofern sie im Konzerninteresse liegen (vgl. § 308 Abs. 1 S. 2 AktG), hat der Gesetzgeber mit § 302 Abs. 1 AktG zum Schutze der Gläubiger die Pflicht des herrschenden Unternehmens konstituiert, jeden während der Vertragsdauer entstehenden Jahresfehlbetrag in der Bilanz des abhängigen Unternehmens auszugleichen, soweit er nicht durch Gewinnrücklagen ausgeglichen werden kann.

1. Bisher sind lediglich Regelungen aus dem Bereich des Rechts der „faktischen Konzerne" erörtert worden. Die Rechtsprechung, die sich *gegen* die Anwendung dieser Vorschriften aus dem AktG auf den GmbH-Konzern ausgesprochen hat, hat in einer über mehrere Jahre hin entwickelten, changierenden Rechtsprechung in bestimmten Fällen die Anwendung von § 302 AktG, einer Vorschrift aus dem AG-Vertragskonzernrecht, zwischen den Gesellschaften befürwortet. Sie hat mit anderen Worten in bestimmten Fällen, die sie als den Zustand eines **„qualifizierten faktischen Konzerns"** bezeichnet hat, eine **pauschale Ausgleichspflicht** des herrschenden dem abhängigen Unternehmen gegenüber angenommen. Das kommt auch im Verhältnis der H-GmbH zu H in Betracht. Die Analogie ist von der Rechtsprechung etwa wie folgt begründet worden: In bestimmten Fallkonstellationen seien einzelne „Eingriffe" in das Vermögen der abhängigen Gesellschaft nicht mehr nachvollziehbar und isolierbar. Dann hülfen auf einen „Einzelausgleich" schädlicher Maßnahmen angelegte Vorschriften wie die Kapitalerhaltungsvorschriften (§§ 30, 31 GmbHG) und ebenso die Grundsätze über „Treuepflichtverletzungen" oder §§ 311 ff. AktG in analoger Anwendung nicht weiter. Dementsprechend müsse nach einem anderen Ausgleich gesucht werden. Als vom Umfang und der Art der Einwirkungen ähnlich hat die

Rechtsprechung die Situation des Vertragskonzerns gehalten und folglich versucht, den dort vorgesehenen pauschalen Verlustausgleich auf den („qualifizierten") faktischen GmbH-Konzern zu übertragen.

2. Diese Analogie vermag – unabhängig von der Frage, ob zwischen der H-GmbH und H überhaupt ein solcher „qualifizierter faktischer Konzern" bestand – nicht zu überzeugen. Die Anwendung von Vorschriften des Vertragskonzerns auf eine Konstellation („qualifizierter") faktischer Konzernierung ist mangels Vergleichbarkeit abzulehnen. Erst das Weisungsrecht (§ 308 AktG) bzw. die Aufhebung der Vermögensbindung (§ 291 Abs. 3 AktG) und die damit verbundene fusionsähnliche Verbindung zwischen den beteiligten Unternehmen rechtfertigen die scharfe Sanktion der pauschalen Verlustübernahmepflicht durch das herrschende oder gewinnbeziehende Unternehmen aus § 302 AktG.

Ein Anspruch der GmbH auf Ausgleich sämtlicher Verluste durch H existiert nicht.

Hinweis: Die dargestellte Rechtsprechung ist aufgegeben worden, die Rechtsfigur des sog. qualifiziert faktischen Konzerns muss aber einstweilen noch bekannt sein – und dementsprechend in einer Klausur zumindest überschlägig dargestellt werden. Der bloße Hinweis, dass die Rechtsprechung diesen Ansatz aufgegeben habe, kann nicht die (kurze) Auseinandersetzung und Argumentation in dieser Hinsicht ersetzen.
Heute löst die Rechtsprechung diese Fälle über die sog. Existenzvernichtungshaftung (s. dazu unten D. II.).

V. H-GmbH gegen H auf Schadensersatz in noch zu beziffernder Höhe aus § 823 Abs. 2 BGB i.V.m. § 266 StGB

1. § 266 StGB ist ein Schutzgesetz zugunsten der GmbH.
2. H müsste durch die Veranlassung der Vermögensverschiebungen seine auf dem GmbH-Gesetz basierende Befugnis, auf das GmbH-Vermögen einzuwirken und über es zu verfügen, missbraucht und die Gesellschaft dadurch geschädigt haben. Da hier aber alle Gesellschafter, nämlich H selbst und seine Frau F, die Beschlüsse gemeinsam gefasst haben, liegt hier kein Überschreiten des rechtlichen Dürfens durch H vor.

VI. Ergebnis

Die bisherige Prüfung ergibt, dass der HaTex-GmbH scheinbar keine Ansprüche gegen H zustehen. Es wird sich im weiteren Verlauf der Prüfung allerdings zeigen, dass dies nach neuerer Rechtslage nicht mehr zutrifft.[93]

C. Ansprüche der H-GmbH gegen die AG

I. H-GmbH gegen die HaTex Design AG auf Ersatz für die Warenlieferungen aus §§ 31 Abs. 1, 30 Abs. 1 GmbHG

Wie gesehen, haftet H nicht wegen der an die AG geflossenen Zahlungen, da diese nicht mehr quantifiziert werden können. Aus demselben Grund scheitert daher auch ein Anspruch der H-GmbH gegen die HaTex Design AG. Ein Anspruch der GmbH gegen die AG besteht deshalb nicht.

II. H-GmbH gegen HaTex Design AG auf Schadensersatz in noch zu beziffernder Höhe aus § 826 BGB

Auch das Bestehen dieses Anspruchs lässt sich nicht abschließend beurteilen. Ob der Vorstand der AG „eingeweiht" war und seinerseits eine vorsätzliche sittenwidrige Schädigung zu verantworten hat (für welche die AG über § 31 BGB analog haftete), ist offen.

III. H-GmbH gegen HaTex Design AG auf Herausgabe des Besitzes an den Waren bzw. Wertersatz aus § 812 Abs. 1 S. 1 Var. 1 bzw. § 812 Abs. 1 S. 1 Var. 1 i.V.m. § 818 Abs. 1 BGB

Diese Unsicherheit besteht auch in Anbetracht der schuldrechtlichen Seite der Geschäfte. Deshalb kann über den möglichen Rechtsgrund für die Warenlieferungen (Kaufverträge) – und damit über das Bestehen bereicherungsrechtlicher Ansprüche – nicht mit letzter Sicherheit eine Aussage getroffen werden. Legt man zugrunde, dass der Vorstand „gutgläubig" war, so ist ein Rechtsgrund vorhanden,

93 Vgl. dazu unten D. II. 5.

denn die schuldrechtlichen Verträge, auf deren Grundlage geliefert wird, sind dann zustande gekommen.

Hinweis: Oben (B.) war die Frage nach der (Gläubiger-)Verfolgung von Ansprüchen der H-GmbH gegen die AG aufgeworfen worden. Dieser Gedanke braucht in Ermangelung solcher Ansprüche hier nicht wieder aufgegriffen zu werden.

D. Ansprüche des S gegen H persönlich

I. S gegen H aus c.i.c. i.V.m. den Grundsätzen über die Eigenhaftung Dritter, §§ 311 Abs. 2 Nr. 1, Abs. 3, 280 Abs. 1 BGB

Ein solcher Anspruch besteht nicht. H nimmt kein besonderes persönliches Vertrauen für sich in Anspruch, sondern verweist lediglich darauf, dass die Geschäftsbeziehungen zwischen der GmbH und S bisher stets befriedigend verlaufen seien. Deshalb besteht kein c.i.c.-Anspruch gegen ihn.

II. S gegen H auf Zahlung von € 75.000,– aus Kaufvertrag i.V.m. den Grundsätzen über die „Existenzvernichtungshaftung" gem. § 826 BGB

Möglicherweise hat S gegen H einen Anspruch auf Zahlung von Euro 75.000 gemäß § 826 BGB (sog. **Existenzvernichtungshaftung**).

1. Zunächst müsste ein Eingriff in das Gesellschaftsvermögen vorliegen, der zu einer Existenzgefährdung geführt hat. Dies kann hier bejaht werden: Die gut gehende Designerware aus der HaTex GmbH wurde in einer Vielzahl von Fällen unter den Produktionskosten an die HaTex Design AG veräußert. Die Zweite-Wahl-Ware aus der Produktion der GmbH wird umgehend zu den Geschäftsräumen der HaTex Direct gefahren, die Erlöse verbleiben in diesem Unternehmen. In welchem Umfang dies geschieht, ist später nicht rekonstruierbar. Außerdem wurden verdiente Mitarbeiter aus zentralen Positionen der GmbH zur HaTex Design AG abgezogen, so dass in der GmbH auch aus diesem Grund das Wirtschaften erschwert wurde. Alle diese Eingriffe geschahen ohne Kompensation.
2. Die Eingriffe in das Gesellschaftsvermögen der HaTex GmbH waren kausal für die Insolvenz der Gesellschaft und hatten daher existenzvernichtende Wirkung.
3. Der Eingriff auch sittenwidrig, denn die Absprache des H mit seiner Frau F, die HaTex GmbH zugunsten der anderen Gesellschaften zu schädigen und

„ausbluten" zu lassen widerspricht dem Anstandsgefühl aller billig und gerecht Denkenden.

4. H müsste auch mit Schädigungsvorsatz gehandelt haben. Dies ist dann der Fall, wenn der Gesellschafter die schädigenden Maßnahmen bewusst ausführt und die Schädigungen des Gesellschaftsvermögens zumindest billigend in Kauf nimmt. Auch dies war hier der Fall.
5. Fraglich ist, welche Rechtsfolge die Existenzvernichtungshaftung gemäß § 826 BGB zeitigt. In Betracht kommt zum einen eine **Innenhaftung.** Gläubigerin wäre demnach die geschädigte Gesellschaft. Zum anderen könnte auch eine Außenhaftung gegenüber den Gläubigern direkt in Erwägung gezogen werden. Letzteres wurde in der älteren Rechtsprechung angenommen. Dagegen spricht aber, dass die sittenwidrige Schädigung in erster Linie gegen die Gesellschaft gerichtet war, während die Gläubiger der Gesellschaft durch die Schädigung nur „mittelbar" betroffen sind. Daher ist es konsequent, die Existenzvernichtungshaftung gem. § 826 BGB als Innenhaftung zu konzipieren.

Hinweis: Die in der „KBV"-Entscheidung des BGH begründete **Durchgriffshaftung**, also der persönlichen Haftung des Gesellschafters gegenüber den Gläubigern als **Ausnahme von § 13 Abs. 2 GmbHG**, ist damit aufgegeben. Dies hat der BGH in seiner Grundsatzentscheidung „Trihotel" erstmals entschieden und in der „Gamma"-Entscheidung bestätigt.
Neben der Existenzvernichtung durch einen Gesellschafter wurde auch in Fällen der sog. **materiellen Unterkapitalisierung** eine Durchgriffshaftung angenommen. Demnach sollte der Gesellschafter auch dann persönlich haften, wenn die Eigenkapitalausstattung der Gesellschaft durch den Gesellschafter derart ungenügend ist, dass ein Misserfolg mit hoher Wahrscheinlichkeit zu erwarten ist. Auch dieser Ansatz der Durchgriffshaftung wurde von der Rechtsprechung zu Recht aufgegeben. Denn es bestehen dafür weder gesetzliche Anhaltspunkte, noch lassen sich Aussagen darüber treffen, wann die Kapitalausstattung genügend ist.
Schließlich wird eine Durchgriffshaftung in Fällen der **Vermögensvermischung** angenommen. Voraussetzung hierfür ist, dass die Gesellschafter ihr persönliches Vermögen mit dem der Gesellschaft derart vermischen, dass beide Vermögensmassen nicht mehr voneinander getrennt werden können und hierdurch die Einhaltung der Kapitalerhaltungsvorschriften nicht mehr gewährleistet werden kann. In diesem Fall ist die persönliche Haftung des Gesellschafters tatsächlich angebracht, weil die Privilegierung des § 13 Abs. 2 GmbHG in diesem Fall nicht mehr gerechtfertigt ist. Die Vermögensvermischung ist heute somit der letzte verbliebene Fall der Durchgriffshaftung.

6. Ergebnis: Eine Haftung des H persönlich gegenüber S ist daher zu verneinen. H haftet vielmehr gegenüber der Gesellschaft (HaTex GmbH).

III. S gegen H auf Zahlung von € 75.000,– aus § 823 Abs. 2 BGB i.V.m. § 266 StGB

Ein solcher Anspruch besteht nicht, da § 266 StGB kein Schutzgesetz zugunsten der Gläubiger, sondern zugunsten des Treugebers ist. Das ist die GmbH.

IV. S gegen H auf Sicherheitsleistung, § 303 AktG analog, bzw. auf Zahlung, § 322 AktG analog

Auch diese Analogie würde in das Recht der Vertragskonzerne (bzw. ins Recht der Eingliederung) führen. Das ist für eine Konstellation des *faktischen* Konzerns nicht möglich. Es fehlt an der Vergleichbarkeit der Fallgestaltungen. Die Einwirkungen auf eine vertragskonzernierte Untergesellschaft sind mit Blick auf das Weisungsrecht der Obergesellschaft (§ 308 AktG) und die Aufhebung der Vermögensbindung (§ 291 Abs. 3 AktG), wie bereits dargelegt, gänzlich anderer Art als Einwirkungen im faktischen Konzern.

Hinweis: Die Rechtsprechung hat früher im Bereich des qualifizierten faktischen Konzerns mit der Analogie nicht nur zu § 302 AktG (zugunsten der Obergesellschaft), sondern auch mit einer Analogie zu § 303 und § 322 AktG – zugunsten des Gläubigers – gearbeitet. Sie sah dabei den an sich erfüllten Anspruch (auf Sicherheitsleistung) aus § 303 AktG (analog) durch denjenigen aus § 322 AktG („doppelt" analog) ersetzt an, wenn klar war, dass der Gläubiger mit seiner Forderung gegen die Untergesellschaft ausfallen würde. Dann sei der Umweg über eine Sicherheitsleistung verzichtbar und es sei wie bei der Eingliederung von einem direkten Zahlungsanspruch auszugehen.
Vertiefungshinweise:
Zur Existenzvernichtungshaftung:
- BGH, Urt. v. 16.07.2007 – II ZR 3/04, NJW 2007, 2689 – Trihotel
- BGH, Urt. v. 28.04.2008 – II ZR 264/06, NJW 2008, 2437 – GAMMA
Zur Treuepflicht in der GmbH:
- BGH, Urt. v. 05.06.1975 – II ZR 23/74, NJW 1976, 191 – ITT

Fall 13: Anteilnahme

In der Kanzlei von Rechtsanwalt Rudolf Reich (R) erscheint Eduard Dangler (D) und schildert folgenden Sachverhalt:

„Über 30 Jahre lang habe ich als Zahntechniker gearbeitet, stets erfolgreich, wie Sie wissen müssen. Ich habe mich dann irgendwann zur Ruhe gesetzt, was anfangs noch ganz angenehm war, zunehmend aber langweilig wurde. Vor kurzem habe ich erfahren, dass ganz in der Nähe von mir ein Gesellschafter eines Dentallabors, der „ABC Dental Studio Starnberg"-GmbH mit Sitz in Starnberg, seine Anteile veräußern möchte. Für mich wäre es nicht nur eine neue Beschäftigungsmöglichkeit, sondern zudem eine ideale Geldanlage, da für mich aufgrund der Niedrigzinspolitik der EZB und den ohnehin schon überhitzten Aktien- und Immobilienmärkten ein Investment in diesen Bereichen nicht infrage kommt. Die Gesellschaft würde mit mir einen erfahrenen Unternehmer an Bord holen, der auch noch gut vernetzt ist. Sie müssen wissen: in München und insbesondere in Starnberg sind gute Kontakte alles!

Ich bin also daran interessiert, diese Anteile zu erwerben. Die GmbH ist im Handelsregister des Amtsgerichts München (HRB 1000) eingetragen. Sie hat ein Stammkapital von € 30.000,–. Gesellschafter der GmbH sind A, B und C, jeweils mit einem Geschäftsanteil von € 10.000,–. Alleiniger Geschäftsführer ist A. C ist derjenige Gesellschafter, der aus privaten Gründen seine Anteile an mich veräußern möchte. Nun habe ich aber doch einige Fragen in diesem Zusammenhang:

1. Welche formalen Schritte müssen hinsichtlich der Anteilsübertragung eingeleitet werden? C hat mir erzählt, die Gesellschafter hätten bei Gründung der GmbH in deren Satzung eine sog. Vinkulierungsklausel aufgenommen. Was bedeutet dies für mich? Könnten die anderen Gesellschafter die Anteilsübertragung verhindern? Das wäre ungünstig, weil der B mich noch nie leiden konnte und nicht davon auszugehen ist, dass er mich als Mitgesellschafter in der GmbH akzeptieren will. Zu A habe ich hingegen ein gutes Verhältnis.
2. Bauchschmerzen bereitet mir auch ein weiterer Aspekt: Wie ich beim Golfspielen erfahren habe, interessiert sich auch E für die Anteile. E ist ein sehr wohlhabender Münchener, der den Kaufpreis wohl sofort bezahlen könnte. Ich dagegen könnte die € 10.000,– nur in Raten bezahlen. Für diesen Fall hat mir C bereits zu verstehen gegeben, dass ich erst dann die Anteile erwerbe, wenn ich die letzte Rate bezahlt habe. Hierin sehe ich das Problem: C hat sich für den Bau eines Eigenheimes hoch verschuldet und ist nun auf jeden Cent angewiesen. Daher habe ich die Befürchtung, dass C selbst nach Vertragsschluss mit mir die Anteile dennoch an E veräußert, bevor ich den Kaufpreis

https://doi.org/10.1515/9783110526325-014

vollständig gezahlt habe. Wie kann ich mich dagegen absichern? Muss diesbezüglich etwas unternommen werden?
3. C hat mir bei einem Gespräch noch etwas anderes offenbart: Er hat seine Einlage nur zur Hälfte einbezahlt. Auch wenn er mir zugesichert hat, den Rest noch vor Abtretung der Anteile einzuzahlen, würde ich gerne wissen, was im „worst case" passiert und wie ich mich ggf. absichern kann."

Rechtsanwalt R teilt diesen Sachverhalt seinem Praktikanten mit. Bereiten Sie dessen Auskunft zu den aufgeworfenen Fragen und Rechtsproblemen vor.

Gliederung

Lösung zu Fall 13

Schwerpunkte: Übertragung von GmbH-Geschäftsanteilen; Vinkulierungsklauseln; redlicher Zwischenerwerb; Haftung des Erwerbers

Zu Frage 1

Hinsichtlich des formalen Ablaufs der Anteilsübertragung ist folgendes zu beachten:

1. Der Geschäftsanteil ist gemäß § 15 Abs. 1 GmbHG frei veräußerlich. Die Veräußerung des Geschäftsanteils bedarf gemäß § 15 Abs. 3 GmbHG der **notariellen Form** (§ 128 BGB). Dabei gilt das Formerfordernis sowohl für das Kausalgeschäft, das die Verpflichtung zur Abtretung begründet, als auch für das Erfüllungsgeschäft. Die Abtretung richtet sich nach §§ 413, 398 BGB. Formbedürftig ist der gesamte Vertrag, auch Nebenabreden sind also beurkundungspflichtig (sog. Vollständigkeitsgrundsatz). Die Beurkundung beider Rechtsgeschäfte kann dabei gemeinsam erfolgen und wird aus Kostengründen angeraten.
2. Problematisch könnte allerdings die sog. **Vinkulierungsklausel** sein. Gemäß § 15 Abs. 5 GmbHG kann die Abtretung der Geschäftsanteile im Gesellschaftsvertrag von der Zustimmung der Gesellschaft abhängig gemacht werden. Eine solche Klausel wurde in den Gesellschaftsvertrag der „ABC Dental Studio Starnberg"-GmbH aufgenommen. Fraglich ist, ob sie einer Übertragung der Geschäftsanteile an den D entgegensteht.

Die Zustimmung wird von den Geschäftsführern erteilt, vorliegend also von A. Demnach hätte C nichts zu befürchten, zumal er sich mit A gut versteht. Allerdings ist zu beachten, dass die Geschäftsführer im Innenverhältnis an die Entscheidung der Gesellschafterversammlung gebunden sind. Dies könnte deshalb problematisch sein, weil B den D nicht leiden kann und daher davon auszugehen sein könnte, dass er einer Übertragung der Geschäftsanteile an ihn nicht zustimmen wird. Allerdings genügt nach herrschender Meinung mangels abweichender Satzungsbestimmung die einfache Mehrheit der Stimmen (§ 47 Abs. 1 GmbHG). Da A und C zusammen auf 2/3 der Stimmen kommen (vgl. § 47 Abs. 2 GmbHG), stellt die Vinkulierungsklausel daher voraussichtlich kein Hindernis für die Übertragung der Geschäftsanteile dar.

Hinweis: Geschäftsanteile an einer GmbH sind also frei veräußerlich und vererblich. Allerdings ist ihre Verkehrsfähigkeit wesentlich erschwert: zunächst durch die Formerfordernisse des § 15 Abs. 3 und Abs. 4 GmbHG, aber auch durch den Umstand, dass es keinen Markt (zum Beispiel in Form einer Börse) für GmbH-Anteile gibt. Schließlich ist die Verkehrsfähigkeit auch dadurch eingeschränkt, dass die Gesellschafter durch Regelungen in der Satzung stärker an die Gesellschaft gebunden sind, zum Beispiel durch solche Vinkulierungsklauseln.
In der Aktiengesellschaft sorgt die Möglichkeit, die Geschäftsanteile als Wertpapier zu verbriefen, für maximale Verkehrsfähigkeit: Die Abtretung ist ebenso wie das zugrundeliegende Kausalgeschäft formlos möglich. Die Möglichkeit der Vinkulierung besteht nur bei **Namensaktien**, vgl. § 68 Abs. 2 AktG. Diese werden nach den §§ 413, 398 ff. BGB und nach § 18 Abs. 3 Depotgesetz durch Absendung eines Stückeverzeichnisses veräußert. Daneben besteht auch die Möglichkeit der Übertragung durch Indossament, vgl. § 68 Abs. 1 AktG. **Inhaberaktien** werden dagegen nach §§ 929 ff. BGB übertragen. Bei diesen ist die Vinkulierung unzulässig, vgl. zum Ganzen *Raiser/Veil* S. 122 ff. m.w.N.

Zu Frage 2

Fraglich ist, inwiefern E die Anteilsübertragung verhindern könnte.

1. Gemäß § 15 Abs. 1 und 3 GmbHG bedarf es zur Übertragung der Geschäftsanteile der Abtretung (§§ 413, 398 ff. BGB). Allerdings besteht hier die Besonderheit, dass C die Anteile nicht vor Zahlung der letzten Kaufpreisrate übertragen möchte. C wird die Anteilsveräußerung daher an die aufschiebende Bedingung der Kaufpreiszahlung knüpfen wollen (§ 158 Abs. 1 BGB). Solange also D den Kaufpreis nicht vollständig bezahlt hat, wird er nicht Inhaber der GmbH-Anteile.
2. Fraglich ist, ob C und E die Übertragung der Geschäftsanteile an D noch verhindern könnten. Dies wäre dann der Fall, wenn C auch nach der Abtretung der Anteile an den D die GmbH-Anteile noch an E übertragen könnte. Dabei sind zwei Varianten zu unterscheiden: Überträgt C dem D – was nach der Sachverhaltsschilderung allerdings nicht nahe liegt – seine Geschäftsanteile unbedingt, veräußert diese jedoch danach an den gutgläubigen E, so erwirbt E die Geschäftsanteile gutgläubig unter den weiteren Voraussetzungen des § 16 Abs. 3 S. 2 GmbHG, sofern die Änderung der Gesellschafterstellung noch nicht in der im Handelsregister aufgenommenen Gesellschafterliste (§ 40 GmbHG) vorgenommen wurde. Fraglich ist, ob dies auch für den Fall gilt, dass C dem D die Anteile unter der Bedingung der Kaufpreiszahlung abgetreten hatte, D den Kaufpreis aber noch nicht vollständig gezahlt hatte. Dann ist D noch nicht Inhaber der Geschäftsanteile und E könnte nur dann Inhaber der Geschäftsanteile werden, wenn man einen solchen **redlichen**

Zwischenerwerb zuließe. Dies ist in Rechtsprechung und Literatur umstritten.

a) Der BGH geht davon aus, dass ein redlicher Zwischenerwerb (des E) nicht möglich ist. Zur Begründung führt er an, dass die Gesellschafterliste bis zum Zeitpunkt des Bedingungseintritts gar nicht – wie in § 16 Abs. 3 GmbHG aber vorausgesetzt – unrichtig sei, weshalb ein gutgläubiger Erwerb ausscheide. Durch die bedingte Übertragung der Anteile komme es (bis zum Bedingungseintritt) nicht zu einer Veränderung in den Personen der Gesellschafter oder des Umfangs ihrer Beteiligung. Vielmehr werde eine solche Veränderung lediglich in Gang gesetzt. Insoweit sei die Gesellschafterliste einstweilen richtig und der Veräußerer lediglich in seiner Verfügungsbefugnis eingeschränkt. § 16 Abs. 3 GmbHG schütze jedoch nicht den guten Glauben an die Verfügungsbefugnis, sondern an die Rechtsinhaberschaft. Zudem verweise § 16 Abs. 3 GmbHG nicht auf § 161 Abs. 3 BGB, weshalb auch aus diesem Grund ein redlicher Zwischenerwerb ausscheide.[94]

b) Dagegen spricht jedoch, dass sich die Rechtslage bereits vor Bedingungseintritt sehr wohl verändert hat. Warum § 161 Abs. 3 BGB nicht auch auf § 16 Abs. 3 GmbHG verweisen soll, ist dogmatisch kaum begründbar. Wie § 932 BGB schützt auch § 16 Abs. 3 GmbHG den (rechtsscheingestützten) guten Glauben an die Rechtsinhaberschaft. Daher ist nicht ersichtlich, warum es einen redlichen Zwischenerwerb beweglicher Sachen nach §§ 161 Abs. 3, 932 BGB geben soll, nicht aber einen redlichen Zwischenerwerb von Geschäftsanteilen. Nach § 161 Abs. 1 BGB genießt der Ersterwerber bereits dinglichen Schutz: Tritt die Bedingung ein, so wird der Veräußerer bei Zwischenerwerb eines Dritten rückwirkend „Nichtberechtigter". Er verfügt also keinesfalls als Berechtigter. Auch wäre unerklärlich, warum der Gesetzgeber im Interesse des Verkehrsschutzes redlichen Erwerb an Geschäftsanteilen ermöglicht hat, mit Ausnahme der Fallgruppe des redlichen Zwischenerwerbs. Denn auch dort verlässt sich der Zwischenerwerber auf die uneingeschränkte Richtigkeit der Gesellschafterliste. Auch wertungsmäßig überzeugender erscheint es deshalb, gutgläubigen Zwischenerwerb anzuerkennen.[95]

<u>Hinweis</u>: Im Ergebnis kann sich ein Erwerber von Geschäftsanteilen derzeit also nie sicher sein, dass er von dem in der Gesellschafterliste eingetragenen Gesellschafter die Geschäftsanteile auch tatsächlich erwerben kann. Er muss immer mit der Möglichkeit rechnen, dass die Geschäftsanteile bereits bedingt an einen Dritten abgetreten wurden. Dieser Zustand führt zu erheblicher Rechtsunsicherheit in der Praxis. Möchte man dieses Problem beim Unterneh-

94 Vgl. zum Ganzen BGH, Beschl. v. 20.09.2011 – II ZB 17/10, NZG 2011, 1268.
95 Vgl. *Altmeppen* in: Roth/Altmeppen, § 16 Rn. 67 m.w.N.

menskauf verhindern, so bietet sich die Möglichkeit des sog. **Asset Deals** an. Dabei werden sämtliche Vermögensgegenstände einzeln auf den Erwerber übertragen, mithin nach §§ 929ff. BGB (sog. Einzelrechtsnachfolge). Konsequenz ist dann die Möglichkeit des redlichen Zwischenerwerbs der betreffenden Vermögensgegenstände nach §§ 161 Abs. 3, 932 BGB. Anders ist – wie oben gezeigt – die Rechtslage beim sog. **Share Deal.** Hierbei wird ein Unternehmen durch Übertragung der Anteile veräußert.

c) Da im Rahmen der anwaltlichen Auskunft die Rechtsprechung zugrunde zu legen ist, ergibt sich damit für den vorliegenden Fall folgendes: Da nach Ansicht des BGH gar kein redlicher Zwischenerwerb möglich sein soll, hat D nichts zu befürchten. Mit Eintritt der Bedingung wird D Inhaber der Geschäftsanteile. Weitere Schritte sind demnach nicht nötig.

Hinweis: Nach der Gegenansicht in der Literatur, die einen redlichen Zwischenerwerb für möglich hält, wäre in diesem Fall die bedingte Veräußerung in einer geänderten Liste abzubilden bzw. ein Widerspruch zur Gesellschafterliste einzutragen.

3. Ergebnis: E kann die Übertragung der Geschäftsanteile an D nicht verhindern.

Zu Frage 3

Der Umstand, dass C seine Einlage noch nicht geleistet hat, stellt tatsächlich ein Problem dar, nämlich dann, wenn er seine Einlageschuld bis zur Übertragung der Anteile nicht beglichen hat, was insbesondere vor dem Hintergrund der finanziellen Probleme des C nicht fernliegend ist. Dann **haftet** D als **Erwerber** gem. **§ 16 Abs. 2 GmbHG** neben C als Veräußerer für die **Einlageverpflichtung.** Hintergrund ist das Eintreten des Erwerbers in die Gesellschafterstellung und damit in alle Rechte und Pflichten des Gesellschafters. Dass C dem D möglicherweise im Innenverhältnis schuldrechtlich verpflichtet wäre, die Einlage allein aufzubringen, nützt D bei wirtschaftlicher Betrachtung nichts, wenn der Innenausgleich D – C mangels Liquidität des C nicht durchsetzbar ist.

Als Lösung ist dem D vorzuschlagen, die noch ausstehende Einlage selbst zu zahlen und in dieser Höhe vom Kaufpreis abzuziehen. Andernfalls würde D „doppelt" bezahlen: Einmal auf den Kaufpreis und dann noch einmal auf die bestehende Einlageforderung der Gesellschaft. Vorteil dieser Lösung ist, dass D es damit selbst in der Hand hat, die Bedingung zu erfüllen und damit einer Haftung zu entgehen.

Exkurs: Der Wortlaut des § 16 Abs. 2 GmbHG spricht lediglich von rückständigen Einlageverpflichtungen. Nach ganz überwiegender Ansicht sind aber auch sämtliche Einstandspflichten, beispielsweise aus Kapitalaufbringung und Kapitalerhaltung (§§ 24, 31 GmbHG) oder aufgrund der Unterbilanzhaftung davon umfasst.

Umstritten ist, wie weit die Haftung des Erwerbers im Falle der Einlagenrückgewähr geht, also für den Fall, dass der Veräußerer der Geschäftsanteile entgegen dem Verbot gem. § 30 Abs. 1 GmbHG seine Einlage zurückerhält. Der Erwerber des Geschäftsanteils ist in diesem Fall nicht der Empfänger und haftet demnach nicht nach § 31 Abs. 1 GmbHG. Allerdings trifft ihn die **Ausfallhaftung** nach § 31 Abs. 3 GmbHG. Diese ist jedoch nach h.M. auf die Höhe des Stammkapitals **begrenzt.** Vgl. zum Ganzen *Altmeppen* in: Roth/Altmeppen GmbHG 8. Auf. 2015, § 16 Rn. 27 ff.

Vertiefungshinweise:

Altmeppen in FS Schurig, S. 1 ff. (zum redlichen Zwischenerwerb)

Bayer GmbHR 2011, 1254 (zum redlichen Zwischenerwerb)

Schöne/Arens JuS 2015, 813 (Schwerpunktbereichsklausur)

Sachregister

https://doi.org/10.1515/9783110526325-015